K-IFRS 중급재무회계 해답

윤순석
송민섭
이종은

제14판

신영사

계속하여 본 교재를 사랑해 주시는 교수님들과 독자들에게 우선 감사의 말씀을 드립니다. 본 교재는 1993년도에 『중급재무회계』라는 제목의 초판이 출간되었으며, K-IFRS의 채택으로 인하여 『K-IFRS 중급재무회계』라는 제목으로 바뀐 이래 벌써 제14판에 이르게 되었습니다. 본 교재가 아직도 개정되고 발전할 수 있었던 것은 여러 가지 유익한 조언과 성원을 해주신 교수님들과 독자들의 사랑 덕분이라고 생각합니다.

지난 20여 년간 공저자로 참여해 주셨던 성균관대학교의 명예교수이신 최관 교수님의 정년퇴직으로 인하여 이제 세 명의 저자로 제14판을 내게 되었습니다. 그간 본 교재의 유지·발전을 위하여 혁혁한 기여를 하신 최관 교수님께 감사드립니다. 앞으로도 본 교재의 발전을 위하여 계속되는 성원과 가르침을 베풀어 주시기를 부탁드립니다. 또한 최초의 공저자로 함께하셨던 송인만 교수님의 건강을 빌며 마찬가지로 한없는 성원과 가르침을 기대해 봅니다.

제14판에서는 다음과 같은 방향으로 일관성 있게 교재를 수정하는 데에 주안점을 두었습니다.

- 제13판에 있던 사례는 모두 예제로 전환하되 필요한 경우 통합하거나 삭제하였고, 그 결과 종전에 46개의 사례를 43개의 예제로 전환하였으며 예제번호를 재설정하였습니다.
- 본문에 있는 예제에 상응하는 연습문제가 없는 경우 연습문제를 추가하고, 가능하면 연습문제를 본문에 나타나는 내용의 순서대로 배열하였습니다. 이에 따라 연습문제가 29개 증가하였고 연습문제의 배치도 많이 변경되었습니다. 제14판에서 포함된 예제 수는 각 장의 특성에 따라 다양합니다. 제14판에 포함된 총 예제의 수는 295개(종합예제 33개 포함)이며 많게는 30개(5장)에 이르고 있습니다. 또한, 총 연습문제의 수는 제13판에 비하여 29개 증가한 437개(공인회계사 시험 기출문제 54개 포함)에 이르게 되었습니다.
- 본문에 반복되거나 중요성이 결여된 부분을 통합하거나 삭제하였습니다. 그 결과 본문의 내용이 상당히 줄어들었습니다.

- 본문에 박스 형태로 제공된 설명부분 중 그림이나 표로 제시할 수 있는 부분은 그 성격에 따라 표 또는 그림으로 변경하였습니다. 이에 따라 표나 그림의 수가 증가한 결과 제14판에서는 총 97개의 표와 총 68개의 그림이 있습니다.
- 제13장 부채 이전에 별도로 있는 '부채와 자본'을 제13장 제1절로 전환하였습니다. 그 결과 제13장은 7개의 절을 갖게 되었습니다.
- 마지막으로 제23장에서는 최근 들어 중요한 회계보고의 일부로 대두된 기후변화에 대한 지속가능성 공시를 제5절에서 별도로 설명하고 있습니다.

결과적으로 제14판은 제13판에 비하여 형식이 많이 달라져서 거의 새로운 교재의 저술과 같은 느낌이 들 정도라고 할 수 있습니다. 그럼에도 불구하고 제13판과 같은 내용을 다루고 있기 때문에 강의 및 공부에는 별로 큰 차이를 못 느낄 것으로 예상합니다.

본 교재가 내용이 충실하고 오류가 없도록 항상 최선을 다하고 있으나 아직도 부족하거나 오류가 있을 수 있다는 점을 너그럽게 양해해 주시기 바랍니다. 본 교재를 항상 애용해 주시는 교수님들과 독자분들께서 더 좋은 제안이 있거나 오류를 발견하시면 언제든지 저자들에게 직접 연락하시거나 출판사에 연락하시면 바로 조치를 취할 것임을 알려드립니다.

본 교재를 통하여 얻은 지식을 통하여 독자들은 모두 뜻하신 바를 성취하시고 회계전문가로 성장하실 수 있기를 기대합니다. 또한, 교수님들은 본 교재를 통하여 훌륭한 회계학 제자들을 양성하셔서 그분들이 한국 회계학 및 회계 관련 산업의 발전에 크게 기여할 수 있는 인재로 성장하시기를 기원합니다.

2025년 2월

저자 윤순석, 송민섭, 이종은 드림

차 례

제Ⅰ부 재무회계의 기능 및 기초개념

제Ⅱ부 자산회계

제Ⅲ부 부채 및 자본 회계

제Ⅳ부 특수회계

제 1 장 재무회계의 환경과 회계기준

연습문제

1 회계의 수요와 공급

1. 재무회계의 본질 또는 가장 일반적인 목적은 회계정보이용자가 합리적인 의사결정을 하는 데 유용한 정보를 제공하는 것이다. 여기에서 회계정보이용자는 주주, 채권자, 종업원, 납품업자, 정부(중앙 및 지방), 경영자, 소비자 및 기타 이해관계자들을 모두 포함한다. 재무회계에서는 이들을 외부정보이용자로 간주하며 외부보고목적을 위해 재무정보를 제공한다. 각종 이해관계자의 정보욕구 및 시각이 다르기 때문에 가장 보편적인 정보욕구에 맞추어 회계정보를 마련해야 한다는 전제하에 일반목적 재무보고(general purpose financial reporting)가 필요하다고 보고 있다. 이와 같은 일반목적 재무보고는 재무제표(포괄손익계산서, 재무상태표, 현금흐름표 및 자본변동표)와 그에 따른 주기, 주석, 부속명세서 및 보조정보로 제공될 수 있다고 보며, 회계기준에서는 이들의 측정 및 공시에 관한 것을 규정한다.

2. 회계가 제공하는 산물은 재무보고의 형태를 취한다. 재무보고(financial reporting)란 기업의 영업활동에 대한 성과, 재무상태, 현금흐름에 관한 정보, 자본변동에 관한 정보 등을 화폐단위로 측정하여 보고하는 정보를 의미한다. 재무제표(financial statements)는 재무보고의 가장 핵심적인 수단이다. 주요 재무제표에는 포괄손익계산서, 재무상태표, 현금흐름표 및 자본변동표가 포함된다. 또한 여기에는 해당 항목에 추가정보를 괄호 속에 별도로 표기하는 주기(parenthetical notes), 또 재무제표 하단이나 별도의 페이지에 그 내역을 공시하는 주석(footnotes)을 포함한다. 그리고 재무제표와 함께 대체적인 측정방법이나 시각에 따랐을 경우에 중요한 정보를 제공할 수 있는 경우에는 이를 보조정보로 제공한다거나, 기타 재무정보를 포함하는 개념이 재무보고의 개념이다.

3. 회계정보의 공급자는 경제(회계)실체로서 기업체, 비영리조직, 정부조직 등 다양한 형태를 취할 수 있다. 재무회계의 대상은 복식부기원리와 발생기준을 근거로 하여 회계처리를 하는 기업체를 주 대상으로 하며 비영리조직과 정부조직도 기업회계기준을 이용할 수 있다. 따라서 정보의 공급자는 각종 경제실체이다. 각 경제실체는 정보이용자가 합리적 의사결정을 하는 데 유용한 정보를 제공해야 하며 일반적으로 영업활동의 성과, 재무상태, 현금흐름의 변동, 자본의 변동 등

에 대한 정보를 제공해야 한다. 경제실체는 경쟁상의 이유, 과도한 노출에 따른 불이익 등의 이유로 정보제공을 꺼리는 경우가 일반적이다. 따라서 내부자와 외부자 간의 정보의 불균형을 해소하고 정보약자인 외부정보이용자의 보호를 위하여 정보제공을 강제화하는 것이 바람직하다고 보고 있다. 이와 같은 차원에서 직접적으로는 주식회사 등의 외부감사에 관한 법률, 자본시장과 금융투자업에 관한 법률이나 간접적으로는 상법, 세법 등을 통하여 정보의 제공을 강제화하고 있다. 회계기준에서는 구체적인 정보공시의 범위와 양식, 측정방법 등에 대하여 규정한다. 한편 일부 기업은 자발적인 공시를 통하여 기업이 차별화되거나 적극적인 공시를 통하여 이해관계자들의 의사결정에 영향을 미치는 것이 유리하다고 판단되는 경우 강제적인 규제와 관계없이 자발적으로 정보를 제공하기도 한다. 또한 자본시장, 노동시장, 경영권지배시장 등이 정보제공을 촉발하거나 규제하는 역할을 하기도 한다. 소위 이들 시장에 의한 규제는 회사의 명성, 경영자의 명성, 제3자에 의한 보증 및 벌칙 등의 형태로 성실한 정보제공을 사실상 강제화한다고 볼 수 있다. 예컨대 자본시장에서 자본을 조달하고자 하는 회사는 자본시장에서 요구하는 정보를 제공해야 한다. 자본시장이 요구하는 정보는 회계기준의 요구와 일치하는 것이 일반적이며 우리나라 한국거래소의 경우 추가적인 정보를 요구하기도 한다.

2 회계원칙(Ⅰ)

1. 감사보고서에서 "회계원칙"이란 용어는 회계원칙뿐만 아니라 실무와 그 원칙을 적용하는 방법을 모두 포함하는 것이다. 이 단어가 회계원칙의 기초적이고 근본적인 성격을 강조하는 것이긴 하지만 실무상에 지침으로 채택되고 있는 일반원칙을 포함한다. 그러나 이 용어는 반드시 지켜야만 하는 규정을 의미하지는 않는다. 어떤 경우에는 부분적으로 적합한 여러 원칙 중에서 어느 것이 가장 타당한지 결정해야 할 때도 있다. 또한 회계원칙이란 용어는 회계이론이란 말과 반드시 동일하지 않다. 회계이론은 회계의 목적을 설정하고, 적합한 개념을 개발하고 발전시키며, 논리적 일관성을 유지하고, 비논리적 오류를 제거할 뿐만 아니라 회계실무를 평가하는 데 공헌할 수 있는 등의 넓은 영역을 포함하고 있다.

2. 일반적으로 인정된 회계원칙이란 "다수의 권위 있는 지지를 받고 있는 것"이어야 한다. 주어진 원칙이 권위 있는 지지를 받고 있는지의 여부는 사실의 문제이며 정확한 판단이 어려운 것이다. 공인회계사는 회계처리가 일반적으로 인정된 회계원칙의 범주에 속할 수 있는 것인지를 판단하는 데 도움이 될 수 있는 증거와 권위 있는 지지를 수집할 책임이 있다. 한국채택국제회계기준(K-IFRS)과 한국채택국제회계기준해석서, 일반기업회계기준 등은 권위 있는 지지를 받는 것으로 볼 수 있다. 때로는 권위 있는 교과서, 학술서적, 논문 등을 참조할 필

요가 있다.

3. 회계처리의 다양성이 불가피하다고 해서 불합리한 회계실무를 그대로 유지하는 방어수단이 될 수 없다. 발생기준회계에서 판단과 추정의 문제가 개입되는 것은 필수불가결한 문제이다. 경제실체가 다양하고 경영자들의 견해도 다양해서 회계실무에서도 많은 다양성이 존재한다. 이러한 상황에서 기업의 경영자가 항상 기업의 재무상태 및 경영성과를 나타내는 데 가장 적절한 방법을 선택하고 다른 기업에서 공통적으로 이용하고 있는 실무를 따를 것이라고 기대하기는 어렵다. 따라서 회계처리의 통일성이 유지되도록 권위 있는 기관에 의한 회계처리지침의 준비와 선택이 필요하다.

3 회계원칙(Ⅱ)

1. 회계기준의 설정에 관한 권한은 금융위원회에 있었으나 1999년 민간부문 기준설정기구인 한국회계기준원/한국회계기준위원회의 출범으로 그 권한이 회계기준위원회에 위임되었다. 회계기준위원회는 7명의 위원(상임위원 2명, 비상임위원 5명)으로 구성되어 있다. 한편 회계기준설정시에는 한국회계학회, 한국공인회계사회, 한국상장회사협의회, 대한상공회의소, 전국경제인연합회 등 관련기관의 광범위한 의견을 수렴한다. 한편, 우리나라가 2011년부터 국제회계기준을 전면 도입하기로 결정함에 따라, 이제 우리나라의 회계기준은 국제회계기준위원회(IASB, International Accounting Standards Board)가 제정한 것을 번역하여 한국채택국제회계기준(K-IFRS)으로 부르기로 하였다. 따라서 국제회계기준을 그대로 번역한 것이 우리나라의 회계기준이 되기 때문에 우리나라의 회계기준제정에 관련된 기관들의 지위가 많이 변동되었다고 할 수 있다. 한편, 비상장기업을 위한 회계기준은 우리나라에서 별도로 제정할 계획으로 있기 때문에 우리나라 회계기준제정기구인 한국회계기준원/한국회계기준위원회는 앞으로는 제한적으로 그 역할을 담당할 것으로 보이며, 주로 국제회계기준의 번역 및 국제회계기준 제정과정에 의견을 전달하는 창구역할을 할 것으로 보인다.

2. 근대적 재무회계는 여러 환경의 산물이다.

   첫째, 회계정보는 한정된 경제적 자원이 자본시장을 통하여 효율적으로 배분되도록 지원하는 기능을 수행하는 자본주의 시장경제체제의 중요한 하부구조의 하나다. 회계정보를 이용한 기업간 비교는 어느 기업이 상대적으로 자원을 효율적으로 활용하고 있는가를 보여준다. 이를 회계의 정보제공기능이라고 한다.

   둘째, 주식회사에서는 소유와 경영이 분리되어 있다. 경영자가 위임받는 사항에 대하여 재무정보를 마련하여 이를 외부소유주에게 보고하는 기능을 경영자의 수탁기능이라고 하는데, 이 기능이 재무회계의 발전에 크게 기여하였다. 회계는 외부주주의 정보요구에 부응하여 목적적합하고 충실하게 표현된 재무정보를 외부주주 등에게 제공하는 역할을 한다. 이 과정에서 회계감사인은 회사에서 마련한 재무정보가 회계원칙에 따라 적법하게 마련되었다는 것을 보장함으로써 회계정보의 신뢰성을 제고시킨다.

셋째, 회계는 기업에 대한 다양한 이해관계자들간의 형평문제를 결정하는 데 도움을 준다. 자본주의 사회에서는 기본적으로 시장, 사기업, 경쟁 등 자율적인 기능에 의하여 자원의 효율적인 배분이 달성된다. 그러나 자원의 효율적 배분을 위하여 정부에 의한 규제 및 간섭이 필요한 경우도 있다. 예를 들어 조세의 징수, 통화량의 조절, 보조금의 지급, 요금의 규제 등이 정부가 자원의 효율적이고 공평한 배분을 위하여 사용하는 정책수단이라고 할 수 있다. 이와 같이 정부가 필요한 때에 적절한 정책수단을 강구하기 위한 중요한 기초자료를 회계정보가 제공하는 역할을 한다.

넷째, 회계는 경제활동이 개별적으로 구분식별이 가능한 경제주체에 의하여 행하여진다는 것에 근거하고 있다. 한 경제실체는 경제적 자원(자산), 의무(부채) 및 잔여지분(자본)으로 구성된 경제조직이며 그 구성요소는 기업의 경제활동에 따라 증감하게 된다. 회계는 이러한 경제조직의 구성요소에 영향을 미치는 경제활동을 일정한 원칙에 따라 요약하여 보고하는 역할을 한다.

3. 일반적으로 인정된 회계원칙은 실질적으로 권위 있는 지지를 받은 회계원칙이다. 어떤 회계원칙이 권위 있는 지지를 받는가 하는 문제는 사실 여부에 관한 문제이고 판단의 문제라고 할 수 있다. 회계원칙이 법률제정 권한을 갖는 기관인 정부부문 및 의회 등에서 제정된다고 해서 바로 권위 있는 지지를 받는 것은 아니다. 회계원칙이 권위 있는 지지를 받기 위해서는 합법성과 전문성을 지닌 기관에서 제정해야 할 뿐 아니라 실무계에서 광범위한 수용이 있어야 한다.

4 회계기준의 제정절차

1. 회계기준이 적법한 절차를 거치지 않았을 경우에 회계기준의 설정이 잘못될 가능성이 있으며 회계기준의 생명이라고 할 수 있는 '다수의 지지'를 받을 수가 없어서 수용성이 약해진다. 적법한 절차를 밟지 않았을 경우 학계, 실무계 등의 의견이 무시될 수도 있으며 일부 이해관계자의 이해관계가 침해되거나 지나치게 강조될 수가 있다. 따라서 모든 회계기준의 설정시에는 적법한 절차를 거치는 것이 아주 중요한 의미를 갖는다.

2. 회계기준의 설정에 관심을 갖고 있는 단체들로서는 회계기준 및 회계정보를 둘러싼 각종 이해관계자들이라고 할 수 있다. 좀더 구체적으로는 회계기준의 설정을 직접 담당하는 한국회계기준원/한국회계기준위원회와 금융위원회는 물론

한국회계학회, 한국공인회계사회, 한국상장회사협의회, 대한상공회의소, 전국경제인연합회 등이 회계기준의 설정에 적극적인 관심을 갖게 된다. 더 나아가 산업별회계기준이나 특정 산업에 특별히 영향이 큰 회계기준의 설정시에는 산업별협회에서도 관심을 갖게 된다.

5 국제회계기준 도입

1. 국제회계기준에 따라 기업은 다른 기업을 '지분을 50% 초과하여 보유'하거나 '실질적으로 지배'하고 있으면 연결재무제표를 작성해야 한다. 기말에는 각 개별회사들의 재무제표에 대한 공인회계사의 감사가 수행되고, 그 감사가 완료된 후 연결재무제표를 작성해야 하기 때문에 추가비용이 발생할 수도 있다. 이러한 추가비용의 발생에도 불구하고 연결재무제표를 도입하는 이유는 다음과 같은 이점을 지니고 있기 때문이다.

   첫째로 내부거래를 통한 이익분식이 어려워진다. 기사의 내용처럼 내 오른쪽 주머니에 있는 돈을 왼쪽에 옮긴다고 이익이 발생한 것은 아니다. 그룹 내 한 회사가 다른 회사에 물건을 비싸게 팔아도 연결회계에서는 이를 거래로 보지 않기 때문에 여기에서 인식한 이익을 취소한다.

   둘째로 경영개선이 일어난다. 기존에는 한 기업이 자신의 재무제표만 챙기면 됐지만, 이제는 지배·종속관계에서 한 기업이 잘되고 한 기업이 못되면 연결로 묶여 경영지표가 전혀 개선되지 않는다. 따라서 지배·종속기업 전체의 경영이 개선되도록 하는 노력이 있게 된다.

   셋째로 세계화에 일보 전진할 수 있다. 주요 재무제표를 연결재무제표로 한다면, 국내기업을 외국기업과 비교할 수 있게 된다.

2. 국제회계기준 채택의 이점 :
   ① 회계투명성이 개선된다.
   ② 기업의 자본비용이 저렴해진다.
   ③ 국내외 증권시장에 중복 상장된 회사들이 이중의 재무보고를 하지 않아도 되기 때문에 회계처리비용이 절감될 수 있다.
   ④ 회계교육 및 회계전문가의 자격 상호인증이 쉬워진다.
   ⑤ 회계규제가 용이해진다.
   ⑥ 회계문제에 대한 정부 및 압력집단의 간섭이 감소한다.
   ⑦ 외국증권시장에의 접근 및 자본자유화가 쉬워진다.

윤리문제

[1단계] 상황의 사실관계 파악

도스(주)는 회사가 순이익 목표를 달성할 경우 최고경영진에게 보너스를 지급하는 인센티브시스템을 제공하고 있다. 그런데 2021년은 당기순이익 목표를 달성하기 어려운 상황에 처해 있다. 도스(주)의 CFO는 궁리 끝에 12월 판매량을 늘리고 최고경영진이 보너스를 받을 수 있는 묘안을 제안하였다. 회사의 주요 고객 업체로부터 2022년 1월 15일에 선적을 요청하는 2억원어치 물량의 주문을 2021년 12월 15일에 받았다. CFO는 최고경영진의 회의에서 특근을 할 경우 12월 31일까지 주문물량의 생산을 완료하여 선적 예정 항구의 창고에 입고할 수 있을 것이며, 주문은 확보되어 있고 생산 및 선적 준비까지 완료할 수 있기 때문에 2021년에 동 물량을 수익으로 인식하는 데 문제가 없으며, 그렇게 할 경우 2021년 보너스를 받기에 충분한 당기순이익을 달성할 수 있다고 보고하였다. 한편, 도스(주)는 통상 도착지인도조건으로 선적을 하며, 고객이 부품을 인수할 때 수익을 인식해오고 있다. CFO는 수익인식기준을 무시하고 수익을 조기인식하여 보너스를 받기 위해서 회계조작을 하고자 하고 있다.

[2단계] 윤리적 문제와 이에 관련된 당사자들의 식별

윤리적 문제는 최고경영진들이 보너스를 받도록 최고경영진에게 충성하는 것이 옳으냐 아니면 재무정보이용자들이 합리적인 판단을 할 수 있도록 목적적합하고 표현충실한 정보를 제공하는 것이 옳으냐의 문제이다. 관련된 당사자들로는 회계담당자, 보너스의 수령여부가 달린 최고경영진, 현재 및 잠재적 주주, 채권자, 종업원, 기타 정보이용자가 있을 수 있다.

[3단계] 상황에 관련된 가치의 식별

관련된 가치들로서는 회계담당자의 전문성, 정직성, 성실성, 객관성, 회사에 대한 충성심, 재무제표이용자에 대한 책임 등을 들 수 있다. 회계담당자로서 회계기준을 따르는 것이 중요한지 또는 상급자의 의견을 존중하는 것이 중요한지의 문제를 다룬다. 이러한 상충되는 대안에 직면할 경우 어느 가치가 지켜지고 어느 가치가 희생될 것인지를 고려한다.

[4단계] 회계처리 대안의 식별

대안 1 : 해당 물량에 대한 주문을 2021년 수익으로 인식한다.

대안 2 : 해당 물량에 대한 주문을 2022년에 선적한 후 고객이 상품을 수령했을 때 수익으로 인식한다.

[5단계] 관련된 가치의 차원에 따른 회계처리 대안의 장단점 파악

대안 1 : 회사, 특별히 최고경영진에 대한 충성심을 따르는 대안이다.

대안 2 : 회계담당자의 전문성, 정직성, 성실성, 객관성, 재무제표이용자에 대한 책임을 중시하는 대안이다.

[6단계] 각 대안의 영향 식별

대안 1 :

- 긍정적 영향 : 회사는 순이익 목표를 달성하고 최고경영진이 보너스를 받을 수 있다. 회계담당자는 최고경영진의 신임을 받을 수 있다.
- 부정적 영향 : 재무정보이용자들이 왜곡된 재무정보를 받아서 합리적 의사결정을 하는 데 지장을 초래할 수 있다. 차후 회계정보를 왜곡했다는 사실이 발각될 경우 소송에 휘말릴 수 있고, 회계감사인은 적정감사의견을 거절할 가능성이 있으며, 회계담당자의 전문성과 정직성 등이 훼손되어 직책을 수행하기 어려울 가능성이 있다.

대안 2 :

- 긍정적 영향 : 재무정보이용자들이 목적적합하고 표현충실한 재무정보를 받아서 합리적 의사결정을 할 수 있다. 회계담당자의 전문성과 정직성 등을 유지할 수 있고 직책을 수행했다는 평가를 받을 것이다.
- 부정적 영향 : 회사는 순이익 목표를 달성할 수 없고 최고경영진이 보너스를 받을 수 없다. 회계담당자는 최고경영진의 신임을 받기 어려울 수 있다.

[7단계] 결정 및 바람직한 행동 제시

회계담당자의 올바른 선택은 대안 2이다. 그 결과 재무정보이용자들이 목적적합하고 표현충실한 재무정보를 받아서 합리적 의사결정을 할 수 있다. 또한, 회계담당자의 전문성과 정직성 등을 유지할 수 있고 직책을 수행했다는 평가를 받을 것이다.

제 2 장 재무보고 개념체계

연습문제

1 재무보고 개념체계의 목적과 구성

1. 개념체계에서 밝히고 있는 일반목적재무보고의 목적과 개념은 다음과 같다.

   ① 회계기준위원회가 일관된 개념에 기반하여 회계기준을 제·개정하는 데 도움을 준다.

   ② 특정 거래나 다른 사건에 적용할 회계기준이 없거나 회계기준에서 회계정책을 선택하는 것을 허용하는 경우에 재무제표작성자가 일관된 회계정책을 개발하는 데 도움을 준다.

   ③ 모든 이해관계자가 회계기준을 이해하고 해석하는 데 도움을 준다.

   개념체계는 개별 회계기준들의 뼈대 또는 근간을 제공하는 역할을 하므로 모든 법률의 근간역할을 하는 헌법과 같은 것으로 이해할 수 있다. 따라서 개념체계는 다음과 같은 회계기준을 위한 기반을 제공한다.

   ① 투자자와 그 밖의 시장참여자가 정보에 입각한 경제적 의사결정을 내릴 수 있도록 재무정보의 비교가능성과 정보의 질을 향상시켜 투명성에 기여한다.

   ② 기업과 자본제공자 간의 정보 격차를 줄임으로써 회계책임(accountability)을 강화한다. 개념체계에 기반한 회계기준은 경영진의 수탁책임(stewardship) 평가에도 필요한 정보를 제공하며, 규제기관에게도 매우 중요하다.

   ③ 투자자에게 투자기회와 위험을 파악하도록 도움을 주어 한정된 자원의 배분을 향상시킴으로써 경제적 효율성에 기여한다. 기업이 개념체계에 기반한 신뢰성 있는 회계기준을 사용하면 자본비용을 절약할 수 있다.

   개념체계는 회계의 근간이 되는 기초개념을 정립하는 것이 목적이기 때문에 그 자체로서는 회계기준은 아니다. 따라서 개념체계는 구체적인 회계처리방법이나 공시에 관한 기준을 정하는 것을 목적으로 삼지 않는다. 만약 개념체계의 내용이 특정 회계기준과 상충되는 경우에는 회계기준이 개념체계에 우선한다.

2. 개념체계는 다음과 같이 총 8장으로 구성되어 있다.

   제1장 일반목적재무보고의 목적
   제2장 유용한 재무정보의 질적특성
   제3장 재무제표와 보고기업
   제4장 재무제표요소

제5장 인식과 제거
제6장 측정
제7장 표시와 공시
제8장 자본 및 자본유지의 개념

3. 아래의 그림은 재무보고 개념체계의 각 요소간의 연관관계를 보여주고 있다.

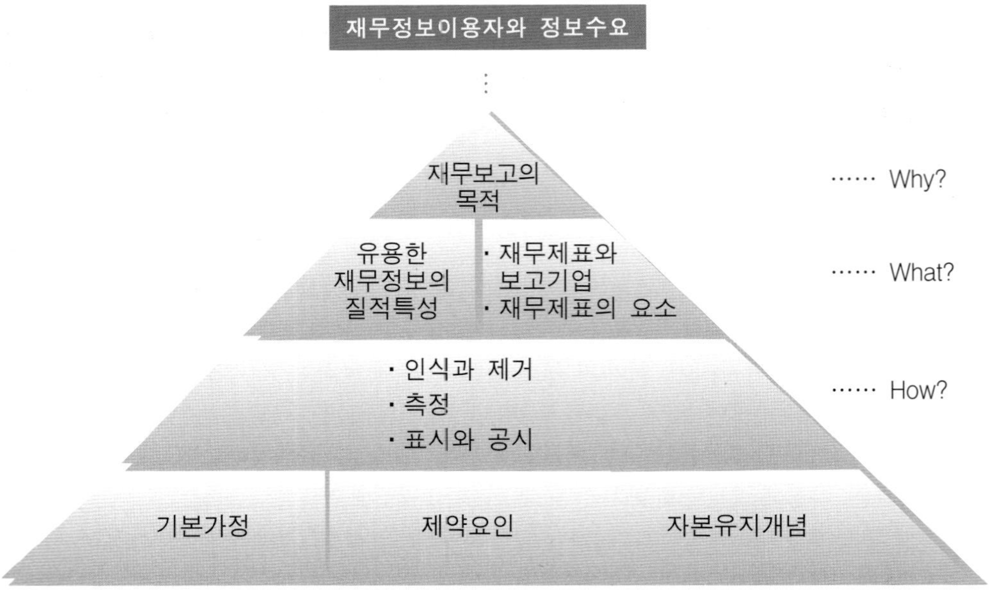

개념체계의 상층(제1단계)은 일반목적재무보고의 목적으로서, 왜(why) 재무보고를 해야 하는가에 대한 개념을 다루며 개념체계의 근간을 이룬다. 중층(제2단계)은 재무정보의 질적특성, 재무제표와 보고기업 및 재무제표의 요소가 위치하는데, 이는 재무보고 목적과 구체적인 인식 및 측정을 연결시키는 허리 역할을 하며 무엇(what)을 보고할 것인가에 대한 개념을 밝히고 있다. 질적특성은 회계정보가 유용하기 위해서 갖추어야 할 특성을 의미하고, 재무제표와 보고기업은 누가 무엇을 보고해야 하는지 제시하며, 재무제표의 요소는 재무제표의 구성요소들을 정의한다. 이들 모두 회계상의 거래를 인식하고 측정하기 위한 회계기준을 설정하는 데 기초를 제공한다. 하층(제3단계)은 재무제표요소를 어떻게(how) 인식하고, 측정할 것인가에 대한 기본개념을 다룬다. 재무제표요소는 기본가정과 자본유지개념에 근거하여 인식하고 측정하는데, 여기에는 근본적으로 제약요인이 있을 수밖에 없음을 밝히고 있다.

2 재무보고의 목적

1. 일반목적재무보고의 목적은 기업의 이해관계자인 현재 및 잠재적 투자자와 채권자 등의 자원제공자가 기업에 자원을 제공하는 의사결정을 함에 있어서 합리적인 의사결정을 할 수 있도록 유용한 정보(useful information)를 제공하는 것이다.

회계가 어떤 정보를 제공했을 때 추구하는 목적이 가장 잘 달성될 수 있을 것인가? 이를 위해서 재무정보이용자들이 어떠한 재무정보에 관심이 있는지를 검토할 필요가 있다. 투자자와 채권자는 공통적으로 미래현금흐름(future cash flows)에 관심이 있다. 구체적으로 말하면 투자자는 주식거래를 통한 자본이득과 배당금수취라는 현금흐름에 관심을 갖고, 채권자는 원금과 이자의 수취라는 현금흐름에 관심을 갖는다. 따라서 회계가 제공하는 재무정보는 미래현금흐름의 금액(amounts), 시기(timing) 및 불확실성(uncertainty), 그리고 기업의 경제적 자원에 대한 경영진의 수탁책임을 평가하는 데 유용해야 한다. 이러한 평가를 위하여 현재 및 잠재적 투자자와 채권자는 기업의 경제적 자원, 기업에 대한 청구권 및 그러한 자원과 청구권의 변동에 대한 정보를 필요로 한다.

일반목적재무보고는 보고기업의 가치를 보여주기 위해 고안된 것은 아니지만, 위와 같은 정보의 제공은 현재 및 잠재적 투자자와 채권자가 보고기업의 가치를 추정하는 데 도움을 준다.

2. 일반목적재무보고는 정보이용자들이 필요로 하는 모든 정보를 제공하지는 않으며 또한 제공할 수도 없다. 정보이용자들은 대체적인 정보원에서 추가적인 정보욕구를 충족할 필요가 있다.

주요 정보이용자들의 정보 수요 및 욕구는 다양하고 상충되기도 한다. 따라서 재무보고는 최대 다수의 주요 이용자들의 수요를 충족시키는 정보이어야 한다는 점에서 일반목적재무보고라고 부른다. 보고기업의 경영진도 해당 기업에 대한 재무정보에 관심이 있지만 그들이 필요로 하는 재무정보를 내부에서 구할 수 있기 때문에 일반목적재무보고에 의존할 필요가 없다. 규제기관, 일반대중 등의 기타 정보이용자에게도 일반목적재무보고가 유용할 수 있다. 그러나 일반목적재무보고는 이러한 기타 정보이용자를 주요 대상으로 한 것은 아니다.

일반목적재무보고는 기업의 가치를 직접 평가하기 위한 것이 아니다. 그러나 일반목적재무보고는 정보이용자가 기업의 가치를 추정하는 데 도움이 되는 정보를 제공하고 있다.

일반목적재무보고는 재무정보가 상당부분 추정, 판단 및 모형에 근거하고 있다. 따라서 추정, 판단 또는 사용된 모형에 대한 정보를 충분히 제공한다면 합리적 의사결정에 유용한 정보를 제공할 수 있다고 본다.

3 재무상태와 그 변동에 관한 정보

1. 경제적 자원(economic resources)이란 기업의 자산을 말한다. 그리고 재무상태표에 이러한 경제적 자원을 체계적으로 표시한다. 경제적 자원에 대한 정보는 기업의 유동성(liquidity), 지급능력(solvency), 추가적인 자금조달의 필요성 및 그 자금조달이 얼마나 성공적일지 판단하는 데 도움을 줄 수 있다. 예컨대, 매출채권과 같은 경제적 자원은 직접적인 현금흐름을 발생시킬 것이고, 재고자산은 판매를 거쳐서 현금흐름에 영향을 미칠 것이며, 유형자산은 재화 및 용역을 생산하고 고객에게 판매하기 위해 자원을 결합하여 사용함으로써 현금흐름을 발생시킬 것이다.

2. 보고기업의 경제적 자원과 청구권의 변동은 재무상태의 구성요소인 자산, 부채 및 자본의 변동을 의미한다. 이들은 주로 손익계산서와 현금흐름표, 그리고 자본변동표에 표시된다. 구체적으로 경제적 자원 및 청구권의 변동은 영업활동의 결과인 재무성과로 인한 이익잉여금과 포괄손익누계액의 변동, 투자활동(투자자산, 유형자산, 무형자산의 취득과 처분)의 결과로 인한 자산의 변동, 재무활동(채무상품, 지분상품의 발행 및 상환)의 결과로 인한 부채와 자본의 변동으로 나타난다. 이 중에서 재무성과에 대한 정보는 기업이 창출한 수익을 이해하는 데 도움을 주고, 또 이 정보는 이용자들이 기업의 경제적 자원에 대한 경영진의 수탁책임을 평가하는 데도 도움을 줄 수 있다.

4 미래현금흐름에 대한 정보

1. 미래현금흐름이란 장래에 기업으로부터 받을 수 있는 순현금흐름을 의미하는데, 현금흐름은 광의의 개념과 협의의 개념으로 구분할 수 있다. 광의의 현금흐름에서는 회계이익을 장기적인 관점(예컨대 감가상각을 조정한 후)에서 측정한 일정기간의 현금흐름이라고 할 수 있다. 따라서 광의의 현금흐름은 협의의 현금흐름뿐만 아니라 발생기준에 근거한 회계이익까지도 포함한 개념이다.

2. 재무정보에 대한 최종 관심은 현금흐름에 대한 정보를 어떻게 하면 가장 잘 측정할 수 있는가로 귀착된다고 할 수 있다. 투자에 대한 성과는 현금으로 측정한 투자액과 회수액의 차이로 구할 수 있다. 그러나 투자시점과 회수시점이 일정하지 않고 아주 장기일 수 있다. 즉 일정기간마다 재무보고를 하는 기간별 보고의 전제에 따라 회계기간과 투자기간이 다르기 때문에 현금으로 쉽게 성과를 평가할 수 있는 직접적인 방법이 없다. 따라서 현금흐름을 가장 잘 평가하기 위하여 재무제표를 고안해냈다. 대표적인 재무보고 도구로 활용되고 있는 것이 재무상태표, 포괄손익계산서 및 현금흐름표이다. 재무상태표는 재무상태에 관한 정보를 제공하는데, 재무상태는 일정 시점에 찍은 기업의 스냅사진과 같은 역

할을 한다. 그러나 스냅사진만으로 현금흐름을 측정한다는 것은 불가능하다. 따라서 서로 다른 시점에 기업의 변화된 재무상태를 나타내는 스냅사진이 어떤 이유로 변화했는가를 보여주기 위해서는 비디오사진이 필요하다. 즉, 재무상태의 변동은 변화 또는 흐름을 측정하는 도구를 사용해야만 알 수 있다. 이와 같이 변화 또는 흐름을 측정하는 도구가 포괄손익계산서와 현금흐름표이다. 포괄손익계산서와 현금흐름표는 변화 또는 흐름을 나타내는 성과측정 수단이다. 포괄손익계산서는 발생기준(accrual basis)이라는 기본전제를 이용하여 성과를 측정한 것이고, 현금흐름표는 현금기준(cash basis)을 이용하여 성과를 측정한 것이다. 이와 같은 이유에서 재무제표는 미래현금흐름 창출능력을 평가하는 데 유용하다고 보고 있다. 일반적으로 재무상태에 관한 정보는 재무상태표에, 경영성과에 관한 정보는 포괄손익계산서에 표시되고, 재무상태의 변동에 관한 정보는 현금흐름표에 표시된다. 그러나 현금흐름의 금액, 시기, 불확실성 등을 알기 위해서는 이들 재무제표를 종합적으로 분석해야 한다.

5 정보유용성, 재무보고의 목적 및 질적특성

(1) 거짓이다. 재무정보를 유용하게 만드는 근본적 질적특성은 목적적합성과 표현충실성이다. 검증가능성은 근본적 질적특성을 제고시키는 보강적 질적특성 중의 하나이다.

(2) 참이다.

(3) 거짓이다. 예측가치와 확인가치는 목적적합성의 요소이다. 충실하게 표현된 정보는 완전하게 서술되거나, 중립적인 입장에서 서술되거나, 오류가 없이 서술된 정보이다. 오류가 없다는 의미는 내용 및 절차에 오류가 없다는 것을 의미하며 모든 면에서 완벽하다는 것을 의미하지는 않는다.

(4) 거짓이다. 비교가능성은 한 회사의 다른 기간간의 비교가능성 및 다른 회사의 동일한 기간간의 비교가능성에 모두 해당한다. 유사한 항목은 유사하게 회계처리하고 다른 항목은 다르다는 것을 나타내는 정보가 비교가능성이 높다.

(5) 거짓이다. 근본적 질적특성(목적적합성, 표현충실성)을 제고하는 보강적 질적특성은 검증가능성, 비교가능성, 적시성 및 이해가능성이다.

(6) 참이다. 재무정보이용자들은 재무정보를 이용하기에 필요한 합리적 지식을 가지고 있다고 본다. 그렇다고 해서 재무정보이용자가 항상 모든 것을 이해할 수 있는 능력이 있다는 것을 의미하지는 않는다. 재무정보이용자는 보고되는 재무정보가 이해하기 어려운 경우에는 이해하고자 하는 노력을 경주함은 물론 경우에 따라서는 전문가의 자문을 받을 수도 있다.

6 질적특성(I)

1. 목적적합성과 표현충실성
2. 확인가치(목적적합성의 일부)
3. 정보원가, 중요성
4. 중립성
5. 일관성(비교가능성)
6. 적시성
7. 목적적합성
8. 비교가능성
9. 검증가능성
10. 중립성(표현충실성)

7 질적특성(II)

(1) 비교가능성
(2) 정보원가제약
(3) 확인가치
(4) 비교가능성
(5) 검증가능성
(6) 목적적합성
(7) 보강적 질적특성
(8) 표현충실성
(9) 적시성

8 질적특성, 기본가정 및 제약요인(I)

(1) 이해가능성
(2) 목적적합성
(3) 완전성
(4) 중요성
(5) 표현충실성
(6) 중립성
(7) 일관성(비교가능성)
(8) 계속기업의 가정
(9) 적시성
(10) 질적특성간의 균형

9 질적특성, 기본가정 및 제약요인(II)

(1) 표현충실성
(2) 계속기업의 가정
(3) 이해가능성
(4) 중요성
(5) 적시성
(6) 중립성
(7) 포괄적 제약요인

10 질적특성 및 제약요인

(1) 확인가치
(2) 정보원가와 중요성
(3) 중립성
(4) 비교가능성(일관성)
(5) 중립성
(6) 적시성
(7) 목적적합성
(8) 비교가능성
(9) 검증가능성

11 질적특성간의 상충

1. 이용자의 의사결정에 유용할 수 있으므로 목적적합성이 향상되나, 재무보고에 확인되지 않은 내용이 포함될 수 있어 충실한 표현이 저하된다.
2. 기간별 비교가능성(일관성)은 저하되지만 기업간 비교가능성은 향상된다.
3. 정보이용자의 의사결정에 목적적합하지만 역사적 재무정보에 비해 검증가능성이 떨어진다.
4. 검증가능성은 높으나 목적적합성이 낮다.
5. 의사결정에 대한 목적적합성이 향상되지만 복잡한 회계정보에 따라 검증가능성 및 이해가능성이 저하된다.
6. 자산재평가를 통하여 자산을 재평가한 공정가치로 보고하면 목적적합성은 향상되지만 평가자의 주관적인 판단이 개입됨에 따라 검증가능성이 저해될 수 있다.

12 재무제표요소(Ⅰ)

(1) 부채
(2) 수익
(3) 자산
(4) 총포괄손익
(5) 자본
(6) 비용

13 재무제표요소(Ⅱ)

(1) 반대 : 지출한 광고비가 미래경제적 효익을 발생시킬 가능성이 높지 않음.
(2) 반대 : 재고자산의 진부화손실이 명백하므로 이에 대해서는 손실로 기록하고 재고자산을 감액시켜야 함.
(3) 반대 : 감가상각비를 당기의 비용으로 계상해야 함. 이익의 크기에 따라 감가상각을 조작해서는 안 됨.
(4) 반대 : 총액기준의 원칙에 입각하여 임차비용과 임대수익을 각각 보고하는 것이 보다 적절함. 다만 금액이 중요하지 않은 경우 상계가능.

14 재무제표요소(Ⅲ)

(1) 자본
(2) 비용
(3) 소유주에 대한 분배
(4) 부채
(5) 소유주에 의한 투자
(6) 의제의무

15 자산의 개념

(1) 옳은 설명이다. 리스자산처럼 소유하지 않더라도 자산이 될 수 있다.

(2) 옳은 설명이다.

(3) 무상으로 증여받은 자산은 자산의 정의를 충족할 수 있고, 공정가치로 측정한다.

(4) 옳은 설명이다.

(5) 옳은 설명이다.

16 개념체계 종합

(1) 소유주에 대한 분배
(2) 원가제약요인
(3) 비교가능성
(4) 일관성(비교가능성)
(5) 이해가능성
(6) 표현충실성
(7) 적시성
(8) 목적적합성
(9) 검증가능성
(10) 확인가치
(11) 수익
(12) 인식
(13) 중립성
(14) 예측가치
(15) 중요성
(16) 자산
(17) 측정기준
(18) 자본
(19) 제거
(20) 회계단위

제 3 장 재무제표

연습문제

1 포괄손익계산서의 작성(I)

1.

포괄손익계산서

한남체인(주) 20×1. 1. 1부터 20×1. 12. 31까지

매 출 액	₩980,000
매 출 원 가*	(446,000)
매출총이익	₩534,000
소 모 품 비	(18,200)
감가상각비	(65,000)
급여 및 임금	(251,000)
기타판관비	(52,800)
영 업 이 익	₩147,000
임 대 수 익	31,000
금 융 원 가	(22,000)
법인세비용차감전순이익	₩156,000
법인세비용	(46,800)
당기순이익	₩109,200
기타포괄손익 :	
FVOCI금융자산평가이익 (법인세 ₩5,400 차감후 순액)	12,600
총포괄이익	₩121,800

* 매출원가의 계산

기초재고	₩92,000
가산 : 당 기 매 입	
매 입	410,000
매 입 운 임	37,000
차감 : 매입에누리와 환출	(12,000)
판매가능재고	₩527,000
차감 : 기말재고	(81,000)
	₩446,000

2.

포괄손익계산서

한남체인(주) 20×1. 1. 1부터 20×1. 12. 31까지

순 매 출 액	₩980,000
재고자산 감소	(11,000)
재고자산매입	(435,000)
매출총이익	₩534,000
소 모 품 비	(18,200)
감가상각비	(65,000)
급여 및 임금	(251,000)
기타판관비	(52,800)
영 업 이 익	₩147,000
임 대 수 익	31,000
금 융 원 가	(22,000)
법인세차감전순이익	₩156,000
법인세비용	(46,800)
당기순이익	₩109,200
기타포괄손익 :	
FVOCI금융자산평가이익 (법인세 ₩5,400 차감후 순액)	12,600
총포괄이익	₩121,800

2 재무상태표 계정구분

1. 선급금 (1)
2. 선수임대수익 (5)
3. 자기주식 (10)
4. 선급보험료 (1)
5. 관계회사주식 (2)
6. 우선주발행초과금 (8)
7. 저작권 (4)
8. 소액현금 (1)
9. 매출채권 미수이자 (1)
10. 다음 해에 만기가 되는 사채 (5)
11. 처분하기 위한 운휴기계 (2)
12. 감가상각이 완료된 사용중인 기계 (3)
13. 영업권 (4)
14. 예산서에 반영된 내년도 임금 (×)
15. 예상소송손실(패소가능성 있음) (주)
16. 사채할인발행차금 (6의 차감항목)
17. 미지급사채이자 (5)
18. 감가상각누계액 (3의 차감항목)
19. 회계연도말 이후에 발행된 주식 (주)
20. 개발비 (4)

3 포괄이익의 계산

매　　출 = ₩400,000(총매출) − ₩10,000(매출할인) = ₩390,000

매출원가 = ₩30,000(기초재고) + ₩150,000(총매입) + ₩30,000(매입운임)
　　　　− ₩30,000(매입에누리와 환출) − ₩40,000(기말재고) = ₩140,000

매출총이익 = ₩390,000 − ₩140,000 = ₩250,000

당기순이익 = ₩250,000 − ₩20,000(무형자산손상차손) − ₩20,000(감가상각비)
− ₩70,000(영업비) − ₩10,000(대손상각비)
+ ₩20,000(생물자산평가이익) − ₩40,000(판매비와 관리비)
− ₩30,000(유형자산손상차손) − ₩20,000(법인세비용) = ₩60,000

포괄이익 = ₩60,000 + ₩40,000(해외사업외화환산이익) = ₩100,000

4 매출원가, 당기순이익 및 배당선언액

(1) 매출원가
= 기초재고 + 매입 + 매입운임 − 매입에누리 − 매입할인 − 기말재고
= ₩45,300 + ₩190,000 + ₩10,100 − ₩10,500 − ₩17,300 − ₩48,000
= ₩169,600

(2) 당기순이익
= 순매출액 − 매출원가 − 판매·관리비 + 기타수익 − 기타비용 − 법인세비용
= (₩390,000 − ₩5,800 − ₩21,300) − ₩169,600 − (₩99,400 + ₩82,500) + (₩71,000 + ₩6,500) − ₩12,700 − ₩31,000 = ₩45,200

(3) 당기중 배당금선언액
= 기초이익잉여금 + 당기순이익 − 기말이익잉여금
= ₩114,400 + ₩45,200 − ₩134,000 = ₩25,600

5 손익계산서의 작성

(1) 성격별비용법 손익계산서

손익계산서

선자(주) 제××기 : 20×1. 1. 1부터 20×1. 12. 31까지

매 출 액	₩925,000
당 기 매 입**	(601,000)
재고자산 증가	17,000
매출총이익	₩341,000
임금과 급여	(110,000)
감가상각비	(46,500)
소 모 품 비	(18,500)
영 업 이 익	₩166,000
배당금수익	17,000
금 융 원 가	(8,000)
화 재 손 실	(54,000)
법인세비용차감전순이익	₩121,000
법인세비용	(36,300)
당기순이익	₩84,700
주당순이익	₩141.17

(2) 기능별비용법 손익계산서

손익계산서

선자(주) 제××기 : 20×1. 1. 1부터 20×1. 12. 31까지

매 출 액*	₩925,000
매 출 원 가***	(584,000)
매출총이익	₩341,000
임금과 급여	(110,000)
감가상각비	(46,500)
소 모 품 비	(18,500)
영 업 이 익	₩166,000
배당금수익	17,000
금 융 원 가	(8,000)
화 재 손 실	(54,000)
법인세비용차감전순이익	₩121,000
법인세비용	(36,300)
당기순이익	₩84,700
주당순이익	₩141.17

* 매출액＝매출－매출에누리와 환입＝₩930,000－₩5,000＝₩925,000

** 당기매입＝매입액＋매입운임－매입에누리와 환출－매입할인
＝₩600,000＋₩14,000－₩3,000－₩10,000＝₩601,000

*** 매출원가＝기초재고＋당기매입－기말재고
＝₩120,000＋₩601,000－₩137,000＝₩584,000

6 재무상태표의 작성(Ⅰ)

재무상태표

대식(주) 20×1. 12. 31 현재

유 동 자 산			유 동 부 채		
현금및현금성자산		₩200,000	매 입 채 무		₩230,000
FVPL금융자산		140,000	미지급임차료		55,000
매 출 채 권	₩350,000		비유동부채		
대손충당금	(10,000)	340,000	사 채	₩500,000	
선 급 비 용		5,000	사채할증발행차금	53,000	553,000
재 고 자 산		385,000	퇴직급여충당부채		82,000
비유동자산					
유 형 자 산			부 채 총 계		₩920,000
토 지		175,000			
건 물	710,000		자본금(액면 ₩1,000; 주식수 500)		₩500,000
감가상각누계액	(140,000)	570,000	주식발행초과금		160,000
비 품	255,000		이익잉여금		
감가상각누계액	(95,000)	160,000	시설확장적립금	92,000	
무 형 자 산			미처분이익잉여금	473,000	565,000
영 업 권		80,000			
특 허 권		90,000	자 본 총 계		₩1,225,000
자 산 총 계		₩2,145,000	부채와 자본총계		₩2,145,000

〈정리 내용〉

(1) 당좌차월은 현금과 상계가능(현재 보고된 것이 문제 없음)
(2) FVPL금융자산은 유동성이 현금및현금성자산 다음으로 높은 항목이므로 현금및현금성자산 다음에 보고
(3) 대손충당금은 매출채권에서 차감하는 형식으로 보고하거나 순액으로 보고하고, 외상매출금은 재무상태표에 보고할 때에는 외상매출금과 받을어음의 통합계정인 매출채권으로 보고
(4) 선급비용은 무형자산이 아니라 유동자산으로 보고
(5) 토지는 일반적으로 유형자산에서 가장 먼저 보고
(6) 건물과 비품은 차감계정인 감가상각누계액을 각각에서 차감하는 형식으로 보고
(7) 외상매입금과 어음채무는 통합계정인 매입채무로 보고
(8) 사채할증발행차금은 사채에 부가하는 형식으로 보고
(9) 퇴직급여충당부채는 비유동부채로 보고
(10) 시설확장적립금은 이익잉여금 중 처분이익잉여금이므로 이익잉여금에 보고

7 재무상태표의 작성(Ⅱ)

재무상태표

대한(주) 20×4. 12. 31 현재

Ⅰ. 유동자산		Ⅰ. 유동부채	
현금및현금성자산	₩104,000	매입채무	₩110,000
FVPL금융자산	95,000	단기차입금	105,000
매출채권	215,000	미지급법인세	65,000
차감 : 대손충당금	(15,000)	선수수익	9,000
재고자산	195,000	Ⅱ. 비유동부채	
Ⅱ. 비유동자산		사채	1,050,000
FVOCI금융자산	155,000	차감 : 사채할인발행차금	(50,000)
관계기업주식	45,000	장기성매입채무	90,000
AC금융자산	160,000	부채총계	₩1,379,000
투자자산(토지)	250,000	Ⅲ. 자본금	
토지	600,000	우선주자본금	350,000
건물	960,000	보통주자본금	300,000
차감 : 감가상각누계액	(440,000)	Ⅳ. 자본잉여금	
기계장치	630,000	주식발행초과금－우선주	70,000
차감 : 감가상각누계액	(170,000)	주식발행초과금－보통주	700,000
특허권	176,000	Ⅴ. 이익잉여금	
영업권	125,000	우발손실적립금	60,000
개발비	180,000	미처분이익잉여금	406,000
		자본총계	₩1,886,000
자산총계	₩3,265,000	부채와 자본총계	₩3,265,000

〈정리 내용〉

(1) 당좌차월은 현금과 상계가능

(2) 장래사용목적 토지는 투자자산으로 분류

(3) 선수수익은 유동부채임(유동자산이 아님)

(4) 개발비는 투자자산이 아니라 무형자산임

(5) 사채할인발행차금은 기타자산이 아니라 사채의 차감계정임

(6) 우발손실적립금은 이익잉여금 항목임

8 정보의 공시

(1) 공시 불필요(금액이 적어서 중요성에 따라 공시 불필요)

(2) 공시 불필요(일반적 기업위험에 해당하므로 공시 불필요)

(3) 재고자산평가방법 등의 회계방침에 관하여 주석공시

(4) 감가상각방법의 변경은 회계추정의 변경에 해당하므로 주석공시

(5) 성격별비용법 또는 기능별비용법에 따라 손익계산서를 작성해야 함

(6) 총액기준에 따라 기록해야 하며 상계해서는 안 됨. 따라서 다음과 같이 분개해야 함

(차) 유 형 자 산	20,000	(대) 어 음 채 무	15,000
		현 금	5,000

(7) 계류중인 소송사건은 주석공시

9 당기순손익과 기타포괄손익

매출액＝매출채권회수액－기초매출채권＋기말매출채권

＝₩3,500,000－₩500,000＋₩300,000＝₩3,300,000

매출원가＝기초재고＋(매입－매입환출－매입할인)－기말재고

＝₩360,000＋(₩2,520,000－₩150,000－₩30,000)－₩1,000,000＝₩1,700,000

매출총이익＝매출액－매출원가

＝₩3,300,000－₩1,700,000＝₩1,600,000

영업이익＝매출총이익－급여－감가상각비

＝₩1,600,000－₩500,000－₩40,000＝₩1,060,000

당기순손익＝영업이익＋토지처분이익－사채상환손실

＝₩1,060,000＋₩250,000－₩50,000＝₩1,260,000

기타포괄손익＝자산재평가이익－해외사업외화환산손실

－현금흐름위험회피파생상품평가손실－FVOCI금융자산평가손실

＝₩170,000－₩200,500－₩800,000－₩185,000＝(₩1,015,500)

총포괄손익＝당기순손익＋기타포괄손익

＝₩1,260,000－₩1,015,500＝(₩244,500)

(참고) 자기주식처분이익은 자본거래로서 자본잉여금에 가산할 항목이며, 기타포괄손익에 포함되지 않는다.

10 포괄손익계산서의 작성(Ⅱ)

1. 성격별비용법 포괄손익계산서

포괄손익계산서

강북(주) 제××기 : 20×1. 1. 1부터 20×1. 12. 31까지

매 출 액*	₩927,000
당 기 매 입	(705,000)
재고자산 증가	37,000
매출총이익	₩259,000
임금과 급여	(110,000)
감가상각비	(46,500)
소 모 품 비	(18,000)
영 업 이 익	₩84,500
배 당 수 익	15,000
화 재 손 실	(54,000)
이 자 비 용	(9,000)
법인세비용차감전순이익	₩36,500
법인세비용	(7,300)
당기순이익	₩29,200
주당순이익	₩48.7

2. 기능별비용법 포괄손익계산서

포괄손익계산서

강북(주) 제××기 : 20×1. 1. 1부터 20×1. 12. 31까지

매 출 액*		₩927,000
매 출 원 가		
기 초 재 고	₩100,000	
당 기 매 입**	705,000	
차감 : 기말재고	(137,000)	668,000
매출총이익		₩259,000
물 류 비		(48,500)
일반관리비		(75,000)
마 케 팅 비		(42,000)
영 업 이 익		₩93,500
배 당 수 익		15,000
기 타 비 용		(63,000)
이 자 비 용		(9,000)
법인세비용차감전순이익		₩36,500
법인세비용		(7,300)
당기순이익		₩29,200
주당순이익		₩48.7

* 매 출 액＝매출－매출에누리와 환입＝₩930,000－₩3,000＝₩927,000

** 당기매입＝매입액＋매입운임－매입에누리와 환출－매입할인
＝₩700,000＋₩15,000－₩5,000－₩5,000＝₩705,000

11 잘못된 손익계산서의 수정

손익계산서

청해진(주) 20×1. 1. 1~20×1. 12. 31	
매　　출	₩802,000
매 출 원 가*	(566,200)
매출총이익	₩235,800
판 매 비	(101,100)
광 고 비	(13,700)
관 리 비	(73,400)
영 업 이 익	₩47,600
배 당 수 익	32,300
수 증 이 익	38,500
유형자산처분손실	(48,600)
법인세비용차감전순이익	₩69,800
법인세비용	(25,000)
당기순이익	₩44,800

* 매출원가에 원가성 있는 재고자산감모손실 포함

(주) 주어진 손익계산서의 단점 : 손익계산서 상단에 회사이름, 회계기간 등을 명기해야 한다.

12 잘못된 포괄손익계산서 – 성격별비용법

해남(주)의 포괄손익계산서가 갖는 결점과 이의 개선방안은 다음과 같다.

1. 매출부가세가 총매출에 포함되어 있어 문제가 있다. 이러한 회계처리로 매출액이 과대계상된다. 매출부가세는 총매출에서 차감하고, 매입부가세는 원재료비와 소모품비에서 차감해야 한다. 또한 매출에누리와 환입을 차감해야 한다.
2. 배당금수익과 이자수익은 영업외수익으로서 매출액 다음에 보고해야 한다.
3. 재고자산평가손실, 유형자산처분손실(창고매각손실)은 기타비용으로 보고해야 한다.

포괄손익계산서－성격별비용법

해남(주) 20×2. 1. 1～20×2. 12. 31

매 출 액*	₩868,290
이 자 수 익	38,500
배 당 수 익	5,600
제품 및 재공품 변동	(183,900)
원재료비 및 소모품비**	(190,000)
급여와 임금	(60,500)
감가상각비	(23,000)
임 차 료	(19,100)
물 류 비 용	(3,400)
대손상각비	(24,000)
재고자산평가손실	(3,800)
유형자산처분손실	(86,350)
법인세비용차감전순이익	₩318,340
법인세비용	(63,668)
당기순이익	₩254,672
기타포괄손익 :	
금융자산평가손실 (법인세 ₩7,810 차감후순액)***	(31,240)
총포괄손익	₩223,432

* 매출액은 총매출액(부가가치세 10% 차감 후)에서 매출에누리와 환입을 차감한 금액임.
₩987,900÷1.1－₩29,800＝₩868,290

** 원재료비 및 소모품비는 부가가치세를 차감한 금액임.
₩209,000÷1.1＝₩190,000

*** FVOCI금융자산의 평가손실이 발생하면 포괄손익계산서에서 기타포괄손익항목의 하나로 인식하고 재무상태표에서는 자본계정인 기타포괄손익누계액에 반영해야 한다. 한편, 기타포괄손익은 여기에서처럼 법인세차감후순액으로 보고할 수도 있으며 법인세를 별도로 표시할 수도 있다.

13 잘못 작성된 재무제표

1. 유동자산의 배열순서는 유동성배열법에 따라야 한다. 즉 현금, 선급비용, 매출채권, 재고자산의 순서로 보고되어야 한다. 한편, 역유동성배열법을 따를 수도 있다. 이 경우에는 유동자산을 유동성배열법과 반대되는 방법으로 보고하면 된다.
2. 매출채권은 총액으로 기재한 후 대손충당금을 차감하는 형식으로 보고해야 한다.
3. 재고자산평가방법이 공시되어야 한다. 재고자산평가방법을 알지 못하고는 적정한 재고자산 평가금액을 알 수 없게 된다.
4. 유동자산으로 분류되어 있는 FVOCI금융자산의 분류에 대한 의문이 있다. 만약

이 금융자산을 장기보유목적으로 구입한 것이라면, 이는 유동자산에 포함시켜서는 안 되고, 투자자산의 일부로 보고해야 한다.

5. 미래 상점을 확장하기 위해 구입한 토지구입원가는 투자자산이나 기타자산으로 재분류하는 것이 타당하다. 회사의 영업활동에 직접 사용되는 자산만을 유형자산으로 분류한다.
6. 건물과 기계장치는 취득원가로 기록하고 감가상각누계액을 차감하는 형식으로 보고해야 한다.
7. 무형자산이 적절하지 않게 공시되었다. 무형자산의 주요 항목들은 각각 평가방법과 함께 금액이 공시되어야 한다. 부가적인 설명 없이 총액을 합해서 나타내는 것은 정보로서의 가치가 적다.
8. 어음의 할인을 실질적인 양도로 볼 수 있는 경우에는 매출채권과 유동부채가 ₩50,000만큼씩 과대계상되어 있다. 매출채권계정과 할인어음우발부채를 재무상태표의 본체에서 제거하고 양도액을 주석으로 공시한다. 만약 실질적인 양도로 볼 수 없는 경우에는 차입거래로 보아 할인어음우발부채라는 계정을 이용해서는 안 되고 대신 단기차입금을 유동부채로 보고해야 한다.
9. 1년 내에 만기가 도래하는 ₩50,000의 연속상환사채는 유동부채로 재분류되어야 한다. 왜냐하면 이러한 금액은 1년 내에 유동자산으로 지급될 금액이기 때문이다.
10. 보통주의 수권주식수, 액면가, 발행주식수 그리고 현재 유통되고 있는 주식수 등을 공시해야 한다.
11. 포괄손익계산서의 기간표시가 잘못되었다. 포괄손익계산서는 영업보고서이기 때문에 기간단위로 표시해야 한다. 이 경우 '20×1. 6. 30로 끝나는 1년간' 혹은 '20×0. 7. 1부터 20×1. 6. 30까지' 등으로 표시해야 한다.
12. 포괄손익계산서 양식을 수정할 필요가 있다. 먼저 매출액에서 매출원가를 차감하여 매출총이익을 보고한다. 그 다음 판매비와 관리비 성격을 가진 비용들을 차감하고, 영업이익을 표시하며, 영업이익에서 이자수익을 가산하고 사채이자비용을 차감하여 법인세비용차감전순이익을 보고해야 한다. 법인세비용차감전순이익에서 법인세비용을 차감하여 당기순이익을 구한다.
13. 매출에누리와 환입은 총매출에서 차감하는 형식으로 기재하는 것이 옳다.
14. 사채이자와 임차료가 잘못 분류되어 있다. 사채이자와 임차료는 관리비로 분류해서는 안 되고 별도의 비용으로 분류해야 한다.
15. 장기리스계약에 관한 사항이 적절히 공시되지 않았다. 장기리스의 경우 리스채무가 재무상태표에 보고되고 리스료는 리스채무 원금 지급액과 이자비용이 따로 계산되어 회계처리된다. 그리고 재무제표 주석으로 연간 리스료, 리스계약 만료일 등을 표시해야 한다.
16. 보통주에 대한 주당순이익을 포괄손익계산서상에 표시해야 한다.

제 4 장 재무제표요소의 측정

연습문제

1 측정기준(I)

1. 자산 및 이익의 측정속성에는 유입시장에서 측정하느냐, 유출시장에서 측정하느냐 또 과거가격으로 측정하느냐, 현행가격으로 측정하느냐, 미래가격으로 측정하느냐에 따라 이론적으로는 총 6가지의 측정속성을 가질 수 있으나 현실적으로는 다음 그림과 같이 네 가지 종류가 있다.

시간 / 시장	과거가격	현행가격	미래가격
유입시장	역사적원가	현행원가	
유출시장		순실현가능가치	현재가치

(1) 역사적원가 : 기업이 유입시장에서 자산을 취득할 때 지급한 현금액 또는 현금등가액을 의미하며 취득원가라고도 부른다. 이는 과거 취득시에 부담했던 원가로서 검증가능성이 높다는 장점을 가지지만 현행가격정보를 제공할 수 없다는 한계점을 갖는다. 현재 일반적으로 인정된 회계원칙은 기본적으로 역사적원가를 이용하여 자산을 평가하고 이익을 측정하고 있다. 특히, 역사적원가에 의한 자산의 평가와 이익의 측정은 수익실현의 개념과 결합하여 자산의 보유시에 가격이 변동하더라도 이를 인식하지 않고 판매시에 보유손익을 함께 인식하고 있다.

(2) 현행원가 : 기업이 소유하고 있는 자산과 동일하거나 유사한 자산을 현시점에서 재취득한다고 할 때 지급해야 하는 현금액 또는 현금등가액을 의미한다. 현행원가는 역사적원가에 비하여 자산의 현행 경제적 가치를 잘 반영해주는 장점이 있으며, 현행판매가격에 현행원가를 대응시킬 수 있어서 수익과 비용의 대응이 적절히 이루어지고, 가격의 변동시에 보유손익을 인식할 수 있어서 경영성과의 평가에 유용하게 이용될 수 있는 등의 장점이 있다. 그러나 현행원가의 계산이 쉽지 않고 객관성이 결여되어 정보의 검증가능성이 약화된다는 단점이 있다. 유가증권을 시가로 평가하거나, 사업용 자산을 재평가할 수 있는 등의 제도는 현행원가주의를 인정하는 경우에 해당한다.

(3) 순실현가능가치 : 기업이 소유하고 있는 자산을 현시점에서 판매 또는 처분한다고 할 때 그 자산의 처분이나 판매로부터 수취할 수 있는 금액을 의미한다. 순실현가능가치는 판매가격에서 판매부대직접원가를 차감하여 측정한다. 매출채권에 대손충당금을 설정한다거나 재고자산을 저가기준으로 평가한다거나 유가증권을 시가로 평가하는 것 등은 순실현가능가치 평가의 예이다. 처음부터 순실현가능가치로 자산을 평가하는 경우 자산의 취득시에 취득이익을 인식해야 하는 불합리한 회계처리를 해야 한다.

(4) 현재가치 : 일부 자산은 현금흐름이 장기에 걸쳐 발생하기 때문에 명목가치로 평가하는 경우 그 가치를 적절히 평가하기 어렵다. 따라서 장기에 걸쳐 현금흐름이 발생하는 자산이나 부채는 현재가치로 평가하는 것이 합리적이다. 이에 따라 장기 화폐성자산이나 부채는 현재가치로 평가할 것을 규정하고 있다. 현재가치평가시어는 현재가치차금이 발생하게 되는데 이는 유효이자율법을 통하여 적절하지 상각하여 이자비용이나 이자수익에 가감해야 한다.

2. 공정가치라는 의미는 위에서 말하는 현행원가 또는 순실현가능가치를 의미한다고 볼 수 있다. 즉 현재시점에 시장에서 동일하거나 유사한 자산을 취득할 경우 부담할 금액 또는 판매 등을 통하여 처분했을 경우에 수취하게 될 것으로 예상되는 가치를 의미한다. 현행회계제도는 원칙적으로 역사적원가를 기본원칙으로 채택하고 있으며 현행원가나 순실현가능가치로 평가하는 것도 예외적으로 인정하고 있다. 특히 사장이 말하고 있는 유형자산은 자산재평가를 통하여 현행원가로 평가가 가능하다. 또한 재고자산도 역사적원가로 평가하되 순실현가능가치가 원가보다 하락한 경우에는 순실현가능가치로 재고자산을 평가할 수 있는 저가주의를 채택하고 있다. 하지만 영준(주)의 경우에는 오히려 순실현가능가치가 원가보다 훨씬 높은 경우여서 사장이 말하는 것처럼 현행가치를 반영하여 평가할 수 없다.

2 자산의 측정기준

1.

날 짜	역사적원가	현행원가
20×1. 12. 31 (회계연도말)	분개 불필요	재 고 자 산 400 보 유 이 익 400
20×2. 1. 10 (판매시점)	현 금 2,000 매 출 2,000 매 출 원 가 1,000 재 고 자 산 1,000	현 금 2,000 매 출 2,000 매 출 원 가 1,200 재 고 자 산 1,200

(주) 현행 회계기준에서는 현행원가를 기본회계제도로 채택하지 않기 때문에 재고자산 보유이익을 인식하지 않음. 여기에서는 측정기준을 비교하기 위하여 가상의 분개를 제시하였음.

2.

날 짜	순실현가능가치회계			
20×1. 10. 15 (취득시점)	재 고 자 산	1,800	현 금 자산취득이익	1,000 800
20×1. 12. 15 (판매가격 변동시점)	재 고 자 산	300	보 유 이 익	300
20×1. 12. 30 (판매시점)	현 금 매 출 원 가 판매수수료	2,300 2,100 200	매 출 재 고 자 산 현 금	2,300 2,100 200

(주) 현행 회계기준에서는 순실현가능가치를 기본회계제도로 채택하지 않기 때문에 재고자산 취득이익 또는 보유이익을 인식하지 않음. 여기에서는 측정기준을 비교하기 위하여 가상의 분개를 제시하였음.

3 취득이익과 보유이익

1. (1) 취득시의 분개

(차) 토 지	2,000,000	(대) 현 금	1,600,000
		토지취득이익	400,000

(2) 가격상승시의 분개

(차) 토 지	1,000,000	(대) 토지보유이익	1,000,000

이와 같은 회계처리는 원가모형을 채택하는 경우 인정되지 않고 있으며 재평가모형을 채택하는 경우 취득시점 이후에 재평가를 통하여 토지의 가격변동을 재평가잉여금으로 처리해야 한다. 토지를 시가보다 낮게 취득한 경우에도 토지는 취득원가로 평가해야 한다. 취득시의 이익은 인식하지 않는다.

2. 자산이 개별적 취득에 의한 것이냐 기업 전체의 취득에 의한 것이냐에 따라 다르다. 현행회계제도에 따르면 개별적으로 자산을 취득한 경우 취득이익을 인식할 방법은 없다. 그러나 기업 전체를 취득한 경우로서 순자산(자산－부채)의 공정가치보다 높은 가액을 지불한 경우에는 그 차액을 영업권으로 인식한다. 반면에 순자산의 공정가치보다 낮은 가액을 지불한 경우에는 그 차이의 원인이 밝혀지지 않으면 이를 당기손익으로 처리한다. 따라서 서석(주)와 같이 개별적인 자산인 토지를 취득하고 자산취득이익(손익계산서 항목)을 기록할 수 있는 방법은 현행회계제도에서 인정되지 않고 있으며, 재평가모형을 이용할 경우 가치변동을 재평가잉여금으로 인식할 수 있다.

4 자산의 평가와 이익의 측정(Ⅰ)

1. 역사적원가 손익계산서

매출액	₩54,000
매출원가	(36,000)
매출총이익	₩18,000

2. 일반물가수준 손익계산서

매출액	₩54,000×150/120=	₩67,500	
매출원가	(36,000)×150/100=	(54,000)	(기초 물가지수 100 적용)
매출총이익		13,500	
구매력손익		(13,500)*	
당기순이익		₩0	

* 기초 순화폐성자산(현금)	₩60,000	×150/100=	₩90,000
순화폐성자산 증가(매출)	54,000	×150/120=	67,500
순화폐성자산 감소(매입)	(60,000)	×150/100=	(90,000)
기말순화폐성 자산	₩54,000		₩67,500

구매력손실 : ₩67,500－₩54,000=₩13,500

3. 현행원가기준 손익계산서

매출액	₩54,000
매출원가	(39,600)
실현보유손익	3,600*
현행원가영업이익	₩18,000
미실현보유이익	2,400**
현행원가순이익	₩20,400

* ₩39,600－₩36,000=₩3,600

** ₩26,400－₩24,000=₩2,400

5 자산의 평가와 이익의 측정(Ⅱ)

1.

	역사적원가회계	일반물가수준회계	현행원가회계
20×1년말	₩100,000	₩100,000	₩100,000
20×2년말	100,000	110,000[1)]	120,000
20×3년 10월 30일	100,000	120,000[2)]	130,000

1) ₩100,000×110/100=₩110,000

2) ₩110,000×120/110=₩120,000

2.

	역사적원가회계	일반물가수준회계	현행원가회계
20×1년말	₩0	₩0	₩0
20×2년말	0	0	20,000
20×3년 10월 31일	56,000[1)]	36,000[2)]	36,000[3)]

1) ₩156,000 − ₩100,000 = ₩56,000
2) ₩156,000 − ₩120,000 = ₩36,000
3) (₩130,000 − ₩120,000) + (₩156,000 − ₩130,000) = ₩36,000

6 측정기준(Ⅱ)

(1) 취득원가
(2) 순실현가능가치(대손충당금 차감 후 순액)
(3) 공정가치
(4) 공정가치
(5) 상각후원가(감가상각누계액 차감 후 순액)
(6) 현재가치(사용가치, 기업특유가치)

7 측정기준(Ⅲ)

(1) 공정가치
(2) 현행가치
(3) 사용가치
(4) 이행가치
(5) 현행원가
(6) 유입가치
(7) 유출가치

8 인식 및 측정

(1) 유형자산을 취득한 대가로 주식을 발행하는 것을 현물출자라고 한다. 현물출자 시에는 공정가치로 유형자산의 취득원가를 결정한다. 이 경우 대가로 지급한 숙향(주)의 주식의 공정가치가 알려져 있으므로 기계장치와 자본을 각각 ₩300,000에 기록해야 한다. 숙향(주)의 주식의 시가가 알려지지 않은 경우에는 먼저 주식이나 유형자산의 감정가액을 기준으로 유형자산의 취득원가를 기록해야 한다. 합리적인 감정가액도 구할 수 없는 경우에는 액면금액을 기준으로 유형자산의 취득원가를 기록할 수밖에 없을 것이다. 그러나 이 경우에도 차후에 주식이나 기계장치의 공정가치나 감정가액을 알게 되면 이를 기준으로 수정해야 한다.

(2) 유형자산을 처분한 경우에는 유형자산처분손익을 처분시에 인식해야 하며 이를 이연시켜서는 안 된다.

(3) K-IFRS에서는 유형자산에 대하여 원가모형과 재평가모형 중 하나를 선택하여 매기 일관성 있게 적용해야 한다. 원가모형에서는 유형자산의 가치상승을 인식하지 않는다. 다만, 자산재평가모형을 선택한 경우에는 가치증감을 인식할 수 있다. 설사 재평가모형을 이용하더라도 건물의 가치상승을 기록하기 위해서는 가치증가분만큼의 자산증가를 차변에 기록하고, 자산재평가이익을 대변에 기록해야 하며, 숙향(주)가 한 것처럼 이익잉여금과 감가상각누계액을 조정할 수는 없다.

(4) 취득원가주의를 기본원칙으로 하는 현행회계제도하에서는 재고자산의 현행원가가 상승하더라도 보유이익을 인식할 수 없기 때문에 숙향(주)의 회계처리는 잘못되었다.

(5) 판매기준에 따라 수익을 인식해야 하므로 20×1. 12. 31에 매출을 기록하는 것은 잘못되었다. 숙향(주)는 상품을 선적한 20×2. 1. 6에 매출을 기록해야 한다.

보-9 현재가치에 의한 의사결정

1. 귤동(주)는 두 대안 중 하나를 선택하기 위해서는 현재가치계산을 해야 한다. 현재가치계산을 하지 않으면 화폐의 시간가치가 고려되지 않아서 명목가치로만 비교하게 되므로 의사결정을 잘못할 가능성이 많다. 위 대안을 단순히 명목가치로 비교하는 경우 아래와 같이 매입을 선택해야 한다.
   명목가치로 계산한 현금유출 :

   매입 : ₩400,000 + ₩300,000 × 5년 + ₩91,000 × 12년 − ₩400,000
   = ₩2,592,000

   리스 : ₩100,000 + ₩240,000 × 12년 + ₩16,000 × 12년 − ₩100,000
   = ₩3,072,000

2. 현금흐름은 단일금액, 정상연금, 선불연금으로 구분되며 이들은 각각 현재가치와 미래가치로 구분된다. 따라서 총 6개 종류의 현금흐름이 있다.

3. 현재가치계산에 의하면 귤동(주)는 리스를 선택해야 한다. 두 대안의 현재가치계산에 의한 순현재가치 지출액은 다음과 같다.

   (1) 매 입

	₩400,000 (착수금)
+	₩300,000 (할부금) × 3.7908 (정상연금, 10%, 5년)
+	₩64,000 (재산세, 수리비) × 6.8137 (정상연금, 10%, 12년)
+	₩27,000 (보험료) × 7.4951 (선불연금, 10%, 12년)
−	₩400,000 (잔존가치) × 0.3186 (단일금액, 10%, 12년)
	₩2,048,245

(2) 리 스

₩100,000 (보증금지급)
\+ ₩16,000 (수리비) × 6.8137 (정상연금, 10%, 12년)
\+ ₩240,000 (리스료) × 7.4951 (선불연금, 10%, 12년)
− ₩100,000 (보증금회수) × 0.3186 (단일금액, 10%, 12년)
₩1,975,983

보-10 기대현금흐름의 공정가치 측정

기대현금흐름은 확률가중현금흐름으로 다음과 같이 구한다.

가능한 현금흐름	확 률	확률가중현금흐름
₩500	30%	₩150
700	40%	280
900	30%	270
기대현금흐름		₩700

(1) 확실성등가법(무위험이자율법)

확실성등가 = 기대현금흐름 × 위험프리미엄 조정
= ₩700 × (1.04/1.06) = ₩687

확실성등가의 현재가치(공정가치) = ₩687/1.04 = ₩660

(2) 기대수익률법

기대수익률법을 이용한 현개가치(공정가치) = ₩700/1.06 = ₩660

제 5 장 수익의 인식

연습문제

1 수익인식의 5단계

- 1단계(계약의 확인) : 마고(주)는 20×1. 3. 1에 채송(주)와 계약을 체결하였다.
- 2단계(수행의무의 식별) : 마고(주)는 제품을 인도할 하나의 수행의무가 있다.
- 3단계(거래가격의 결정) : 계약서에 따르면 거래가격은 ₩100,000이다.
- 4단계(거래가격의 배분) : 제품을 인도해야 할 하나의 수행의무만 있으므로 거래가격 ₩100,000을 모두 제품인도에 배분한다.
- 5단계(수익의 인식) : 제품을 인도해야 할 수행의무가 20×1. 5. 1에 충족되었기 때문에 마고(주)는 다음과 같이 회계처리한다.

〈20×1. 5. 1 (수익의 인식)〉

(차) 매 출 채 권	100,000	(대) 매 출 수 익	100,000
(차) 매 출 원 가	70,000	(대) 재 고 자 산	70,000

〈20×1. 5. 31 (매출채권 회수)〉

(차) 현 금	100,000	(대) 매 출 채 권	100,000

2 수행의무의 식별

첫째 판매방식은 품질보증을 조건으로 하는 확신형 보증이기 때문에 영상장비의 판매라는 하나의 수행의무가 있다. 둘째 판매방식은 고객의 선택에 의하여 판매시에 미래에 발생가능한 수리요구에 대한 용역형 보증이기 때문에 영상장비의 판매와 수리용역의 판매라는 두 개의 수행의무가 있다.

3 수행의무, 거래가격의 배분

1. 수행의무의 개수 : 2개

   이 계약은 오븐 100개의 판매와 장기제품보증의 판매로 구성되어 있어서 2개의 수행의무가 있다. 장기제품보증은 개별적으로 식별이 가능하고, 계약상에 별도로 식별이 가능한 것으로 명기가 되어 있으며, 고객의 선택에 따라 계약에 포함되어 있다. 따라서 장기제품보증은 별도의 수행의무로 보아야 한다.

2. 분 개

20×1. 3. 1

(차) 현 금 1,470,000 (대) 선수수익-오븐 1,411,200
선수수익-장기제품보증 58,800

계약시점에 수취한 현금은 전액 선수수익이며, 판매계약에는 2개의 수행의무가 있기 때문에 상대적 개별판매가격법에 따라 거래가격을 배분해야 한다.

오븐의 상대적 판매가격＝₩14,400/(₩14,400＋₩600)＝96%
장기제품보증의 상대적 판매가격＝₩600/(₩14,400＋₩600)＝4%
오븐 100개에 대한 거래가격의 배븐액＝₩1,470,000×96%＝₩1,411,200
장기제품보증에 대한 거래가격의 배분액＝₩1,470,000×4%＝₩58,800

20×1. 4. 1(오븐 판매수익의 인식)

(차) 선수수익-오븐 1,411,200 (대) 매 출 액 1,411,200

20×1. 12. 31(장기제품보증수익의 인식)

(차) 선수수익-장기제품보증 22,050* (대) 제품보증수익 22,050

* ₩58,800×9/24＝₩22,050

4 고객선택권

1. 수행의무의 개수 : 2개

이 거래에는 부츠의 판매와 30% 할인쿠폰의 판매라는 2개의 수행의무가 포함되어 있다. 30% 할인쿠폰은 고객이 다른 방법으로 구할 수가 없고 고객에게 상당한 권리를 제공하며 또 별도로 식별이 가능하다. 따라서 별도의 수행의무로 구별하여 회계처리를 해야 한다.

2. 20×1년 12월 분개

(차) 현 금 70,000,000* (대) 매 출 액 64,000,000
선수수익-쿠폰 6,000,000**

* 1,000켤레×₩70,000＝₩70,000,000
** 1,000켤레×₩100,000×30%(할인율)×20%(행사가능성)＝₩6,000,000

3. 20×2년 1월 할인권의 행사로 인한 제품 판매에 대한 분개

(차) 현 금 3,500,000* (대) 매 출 액 5,000,000
선수수익-쿠폰 1,500,000**

* 50켤레×₩100,000×70%＝₩3,500,000
** (₩6,000,000×50/200)＝₩1,500,000

5 변동대가

1. 기대가치법

₩5,000,000 + (₩5,000,000 × 30%) × 20% + (₩5,000,000 × 10%) × 30% = ₩5,450,000

2. 최고확률금액법

최고확률은 공기를 단축할 수 없는 경우(50%)이므로 확정계약금액인 ₩5,000,000이 예상거래가격이 된다.

6 변동대가의 수익인식

1. 20×1. 1. 1 (고정임대료 선취에 대한 회계처리)

(차) 현 금	120,000	(대) 선수임대수익	120,000

2. 20×1. 1. 31 (기대가치법에 따른 임대수익인식)

(차) 선수임대수익	10,000	(대) 임 대 수 익	10,000*
(차) 보너스채권	2,000	(대) 임 대 수 익	2,000**

* ₩120,000 ÷ 12 = ₩10,000

** (₩30,000 × 60% + ₩60,000 × 10% + ₩0 × 40%) ÷ 12 = ₩2,000

3. 20×1. 1. 31 (최고확률금액법에 따른 임대수익인식)

(차) 선수임대수익	10,000	(대) 임 대 수 익	10,000
(차) 보너스채권	2,500	(대) 임 대 수 익	2,500*

* ₩30,000(최고확률금액) ÷ 12 = ₩2,500

4. 20×1. 6. 30 (최고확률금액법에 따른 임대수익인식 : 미인식한 소급조정 포함)

(차) 선수임대수익	10,000	(대) 임 대 수 익	10,000
(차) 보너스채권	15,000	(대) 임 대 수 익	15,000*

* ₩30,000(최고확률금액) × 6/12 = ₩15,000

7 변동대가의 추정 및 제약요인

1. 기대가치법(20×1. 3. 31에 3개월분 컨설팅수익을 인식하는 분개)

(차) 수 취 채 권	1,250,000*	(대) 용 역 수 익	1,550,000
보너스채권	300,000**		

* ₩5,000,000 × 3/12 = ₩1,250,000

** ₩1,200,000 × 3/12 = ₩300,000

가능한 성과급		확 률		기대금액
₩2,000,000	×	60%	=	₩1,200,000
0	×	40%	=	0
기대가치				₩1,200,000

2. 최고확률금액법(20×1. 3. 31에 3개월분 컨설팅수익을 인식하는 분개)

(차) 수 취 채 권	1,750,000*	(대) 용 역 수 익	1,750,000

* ₩7,000,000×3/12=₩1,750,000

성과급을 받을 것으로 예상되는 확률 60%가 최고확률이므로 성과급 전액을 인식한다.

3. 성과급 인식에 제한이 있는 경우(20×1. 3. 31에 3개월분 컨설팅수익을 인식하는 분개)

(차) 수 취 채 권	1,250,000*	(대) 용 역 수 익	1,250,000

* ₩5,000,000×3/12=₩1,250,000

성과급 추정에 대한 불확실성이 높아서 미래수익이 유의하게 감액될 가능성이 있는 경우 불확실성이 해소되기 전까지 성과급을 인식할 수 없다.

8 거래가격의 배분 - 상대적 개별판매가격법

여기에는 두 가지 회계문제가 있다.

첫째, 패키지판매는 한 계약에 두 가지의 수행의무가 있으므로 거래가격을 상대적 판매가격법을 이용하여 두 가지 이행계약에 배분한다.

둘째, 정수기는 인도시점인 20×1. 1. 1에 수행의무가 충족되었으나, 제품보증에 대해서는 아직 수행의무가 충족되지 않았기 때문에 이연제품보증수익이라는 부채를 인식한 후에 실제로 용역이 제공된 시점 또는 기간에 제품보증수익을 인식한다.

〈20×1. 1. 1 (패키지판매)〉

(차) 현 금	1,000,000	(대) 매 출	950,000*
		이연제품보증수익	50,000**

* ₩100,000×(₩97,850/(₩97,850+₩5,150))×10대=₩950,000
** ₩100,000×(₩5,150/(₩97,850+₩5,150))×10대=₩50,000

〈20×1년중 (제품보증에 대한 회계처리)〉

(차) 이연제품보증수익	25,000	(대) 제품보증수익	25,000
(차) 제품보증비	19,000	(대) 현 금	19,000

9 거래가격의 배분, 고객선택권

거래금액을 신문구독수익과 할인쿠폰이라는 2개의 수행의무에 상대적 개별판매가격에 근거하여 배분하고, 이들 모두를 선수수익으로 계상한다.

각 수행의무의 개별판매가격 측정 :
신문구독수익의 개별판매가격=1,000건×₩100,000=₩100,000,000
할인쿠폰의 개별판매가격=1,000건×₩50,000×50%×30%=₩7,500,000

각 수행의무의 상대적 판매가격 측정 :
신문구독수익의 상대적 판매가격 = ₩100,000,000/₩107,500,000 = 93.0%
월간지 할인쿠폰의 상대적 판매가격 = ₩7,500,000/₩107,500,000 = 7.0%

거래금액의 배분 :
신문구독수익 = ₩100,000,000 × 93.0% = ₩93,000,000
월간지 할인쿠폰 = ₩100,000,000 × 7.0% = ₩7,000,000

1. 20×1년 1월 분개

(차)	현 금	100,000,000	(대) 선수수익-신문	93,000,000
			선수수익-할인쿠폰	7,000,000

2. 20×1. 4. 30 할인쿠폰 300매 행사에 대한 분개

(차)	현 금	7,500,000*	(대) 선수수익-월간지	14,500,000
	선수수익-할인쿠폰	7,000,000		

* 300 × ₩50,000 × 50% = ₩7,500,000

3. 20×1. 5. 31 월간 구독수익의 인식

(차)	선수수익-신문	7,750,000	(대) 구독수익-신문	7,750,000*
	선수수익-월간지	1,208,333	구독수익-월간지	1,208,333**

* ₩93,000,000/12 = ₩7,750,000
** ₩14,500,000/12 = ₩1,208,333

10 개별판매가격의 추정 - 잔여접근법

잔여접근법을 이용한 거래가격의 배분 :
(1) 굿샷골프채에 배분된 금액 = ₩500,000 × 20개 = ₩10,000,000
(2) 레슨이용권에 배분된 금액 = (₩600,000 − ₩500,000) × 20개 = ₩2,000,000

〈20×1. 3. 1의 회계처리〉

(차)	현 금	12,000,000	(대) 매 출	10,000,000
			선수레슨수익	2,000,000

11 개별판매가격 추정법

1. 시장평가조정접근법 : ₩180,000 (경쟁사들의 유사한 시스템 설치비)
2. 예상원가이윤가산접근법 : ₩120,000 × 1.4 = ₩168,000
3. 잔여접근법 : ₩2,000,000 − ₩1,850,000 = ₩150,000

12 패키지할인의 선별적용

이 패키지판매의 경우에는 연간요트레슨권은 할인이 적용되지 않고, 요트연간사용권과 제트스키렌트할인권에만 패키지할인이 해당된다. 따라서 패키지할인이 요트연간사용권과 제트스키렌트할인권에만 적용되도록 거래가격을 다음과 같이 배분한다.

항 목	상대적 개별판매가격	배분계산	판매가격의 배분
연간요트레슨권	해당 무	해당 무	₩300,000
요트연간사용권	3,200/4,000 = 80%	3,400,000 × 80%	2,720,000
제트스키렌트할인권	800/4,000 = 20%	3,400,000 × 20%	680,000
합 계			₩3,700,000

(주) 패키지할인이기 때문에 적용되는 패키지에 상대적 개별판매가격에 비례하여 판매가격을 배분한다. 즉, 요트연간사용권과 제트스키렌트할인권의 할인액이 달리 적용되는 것처럼 보이지만 상대적 개별판매가격을 적용하면 선별적용이 되는 항목의 할인율이 개별판매가격에 비례하여 동일하게 적용된다.

13 기간인식수익

〈20×1. 12. 1 (시즌스키이용권의 판매)〉

(차) 현 금 100,000,000 (대) 선 수 수 익* 100,000,000

* 계약이 이루어지고 현금을 수취하였으나 아직 수행의무가 충족되지 않았기 때문에 선수수익(부채)으로 인식한다.

〈20×1. 12. 31 (수행의무의 충족에 따른 정액법을 이용한 수익인식)〉

(차) 선 수 수 익 25,000,000 (대) 용 역 수 익 25,000,000

* ₩100,000,000 × 1/4 = ₩25,000,000

14 기간인식수익과 선수수익

1. 20×1. 3. 1 분개

(차) 현 금 12,000,000 (대) 선 수 수 익 12,000,000

2. 20×1. 6. 30 반기 재무제표에 보고할 수강료수익과 선수수익(부채)

수강료수익 = ₩12,000,000 × 4/6 = ₩8,000,000

선수수익 = ₩12,000,000 × 2/6 = ₩4,000,000

15 계약자산과 수취채권

〈제품 A의 인도시〉

(차) 계 약 자 산 2,000 (대) 매 출 수 익 2,000

〈용역 B의 제공시〉

(차) 수 취 채 권	3,000	(대) 계 약 자 산	2,000
		용 역 수 익	1,000

16 환불부채

1. 반품허용 판매에서 발생하는 환불부채

(차) 수 취 채 권	100,000	(대) 매 출 수 익	100,000
(차) 매 출 환 입	3,000	(대) 환 불 부 채	3,000

2. 판매가격 조정에서 발생하는 환불부채

(차) 수 취 채 권	20,000	(대) 수 익	19,000
		환불부채(계약부채)	1,000

(주) 수취채권＝₩200×100개; 수익＝₩190×100개; 환불부채(계약부채)＝₩10×100개

17 계약자산, 계약부채, 매출채권

계약자산 : ₩0

계약부채 : ₩2,000

매출채권 : ₩0

한수(주)는 계약부채(선수금) ₩2,000을 부담하고 있다. 한편, 한수(주)는 동 계약과 관련하여 수행의무를 이미 이행해서 시간만 경과하면 대가를 수취하도록 되어 있는 계약이 없기 때문에 계약자산은 없다. 또한, 상품을 인도하기 전에는 매출채권을 인식할 수 없기 때문에 매출채권도 없다.

18 사용권과 접근권의 판매

첫째 프로그램은 사용권의 판매이다. 따라서 판매일에 ₩150,000을 소프트웨어 판매수익으로 인식한다. 둘째 프로그램은 접근권의 판매이다. 따라서 기간수익 인식을 적용하여 ₩2,000,000을 5년에 걸쳐 정액법으로 상각하여 매년 ₩400,000씩을 소프트웨어 판매수익으로 인식한다.

19 사용권라이선스

이 라이선스는 습도를 최적화하는 기능을 독자적으로 수행할 수 있으며, 라이선스 구매자가 판매자에게 계속적인 업그레이드를 요구할 수 있는 조건이 없는 라이선스이다. 즉, 라이선스판매자가 계속하여 용역을 제공하는 조건의 라이선스계약이 아니다. 따라서 이 라이선스는 사용권(판매기준로열티)라이선스이다. 사용권라이선

스는 판매시점에 라이선스수익을 전액 인식한다. 따라서 라이선스 첫해에 ₩1,000,000 전체를 라이선스수익으로 인식한다.

20 금융요소가 중요한 복합거래의 수익인식

1. 20×1. 7. 1(판매시)의 회계처리

(차) 현　　금	1,000,000	(대) 매　　출	5,548,960*
장기매출채권	6,000,000	현재가치할인차금	1,451,040

* 매출수익(현재가치)의 계산 : ₩1,000,000 + ₩1,200,000 × 3.7908(10%, 5년 연금현가계수) = ₩5,548,960

2. 20×1. 12. 31(회계기말)의 회계처리

(차) 현재가치할인차금	227,448	(대) 이 자 수 익	227,448*

* (₩6,000,000 − ₩1,451,040) × 10% × 6/12 = ₩227,448

21 상품권 판매

일 자	분 개			
20×1. 10. 1 (상품권발매)	(차) 현　　금	600,000	(대) 이 연 수 익	600,000
20×1. 12. 22 (상품판매)	(차) 이 연 수 익	600,000	(대) 매 출 수 익 현　　금	590,000 10,000

22 위탁판매

	위탁자		수탁자	
5. 4 (상품매입)	재 고 자 산	12,000	- 분개 없음 -	
	현　　금	12,000		
9. 10 (적송시)	적　송　품	10,500	- 분개 없음 -	
	재 고 자 산	10,000	(비망기록)	
	현　　금	500		
9. 10 ~ 12. 31 (매출시)	매 출 채 권	10,000	현　　금	12,000
	판 매 운 임	200	수 탁 매 출	10,000
	위탁수수료	1,800	판매수수료수익	1,800
	위 탁 매 출	12,000	현금(운임)	200
	위탁매출원가	8,400*		
	적　송　품	8,400		
12. 31 (대금정산)	현　　금	10,000	수 탁 매 출	10,000
	매 출 채 권	10,000	현　　금	10,000

* (₩10,500/1,000) × 800 = ₩8,400

23 인터넷 대행 판매

<table>
<tr><th>일 자</th><th>옥반양파(주)</th><th>링인터넷몰</th></tr>
<tr><td rowspan="2">20×1. 5. 1
(매출시)</td><td>매 출 채 권 5,000,000
　매 출 수 익 5,000,000
매 출 원 가 3,000,000
　재 고 자 산 3,000,000</td><td>수수료채권 500,000
　수수료수익 500,000</td></tr>
<tr><td>판매수수료 500,000
　수수료채무 500,000
배 송 비 200,000
　배송비채무 200,000</td><td></td></tr>
<tr><td>20×1.5.31
(대금정산)</td><td>수수료채무 500,000
배송비채무 200,000
　현 금 700,000</td><td>현 금 500,000
　수수료채권 500,000</td></tr>
</table>

24 대리인의 수익인식

정우통계서비스(주)는 대리인(중개인)이기 때문에 중개수수료만을 수익으로 인식한다. 따라서 정우통계서비스(주)가 수익으로 인식할 금액은 다음과 같다.

₩4,500,000 × 20% = ₩900,000

25 프랜차이즈 수익인식

1) 20×1. 1. 1 (계약시점의 회계처리)

(차) 현 금	20,000	(대) 이연프랜차이즈수익	100,000
받 을 어 음	80,000		

(주) 아직 창업지원용역의무를 이행하지 않아서 전액 이연프랜차이즈수익(부채)으로 인식한다. 한편, 받을어음은 표시이자율과 시장이자율이 동일하므로 액면금액을 장부금액으로 기록하며, 현재가치할인차금은 없다.

2) 20×1. 7. 1 (의무이행에 따른 창업지원용역수익의 인식)

(차) 이연프랜차이즈수익	100,000	(대) 창업지원프랜차이즈수익	100,000

3) 20×1. 12. 31 (운영지원수익과 이자수익의 인식)

(차) 현 금	8,000	(대) 운영지원프랜차이즈수익	8,000
(차) 현 금	4,800*	(대) 이 자 수 익	4,800

* ₩80,000 × 6% = ₩4,800

4) 20×2. 12. 31 (운영지원수익, 이자수익, 받을어음의 회수 인식)

(차) 현 금	8,000	(대) 운영지원프랜차이즈수익	8,000
(차) 현 금	4,800	(대) 이 자 수 익	4,800
(차) 현 금	80,000	(대) 받 을 어 음	80,000

26 고객충성제도

〈계산〉

부여된 이연고객충성제도수익 : ₩500,000/100포인트 × 70% × ₩1 = ₩3,500

실현된 고객충성제도수익 : 3,000포인트 × ₩1 = ₩3,000

〈분개〉

매출시점

(차) 현 금	500,000	(대) 매 출	496,500
		이연고객충성제도수익	3,500

회수시점

(차) 이연고객충성제도수익	3,000	(대) 고객충성제도수익	3,000

27 시점인식 용역수익과 기간인식 용역수익

① 프로그램 :	₩1,000,000 × 2.577 =	₩2,577,000
운용용역 :	₩2,700,000 × 1/3 =	900,000
		₩3,477,000
② 프로그램 :		₩1,800,000
운용용역 :		800,000
		₩2,600,000
③ 이자수익 :	₩2,577,000 × 0.08 = ₩206,160	
④ 프로그램 :		₩0
운용용역 :	₩2,700,000 × 2/3 − ₩900,000 =	900,000
		₩900,000
⑤ 프로그램 :		₩0
운용용역 :		800,000
		₩800,000

⑥ 이자수익 : (₩2,577,000 + ₩206,160 − ₩1,000,000) × 0.08 = ₩142,653

28 지분법이익

〈20×1. 1. 1 (지분법적용투자자산의 취득)〉

(차) 투 자 자 산	400,000	(대) 현 금	400,000

〈20×1. 12. 31 (지분법이익의 인식)〉

(차) 투 자 자 산	20,000	(대) 지분법이익	20,000*

* ₩50,000 × 40% = ₩20,000

〈20×2. 2. 28 (배당금수령의 인식)〉

(차) 현 금	16,000	(대) 투 자 자 산	16,000*

* ₩40,000×40%=₩16,000

29 판매자 겸 구매자로서의 판매

₩100,000－(₩10,000－₩8,000)=₩98,000

보-30 진행기준에 의한 공사수익과 공사이익

	〈20×1〉	〈20×2〉	〈20×3〉
진 행 률 (누적원가/총예상원가)	(2,200/5,500) =40%	5,000/6,250 =80%	100%
계약수익 (계약금액×누적진행률－전기수익누계액)	₩4,000	₩4,000	₩2,000
계약원가(당기발생원가)	2,200	2,800	1,250
계약매출총이익(계약수익－계약원가)	₩1,800	₩1,200	₩750

보-31 진행기준과 완성기준(Ⅰ)

1. 진행기준	〈20×1〉	〈20×2〉	〈20×3〉
진행률(누적원가/총예상원가)	25%	60%	100%
계약수익(계약금액×진행률－전기수익누계액)	₩1,000,000	₩1,400,000	₩1,600,000
계약원가(당기발생원가)	800,000	1,180,000	1,520,000
계약매출총이익(계약수익－계약원가)	₩200,000	₩220,000	₩80,000

〈회계처리〉

	〈20×1〉		〈20×2〉		〈20×3〉	
• 계약원가의 기록 :						
(차) 미 성 용 역	800,000		1,180,000		1,520,000	
(대) 재료비, 노무비 등		800,000		1,180,000		1,520,000
• 계약대금의 청구 :						
(차) 계약미수금	750,000		1,773,000		1,477,000	
(대) 진행청구액		750,000		1,773,000		1,477,000
• 계약대금의 회수 :						
(차) 현 금	660,000		1,448,000		1,892,000	
(대) 계약미수금		660,000		1,448,000		1,892,000
• 계약수익과 계약원가의 기록 :						
(차) 계 약 원 가	800,000		1,180,000		1,520,000	
미 성 용 역	200,000		220,000		80,000	
(대) 용 역 수 익		1,000,000		1,400,000		1,600,000
• 계약완료시의 분개 :						
(차) 진행청구액					4,000,000	
(대) 미 성 용 역						4,000,000

2. 완성기준

	〈20×1〉		〈20×2〉		〈20×3〉	
• 계약원가의 기록 :						
(차) 미 성 용 역	800,000		1,180,000		1,520,000	
(대) 재료비, 노무비 등		800,000		1,180,000		1,520,000
• 계약대금의 청구 :						
(차) 계약미수금	750,000		1,773,000		1,477,000	
(대) 진행청구액		750,000		1,773,000		1,477,000
• 계약대금의 회수 :						
(차) 현 금	660,000		1,448,000		1,892,000	
(대) 계약미수금		660,000		1,448,000		1,892,000
• 계약수익과 계약원가의 기록 :						
(차) 계 약 원 가(손실)	140,000				3,360,000	
미 성 용 역(이익)					640,000	
(대) 용 역 수 익						4,000,000
미 성 용 역		140,000				

• 계약완료시의 분개 :

(차) 진행청구액 4,000,000

(대) 미 성 용 역 4,000,000

보-32 진행기준과 완성기준(Ⅱ)

1. 진행기준

항 목	20×1년	20×2년	20×3년
ⓐ 진 행 률	25% (₩10,000 ÷ ₩40,000)	72% (₩28,800 ÷ ₩40,000)	100% (₩40,000 ÷ ₩40,000)
ⓑ 수 익	₩11,250 (₩45,000 × 25%)	₩21,150 (₩45,000 × 72% − ₩11,250)	₩12,600 (₩45,000 × 100% − (₩11,250 + ₩21,150))
ⓒ 원 가	₩10,000	₩18,800 (₩28,800 − ₩10,000)	₩11,200 (₩40,000 − ₩28,800)
ⓓ 당기용역손익 (=ⓑ−ⓒ)	₩1,250	₩2,350	₩1,400

2. 완성기준

항 목	20×1년	20×2년	20×3년
ⓐ 용역수익	−	−	₩45,000
ⓑ 용역원가	−	−	40,000
ⓒ 용역손익	−	−	₩5,000

(주) 희망(주)의 기말잔액은 20×1년과 20×2년 말에 각각 ₩10,000과 ₩28,800이다.

보-33 손실이 나는 경우의 진행기준과 완성기준

1. 진행기준과 완성기준

1) 진행기준

	〈20×0년〉	〈20×1년〉	〈20×2년〉
진 행 률	25%	76%	100%
계 약 수 익	₩1,000,000	₩2,040,000	₩960,000
계 약 원 가	800,000	2,290,000*	960,000**

* 당기계약수익 + 전기 이전의 과대계상된 이익 + 계약기간 전체의 손실
= ₩2,040,000 + ₩200,000 + ₩50,000
= ₩2,290,000

** 20×1년도의 추가손실 인식액은 ₩12,000
계약원가 ₩2,278,000 − 계약수익 ₩2,040,000 − 손실인식액 ₩250,000
= 추가손실 ₩12,000
따라서 공사원가는 ₩960,000 = ₩972,000 − ₩12,000

[회계처리]

	〈20×0년〉	〈20×1년〉	〈20×2년〉
〈계약원가의 인식〉			
(차) 미 성 공 사	800,000	2,278,000	972,000
(대) 재료비, 노무비 등	800,000	2,278,000	972,000
〈계약대금의 청구〉			
(차) 계약미수금	660,000	1,773,000	1,567,000
(대) 진행청구액	660,000	1,773,000	1,567,000
〈계약대금의 회수〉			
(차) 현 금	60,000	1,800,000	2,140,000
(대) 계약미수금	60,000	1,800,000	2,140,000
〈계약수익과 계약원가의 인식〉			
(차) 계 약 원 가	800,000	2,290,000	960,000
미 성 공 사	200,000	–	–
(대) 계 약 수 익	1,000,000	2,040,000	960,000
미 성 공 사	–	250,000	–
〈계약완료시의 분개〉			
(차) 진행청구액			4,000,000
(대) 미 성 공 사			4,000,000

2) 완성기준

	〈20×0년〉	〈20×1년〉	〈20×2년〉
〈미성공사발생시〉			
(차) 미 성 공 사	800,000	2,278,000	972,000
(대) 재료비, 노무비 등	800,000	2,278,000	972,000
〈현금회수시〉			
(차) 현 금	660,000	1,773,000	1,567,000
(대) 계약선수금	660,000	1,773,000	1,567,000
〈기말결산시〉			
(차) 계 약 손 실		50,000	
(대) 미 성 공 사		50,000	
〈완성시〉			
(차) 계약선수금			4,000,000
(대) 계 약 수 익			4,000,000
(차) 계 약 원 가			4,000,000
(대) 미 성 공 사			4,000,000

2.

미 성 공 사	: ₩800,000 + ₩200,000 + ₩2,278,000 − ₩250,000 =	₩3,028,000
−진행청구액	: ₩660,000 + ₩1,773,000 =	(2,433,000)
미청구공사(유동자산)		₩595,000

보-34 도중에 손실로 바뀐 공사에 적용한 진행기준

〈20×1년〉

진행률은 37%(= ₩51,000/₩137,700)로 계산된다. 따라서 계약이익은 다음과 같이 산출된다.

당기계약수익	₩59,940	(= ₩162,000 × 0.37)
당기계약원가	(51,000)	
계 약 이 익	₩8,940	

(차) 미 성 공 사	51,000	(대) 재료비 등 원가	51,000
(차) 계약미수금	50,000	(대) 진행청구액	50,000
(차) 현　　　금	49,000	(대) 계약미수금	49,000
(차) 계 약 원 가	51,000	(대) 계 약 수 익	59,940
미 성 공 사	8,940		

〈20×2년〉

추정총계약원가는 ₩168,000(=총계약금액(₩162,000) + 예상손실(₩6,000))으로 계산된다. 따라서 당기누적계약원가는 다음과 같이 산출된다.

추정총계약원가	₩168,000
20×3년중 예상추가계약원가	(13,440)
누적계약원가	₩154,560

이에 따라 누적진행률은 92%(= ₩154,560/₩168,000)로 계산되며, 20×3년도에 예상되는 손실은 ₩480(= ₩162,000 × 0.08 − ₩168,000 × 0.08)이다.
따라서 당기에 인식할 계약원가는 다음과 같이 산출된다.

당기계약수익	₩89,100	(= ₩162,000 × 0.92 − ₩59,940)
20×1년 인식 이익	8,940	
건설계약 전체 손실	6,000	
계 약 원 가	₩104,040	

(차) 미 성 공 사	103,560*	(대) 재료비 등 원가	103,560

* 추정총계약원가(₩168,000) − 20×1년도의 실제발생원가(₩51,000) − 20×3년도의 추가공사원가(₩13,440) = ₩103,560

(차) 계약미수금	100,000	(대) 진행청구액	100,000
(차) 현 금	90,000	(대) 계약미수금	90,000
(차) 계 약 원 가	104,040	(대) 계 약 수 익	89,100
		미 성 공 사	14,940

〈20×3년〉

당해 연도의 계약손실은 다음과 같이 산출된다.

계 약 수 익	₩12,960	(= ₩162,000 × 0.08)*
계 약 원 가	(12,960)**	
계 약 손 실	₩0	

* ₩162,000 − ₩59,940 − ₩89,100 = ₩12,960

** 실제 발생액 ₩13,440 − 전년도 산입 계약손실액 ₩480 = ₩12,960

(차) 미 성 공 사	13,440	(대) 재료비 등 원가	13,440
(차) 계약미수금	12,000	(대) 진행청구액	12,000
(차) 현 금	23,000	(대) 계약미수금	23,000
(차) 계 약 원 가	12,960*	(대) 계 약 수 익	12,960

* 당기발생 계약원가 ₩13,440 − 전기의 손실인식액 ₩480 = ₩12,960

(차) 진행청구액	162,000	(대) 미 성 공 사	162,000

연도별 공사손익은 다음과 같이 산출된다.

	당해 연도	누적연도
〈20×1년(37% 진행)〉		
계약수익(₩162,000 × 37%)	₩59,940	₩59,940
계약원가	(51,000)	(51,000)
계약이익	₩8,940	₩8,940
〈20×2년(92% 진행)〉		
계약수익(₩162,000 × 92%)	₩89,100	₩149,040
계약원가	(104,040)	(155,040)*
계약손실	(₩14,940)	(₩6,000)**
〈20×3년(100% 진행)〉		
계약수익(₩162,000 × 8%)	₩12,960	₩162,000
계약원가	(12,960)	(168,000)
계약손실	₩0	(₩6,000)

* ₩154,560 + ₩480 = ₩155,040

** ₩6,000의 손실을 즉시 인식했기 때문이다.

보-35 진행기준 공사수익과 계약자산 및 계약부채의 보고

1. 20×1. 12. 31 분개

(차) 미성공사-이익	750,000	(대) 공 사 수 익	1,950,000*
공 사 원 가	1,200,000		

* ₩3,000,000×65%=₩1,950,000

2. 부분재무상태표 (20×1. 12. 31 현재)

유동자산 :

공사매출채권(진행청구액 ₩1,800,000－회수액 ₩1,500,000)	₩300,000
계약자산(미성공사 ₩1,950,000－진행청구액 ₩1,800,000)	150,000

공인회계사 기출문제 응용(2020년 이후)

1 고객충성제도가 있는 경우의 수익인식

20,000포인트의 개별판매가격은 20,000포인트× ₩0.9=₩18,000
제품의 개별판매가격은 ₩200,000이므로, 상대적 개별판매가격비율에 따라 총거래가격 중 제품에 배분될 금액은 ₩200,000×(₩200,000/(₩200,000+₩18,000))=₩183,486이며, 20,000포인트에 배분된 금액은 ₩200,000×(₩18,000/(₩200,000+₩18,000))=₩16,514이다. 제품에 대한 수익인식은 20×1년에 ₩183,486 전액 이루어지며, 포인트에 대한 수익은 포인트가 실제 사용된 20×2년에 전체 사용가능한 포인트 중 사용된 포인트의 비율에 따라 계산된다. 그러므로 20×2년에 인식할 수익은 ₩9,174(=₩16,514×(10,000포인트/18,000포인트))이다.

2 반품권, 재매입약정이 있는 경우의 수익인식

1. 1) 반품권이 부여된 제품 A의 판매가 당기순이익에 미친 영향

① 20×1년도 당기순이익에 미친 영향

매출액	₩142,500*
매출원가	99,950**
매출총이익(당기순이익에 미친 영향)	₩42,550

* 매출액×(1－예상반품률)=₩150,000×(1－0.05)=₩142,500

** (매출액×원가율)－반환제품회수권=(₩150,000×0.7)－₩5,050=₩99,950
여기서 반환제품회수권은 반품예상제품의 원가 ₩5,250(=₩150,000×0.7×0.05)에서 반품관련비용 ₩200을 차감하여 계산된다.

② 20×2년도 당기순이익에 미친 영향
반품으로 인한 매출 감소 인식금액 ₩500 중 매출원가 부분 70%를 제외한 ₩150만큼 이익이 감소하고 반품비용 ₩50이 추가 발생하여 20×2년 당기순이익에 미치는 영향은 위의 두 금액을 합한 (−)₩200이다.

2) 고객에게 풋옵션이 부여된 제품 B의 재매입약정 판매거래가 당기순이익에 미친 영향

① 20×1년도 당기순이익에 미친 영향
고객이 보유한 풋옵션 행사시 재매입가격(₩54,800)이 원래 판매가격(₩50,000)과 재매입시점의 예상시장가치(₩52,000) 모두를 초과하므로 금융약정으로 회계처리한다. 그러므로 재매입가격과 원래 판매가격의 차이 ₩4,800은 약정기간 6개월 동안 인식해야 할 이자비용이며 20×1년 동안 인식할 이자비용은 ₩1,600(= ₩4,800 × 2/6)이다.

② 20×2년도 당기순이익에 미친 영향
(주)대한은 잔여이자비용 ₩3,200을 20×2년 동안 이자비용으로 인식하고, 재매입시점인 20×2년 4월 30일 현재 제품 B의 시장가치가 ₩60,000으로 상승하여 고객이 풋옵션을 행사하지 않으므로 매출 ₩54,800과 매출원가 ₩48,000을 각각 수익과 비용으로 인식한다.

요약하면, (주)대한은 20×2년에 제품 B 풋옵션 재매입약정 판매거래와 관련하여 ₩3,600(= − ₩3,200 + ₩54,800 − ₩48,000)의 이익을 인식한다.

2. 우선 총할인효과 ₩43,200을 제품 C와 통신서비스 각각의 개별판매가격 크기에 따라 안분하고 각 개별판매가격에서 차감하여 할인 후 판매가격을 계산한다. 계산결과 할인 후 판매가격은 제품 C가 ₩264,000(= ₩300,000 − ₩36,000), 통신서비스의 제공이 ₩52,800(= ₩60,000 − ₩7,200)이다.

1) 20×1년의 수익인식금액

① 제품 C의 판매는 판매시점에서 이행하는 수행의무이므로 수행의무 이행시 전액을 판매수익으로 인식한다. 그러므로 인식할 판매수익은 ₩7,920,000(= ₩264,000 × 10명 + ₩264,000 × 20명)이다.

② 통신서비스 제공은 기간에 걸쳐 이행하는 수행의무이므로 기간경과에 따라 수익을 인식한다. 그러므로 인식할 통신서비스 제공수익은 ₩110,000(= ₩52,800 × 10명 × 3/24 + ₩52,800 × 20명 × 1/24)이다.

요약하면, 20×1년에 인식할 총수익은 ₩8,030,000(= ₩7,920,000 + ₩110,000)이다.

2) 20×2년의 수익인식금액
기간경과에 따라 인식할 통신서비스 제공수익은 ₩792,000(= ₩52,800 × 10명 × 12/24 + ₩52,800 × 20명 × 12/24)이다.

3 수익인식기준 – 수행의무의 식별 및 가격배분과 수익인식

1. (주)대한이 제공한 라이선스는 A약 제조기술에 대한 특허권이며, (주)대한이 A약과 관련하여 어떠한 지원활동도 제공하지 않으므로 라이선스 사용권으로 판단해야 한다. 또한, 문제에서 (주)대한이 제공하는 제조용역은 기간에 걸쳐 이행하는 수행의무라고 명시하고 있다. 그러므로 각 연도의 수익인식액은 다음과 같다.

   1) 20×1년
   총거래가격 ₩800,000을 라이선스 사용과 제품제조용역의 개별판매가격인 ₩550,000과 ₩450,000의 상대적 크기에 따라 안분한다. 계산결과, 라이선스 사용과 제품제조용역에 배분된 거래가격은 각각 ₩440,000과 ₩360,000이다. 그러므로 수행의무 100%인 라이선스 사용에 따른 수익인식액은 ₩440,000이며 수행의무 30%(=₩60,000/₩200,000)인 제품제조용역의 수익인식액은 ₩108,000 (=₩360,000×30%)이다. 요약하면 20×1년에 인식할 총수익은 ₩548,000(=₩440,000+₩108,000)이다.

   2) 20×2년
   20×2년 제품제조용역의 수행의무가 완료되었으므로 수익인식액은 ₩360,000에서 전년도에 인식한 수익 ₩108,000을 차감한 ₩252,000이다.

2. 고객이 제조용역 없이는 라이선스에서 효익을 얻을 수 없기 때문에 라이선스와 제품제조용역은 서로 구별되지 않는 수행의무이다. 또한, 기간에 걸쳐 이행하는 수행의무이며 수익인식은 진행기준을 적용하여 계산한다. 그러므로 각 연도에 수익인식액은 다음과 같다.

   1) 20×1년
   수익인식액은 총거래가격 ₩800,000에 진행률 72%(=₩360,000/₩500,000)를 곱한 ₩576,000이다.

   2) 20×2년
   제품제조용역 제공이 완료되는 20×2년의 수익인식액은 총수익인식액 ₩800,000에서 전년도 수익인식액 ₩576,000을 차감한 ₩224,000이다.

4 수익인식기준 – 수행의무의 식별 및 가격배분과 수익인식

(1) 제품 A
총거래가격 ₩500,000을 제품 A의 개별판매가격(₩500,000)과 추정된 구매할인권의 개별판매가격 ₩125,000(=₩250,000×62.5%×80%)의 상대적 크기에 따라 배분한다. 계산결과, 제품 A의 판매에 배분된 거래가격은 ₩400,000이며 판매

즉시 수익이 인식되므로 20×1년 수익인식액은 ₩400,000이다. 참고로 20×1년에 할인권은 행사되지 않았으므로 인식할 수익은 없다.

(2) 제품 B
고객에게 지급한 대가가 있는 경우로 제품 B의 거래가격은 ₩600,000(= ₩700,000 −(₩300,000 − ₩200,000))이며 판매 즉시 수익이 인식되므로 20×1년 수익인식액은 ₩600,000이다.

(3) 제품 C와 D
우선 고정대가 ₩300,000과 추정된 변동대가 ₩50,000으로 구성된 총거래가격 ₩350,000을 제품 C의 개별판매가격(₩300,000)과 제품 D의 개별판매가격(₩100,000)의 상대적 크기에 따라 배분하고 추후 변동대가 추정치가 ₩60,000으로 변화함에 따라 해당 증가분 ₩10,000을 계약시점에서의 개별판매가격의 상대적 크기에 따라 재배분한다. 계산결과, 제품 C와 D에 배분된 거래가격은 각각 ₩270,000과 ₩90,000이다. 제품 C는 20×1년도에 인도되었으므로 거래가격 배분액 ₩270,000을 수익으로 인식한다. 그러나 제품 D는 다음 해인 20×2년에 인도되므로 20×1년에 인식할 수익액은 ₩0이다.

20×1년 제품별 수익인식액은 아래와 같다.

제품 A	제품 B	제품 C	제품 D
₩400,000	₩600,000	₩270,000	없음

윤리문제

1

1. 1) 산수(주)는 회원권수익, 테니스장임대수익 및 에어로빅 강좌 쿠폰판매수익을 수행의무를 충족한 시점에 인식해야 한다. 즉, 회원권수익은 1년에 걸쳐서 정액법으로 인식하는 것이 합리적이고, 테니스장은 실제 대여시에 임대수익을 인식하며, 에어로빅 강좌 쿠폰판매수익은 강좌를 개최하고 쿠폰을 회수받은 시점에 수익을 인식하되 만기 내에 사용되지 않은 쿠폰이 있으면 유효기간이 만료한 시점에 수익으로 인식한다.

   2) 운동기구 매매와 관련하여 수취한 계약금은 선수금(부채)으로 회계처리해야 한다. 그리고 운동기구가 고객에게 인도된 시점에 매출수익을 인식하고 선수금을 제거시킨다.

   3) 판매된 운동기구와 관련된 제품보증활동은 구매자가 선택하여 추가로 구매

하는 용역이 아니라 판매를 촉진시키기 위하여 제공되는 서비스이므로 발생기준 개념을 적용하여 판매한 시기에 제품보증비용과 제품보증충당부채를 인식한다. 한편, 실제로 제품보증활동이 발생하면 제품보증충당부채를 제거한다. 만약 제품보증이 구매자의 선택에 따라 추가로 구매할 수 있는 것이라면 이를 분리하여 이연판매보증수익(부채)으로 처리한 다음 제품보증용역이 제공된 시기에 제품보증수익을 인식해야 한다.

2. 재무담당부사장인 성내훈 씨는 회계기준에서 사용하고 있는 발생기준 대신에 현금기준을 사용하여 수익과 비용을 회계처리할 것을 요구하고 있다. 그 이유는 재무성과와 상태를 조작하고 임직원의 보너스를 증대시키기 위한 방법으로서 임직원 이외의 기업의 이해관계자에게 희생을 통하여 임직원의 이익을 도모하고자 하는 데 있다. 따라서 회계기준의 위반은 중립성을 심각하게 훼손하는 회계처리를 요구하고 있어서 심각한 윤리적 문제를 제기시키는 비윤리적인 처사이다.

3. 경리부장인 김소영 씨는 회계전문가로서 전문적이고 윤리적으로 대처해야 한다. 먼저 성내훈 씨의 요구에 대한 부당성과 적발시에 회사가 받게 될 더 큰 비용에 대해 설명하여 성내훈 씨를 설득하는 노력을 해야 할 것이다. 만약 성내훈 씨를 설득할 수 없을 경우 최고경영자에게 부당한 회계처리를 해서는 안 된다는 것을 알리고 조치를 취해 줄 것을 부탁해야 한다. 만약에 내부적으로 윤리적인 해결이 안 될 경우에는 감독기관 등에 내부자고발을 하거나 회계감사인에게 연락하여 문제를 해결해야 할 것이다. 다른 대안은 성내훈 씨의 요구를 따르는 것이지만 이는 비윤리적일 뿐만 아니라 나중에 더 큰 형사상 또는 재무상 손실을 가져올 것이기 때문에 취해서는 안 될 대안이다. 특히 우리나라의 기업문화는 대표적인 집단주의 문화로서 조직의 보호라는 풍조가 강하기 때문에 기업이 비윤리적인 행위를 하더라도 이에 대한 내부고발자를 배신자로 몰아세우는 잘못된 문화가 있다. 우리나라 기업들의 회계투명성이 약한 이유 중의 하나로 이런 기업문화를 들 수 있다. 따라서 회계담당자는 특히 전문가로서의 올바른 판단과 양심에 따라 행동할 필요가 있다.

2

건설계약 누적진행률의 분자는 '당기까지 누적된 실제계약원가 발생액'이고 분모는 '가장 최근에 추정한 추정총계약원가'이다. 분자의 실제원가 누적액은 비교적 객관적으로 산출할 수 있다. 왜냐하면 발생원가에 대한 실제 자료가 누적되어 있기 때문이다. 그러나 분모의 추정총계약원가는 향후 건설계약을 완료하기 위해 추가적으로 소요될 계약원가이다. 추정액이므로 건설계약 수행과정에서 얻을 수 있는 새로운 정보를 계속 반영해야 한다. 따라서 추정액을 정확하게 계산하기가 어렵다. 특히 경제상황에 불확실성이 많거나 건설공사에 대한 설계변경이나 원자재 가격의 변동이 큰 경우에는 더욱 추정이 어렵다. 추정 총계약원가가 수정될 경우에는 진행률이 수정되며, 이는 회계추정의 변경으로 보아 당기부터 전진적으로 적용한다.

만일 경영자가 기업의 실적을 부풀리고 싶은 경우에는 실제발생원가보다 추정치가 더 많이 반영되는 추정총계약원가를 조정하려는 유혹을 받기가 쉽다. 누구도 미래를 100% 예측하기 어려울 것이기 때문이다. 만일 분모의 추정총계약원가를 과소평가한다면 누적진행률이 높아진다. 이에 따라서 계약수익은 증가할 것이고, 미청구공사대금과 당기순이익도 과대평가되어 일견 기업의 재무성과가 좋게 보인다. 하지만 건설계약이 진행될수록 과소 예측된 원가가 정상적으로 바뀜으로서 누적진행률은 증가하지 않게 되고, 해당 회계연도의 건설계약 진행률은 급격히 낮아지거나 심지어는 (−)가 될 가능성도 배제할 수가 없다. 이런 현상이 발생하면 계약수익도 급격히 낮아지고 당기순이익도 낮아진다. 심하면 앞으로 예상되는 손실도 한꺼번에 비용으로 인식해야 한다.

그런데 진행기준을 적용할 수 있는 경우란, 건설계약을 시작할 때, 계약과 관련된 총계약수익을 신뢰성 있게 측정할 수 있어야 할 뿐만 아니라 계약을 완료하는데 필요한 계약원가와 보고기간말 현재의 진행률을 신뢰성 있게 측정할 수 있어야 한다. 만일 그렇지 않다면 진행기준을 적용할 수 없는 것이다.

이러한 배경지식을 갖고 사례문제에 제시된 우리나라 건설, 조선사들의 미청구공사 회계처리를 생각해보자.

제 6 장 재고자산

연습문제

1 매출원가와 기말재고(Ⅰ)

	〈20×1〉	〈20×2〉	〈20×3〉
총 매 출 액	₩600,000	₩(720,000)	₩840,000
매출환입액	22,000	26,000	(30,000)
순 매 출 액	(578,000)	694,000	(810,000)
기 초 재 고	40,000	60,000	(70,000)
기 말 재 고	(60,000)	(70,000)	(84,000)
총 매 입 액	(480,000)	520,000	596,000
매입환출액	10,000	16,000	20,000
매 입 운 임	16,000	18,000	24,000
매 출 원 가	466,000	(512,000)	586,000
매출총이익	112,000	182,000	224,000

2 매출원가와 기말재고(Ⅱ)

매　　출			₩10,520
매출에누리와 환입			(200)
매 출 할 인			(120)
순 매 출 액			₩10,200
매 출 원 가 :	기 초 재 고	₩2,500	
	매　　입	10,000	
	매입에누리와 환출	(500)	
	매 입 할 인	(200)	
	매 입 운 임	300	
		₩12,100	
	기 말 재 고	(3,300)	8,800
매출총이익			₩1,400

3 재고자산 등의 구분

1. 제품원가란 재고자산에 포함할 원가로 여기에는 제품의 구입가격뿐만 아니라 상품(제품)을 구매자의 영업장소에까지 옮겨 와서 이를 판매가능한 상태로 만들기까지 필요한 모든 비용을 포함해야 한다. 즉 제품의 구입가격뿐만 아니라 매

입시 지불한 매입운임, 하역료, 관세, 보험료, 보관료 등의 부대원가도 상품을 판매가능한 상태로 만드는 데 필요한 모든 비용이므로 재고자산의 원가(제품원가)에 포함되어야 한다. 그러나 자체 창고비용은 물품량의 처리와 관계없이 발생하는 고정비 성격의 비용이므로 이를 재고자산원가에 배분하는 것은 다분히 자의적이므로 기간비용으로 처리하는 것이 실무에서 많이 활용되고 있다. 따라서 타이어의 보관에 관련된 창고비용은 기간비용으로 처리해야 한다.

2. 재고자산은 기업의 정상적인 활동과정에서 판매를 위하여 보유하고 있는 자산(상품, 제품)이거나 판매를 위하여 제품을 생산하는 과정에서 사용 혹은 소비될 자산(원재료, 재공품, 저장품, 소모품)이다. 따라서 진부화된 상품에 대해서는 재고자산에 포함시키지 않고 손상차손을 인식한 후 팔리기 전까지는 기타자산으로 구분하는 것이 바람직하다.

3. 중기가 주로 어떻게 활용되고 있느냐에 따라 회계처리가 달라진다. 판매용이라면 재고자산으로, 임대용이라면 유형자산으로 분류해야 한다. 수지(주)는 임대하고 있는 중기를 종국적으로 판매할 것이므로 자신의 재고자산에 포함시켜야 한다.

4 재고자산에 포함할 항목(Ⅰ)

	거래(1)	거래(2)	거래(3)	거래(4)	거래(5)
1. 매입 및 관련부채가 인식되어야 할 달은?	(3)	(3)	(불인식)	(3)	(4)
2. 매입 및 관련부채가 인식된 달은?	(4)	(4)	(불인식)	(3)	(3)
3. 필요한 수정분개는?	(①)	(②)	(없음)	(없음)	(③)
4. 3월 기말재고에 포함되어야 할지의 여부	(포함)	(포함)	(불포함)	(포함)	(불포함)
5. 3월 기말재고에 포함되었는지의 여부	(불포함)	(포함)	(불포함)	(포함)	(불포함*)
6. 3월 기말재고에 필요한 수정액	(68,000)	(54,000)	(없음)	(없음)	(없음)

* 거래(5)는 송장은 3월 28일에 접수했으나 상품인수는 아직 안 되어 매입만 기록되고 기말재고 실사시에는 누락되었다고 가정.

〈3번 물음에 필요한 수정분개〉

① (차) 매 입	68,000	(대) 외상매입금	68,000
② (차) 매 입	54,000	(대) 외상매입금	54,000
③ (차) 외상매입금	98,000	(대) 매 입	98,000

기말재고 : ₩155,000 + ₩68,000 = ₩223,000

5 재고자산에 포함할 항목(Ⅱ)

재고자산계정

기초재고	₩100,000	매출원가	₩395,000
당기매입	₩500,000	기말재고	₩50,000(실사액) + ₩40,000(적송품) + ₩20,000(시송품) + ₩40,000(재구매조건부) + ₩20,000(저당상품) + ₩35,000(반품추정 불가능)

재고자산

기초재고	₩100,000	매출원가	₩395,000
당기매입	₩500,000	기말재고	₩205,000*

6 재고자산에 포함할 항목(Ⅲ)

1. 선적지인도조건으로 이송중인 미착상품은 선적되었을 때 매입자의 재고자산에 포함시켜야 한다. 이 경우에 있어서 회계목적상 선적시에 소유권이 이전된 것으로 간주한다.

2. 선적지인도조건으로 이송중인 미착상품에 대해 지급한 매입운임은 재고자산원가가 된다. 매입운임은 구매자가 지급한 가격의 일부분이거나 또는 그 자산을 판매 혹은 사용가능한 상태로 만드는 데 필요한 것이기 때문에 재고자산원가에 포함해야 한다.

3. 도착지인도조건으로 운송중인 미착상품은 도착하기 전까지는 자기회사의 재고자산에 포함할 수 없다. 그 이유는 도착지에 도착해서야 소유권이 이전되기 때문이다.

4. 도착지인도조건으로 구매한 상품에 대해 발생한 운임은 판매자의 부담이며, 판매자가 발송운임(판매비)으로 회계처리해야 한다. 따라서 구매자는 이를 재고자산의 원가에 포함시켜서는 안 된다.

5. 적송품은 위탁자의 재고자산으로서 고객에게 판매되기 전까지 수탁자가 보관하고 있는 상품이다. 따라서 위탁자가 적송품이라는 계정을 이용하여 재고자산에

포함시켜야 한다. 물리적으로 보관하고 있는 수탁자는 이를 자기의 재고자산에 포함시켜서는 안 된다.

7 기말재고자산 오류의 영향

연 도	20×1	20×2	20×3	20×4	20×5	20×6
보고된 순이익	₩250,000	₩260,000	₩270,000	₩280,000	₩290,000	₩300,000
수 정	(25,000)	25,000	35,000	(75,000)	—	(20,000)
		(35,000)	75,000	—	20,000	(50,000)
수정후 순이익	225,000	250,000	380,000	205,000	310,000	230,000

8 실지재고조사법과 계속기록법

1. 실지재고조사법

(차) 매 입	500,000	(대) 외상매입금	500,000
(차) 매 입 운 임	3,000	(대) 현 금	3,000
(차) 외상매입금	60,000	(대) 매 입 환 출	60,000
(차) 외상매출금	520,000	(대) 매 출	520,000

2. 계속기록법

(차) 재 고 자 산	500,000	(대) 외상매입금	500,000
(차) 재 고 자 산	3,000	(대) 현 금	3,000
(차) 외상매입금	60,000	(대) 재 고 자 산	60,000
(차) 외상매출금	520,000	(대) 매 출	520,000
(차) 매 출 원 가	280,000	(대) 재 고 자 산	280,000

9 실지재고조사법 – 매출원가의 회계처리

1. 20×1년도의 매출원가

기초재고자산		₩320,000
가산 : 순매입액		
매입	₩2,400,000	
매입할인	(60,000)	
매입환출	(100,000)	
매입운임	170,000	2,410,000
매출가능원가		2,730,000
차감 : 기말재고자산		(400,000)
매출원가		₩2,330,000

2. 매출원가의 기록을 위한 분개

(차)	매 출 원 가	2,330,000	(대) 재고자산(기초)	320,000
	재고자산(기말)	400,000	매 입	2,400,000
	매 입 할 인	60,000	매 입 운 임	170,000
	매 입 환 출	100,000		

10 재고자산 평가손실과 감모손실

(1) 실지재고조사법

(차)	재고자산(기말)	4,500	(대) 재고자산(기초)	3,900
	매출원가(정상)	6,480	매 입	7,500
	매출원가(정상감모손실)	150		
	영업외비용(비정상감모손실)	270		
(차)	매출원가(재고자산평가손실)	300	(대) 재고자산평가충당금	300

(2) 계속기록법

(차)	매출원가(정상감모손실)	150	(대) 재 고 자 산	420
	영업외비용(비정상감모손실)	270		
(차)	매출원가(재고자산평가손실)	300	(대) 재고자산평가충당금	300

〈계산 및 분개의 설명〉

① 정상매출원가 : ₩11,400(판매가능원가) − ₩4,920(기말재고자산의 원가)
= ₩6,480

② 재고자산(기말) : ₩11,400(판매가능원가) − ₩6,480(정상매출원가)
− ₩150(정상감모손실) − ₩270(영업외비용) = ₩4,500

③ 계속기록법에서는 판매시점에 첫째 분개로 매출을 기록하고, 둘째 분개로 차변에 매출원가와 대변에 재고자산을 각각 ₩6,480을 기록하는 분개를 하였을 것이다. 따라서 정상감모부분 ₩150은 매출원가에 가산하고 비정상감모부분 ₩270은 영업외비용에 기록하고 재고자산 ₩420을 줄여주는 분개를 해야 한다.

④ 실지재고조사법과 계속기록법 모두 시가하락에 기인하여 발생한 재고자산평가손실 ₩300은 평가계정설정법을 이용하여 차변에 평가손실을 기록하고 대변에 재고자산평가충당금을 기록한다.

11 매입할인 – 총액법

1. (차)	매 입	500,000	(대) 외상매입금	500,000
2. (차)	외상매입금	400,000	(대) 현 금	392,000
			매 입 할 인	8,000

	차변	금액	대변	금액
3.	(차) 외상매입금	100,000	(대) 현 금	100,000
4.	(차) 재 고 자 산	500,000	(대) 외상매입금	500,000
	(차) 외상매입금	400,000	(대) 현 금	392,000
			재 고 자 산	8,000
	(차) 외상매입금	100,000	(대) 현 금	100,000

12 매입할인 - 순액법

	차변	금액	대변	금액
1.	(차) 매 입	490,000	(대) 외상매입금	490,000
2.	(차) 외상매입금	392,000	(대) 현 금	392,000
3.	(차) 외상매입금	98,000	(대) 현 금	100,000
	할인기회상실	2,000		
4.	(차) 재 고 자 산	490,000	(대) 외상매입금	490,000
	(차) 외상매입급	392,000	(대) 현 금	392,000
	(차) 외상매입금	98,000	(대) 현 금	100,000
	재 고 자 산	2,000		
	(또는 할인기회상실)			

13 재고자산의 원가결정(I)

판매가능원가 : 100 × ₩100 + 200 × ₩120 + 300 × ₩130 + 200 × ₩140 = ₩101,000

1. 실지재고조사법
   1) 개별법
      기말재고 : 20개 × ₩100 + 30개 × ₩120 + 100개 × ₩140 = ₩19,600
      매출원가 : ₩101,000 − ₩19,600 = ₩81,400
   2) 선입선출법
      기말재고 : 150개 × ₩140 = ₩21,000
      매출원가 : ₩101,000 − ₩21,000 = ₩80,000
   3) 평균원가법
      개당 평균원가 : ₩101,000/800개 = ₩126.25
      기말재고 : 150개 × ₩126.25 = ₩18,937.5
      매출원가 : 650개 × ₩126.25 = ₩82,062.5
   4) 후입선출법
      기말재고 : 100개 × ₩100 + 50개 × ₩120 = ₩16,000
      매출원가 : ₩101,000 − ₩16,000 = ₩85,000

2. 계속기록법

1) 개별법

일 자	매 입			판 매			잔 액		
	수량	단가	원가	수량	단가	원가	수량	단가	원가
이월	100	100	10,000				100	100	10,000
3. 1	200	120	24,000				200	120	24,000
3.30				80	100	8,000	20	100	2,000
				70	120	8,400	130	120	15,600
7. 1	300	130	39,000				20	100	2,000
							130	120	15,600
							300	130	39,000
7.31				100	120	12,000	20	100	2,000
							30	120	3,600
				200	130	26,000	100	130	13,000
11. 1	200	140	28,000				20	100	2,000
							30	120	3,600
							100	130	13,000
							200	140	28,000
11.30				100	130	13,000	20	100	2,000
				100	140	14,000	30	120	3,600
							100	140	14,000
	800			650		81,400			

기말재고 : 20개 × ₩100 + 30개 × ₩120 + 100개 × ₩140 = ₩19,600

매출원가 : ₩101,000 − ₩19,600 = ₩81,400

2) 선입선출법

기말재고 : 150개 × ₩140 = ₩21,000

매출원가 : ₩101,000 − ₩21,000 = ₩80,000

3) 평균원가법

일 자	매 입			판 매			잔 액		
	수량	단가	원가	수량	단가	원가	수량	단가	원가
이월	100	100	10,000				100	100.0	10,000
3. 1	200	120	24,000				300	113.3	34,000
3.30				150	113.3	17,000	150	113.3	17,000
7. 1	300	130	39,000				450	124.4	56,000
7.31				300	124.4	37,330	150	124.4	18,670
11. 1	200	140	28,000				350	133.3	46,670
11.30				200	133.3	26,670	150	133.3	20,000
	800			650		81,000			

기말재고 : 150개 × ₩133.3 = ₩20,000

매출원가 : ₩101,000 − ₩20,000 = ₩81,000

4) 후입선출법

일 자	매 입			판 매			잔 액		
	수량	단가	원가	수량	단가	원가	수량	단가	원가
이월	100	100	10,000				100	100	10,000
3. 1	200	120	24,000				200	120	24,000
3.30				150	120	18,000	100	100	10,000
							50	120	6,000
7. 1	300	130	39,000				100	100	10,000
							50	120	6,000
							300	130	39,000
7.31				300	130	39,000	100	100	10,000
							50	120	6,000
11. 1	200	140	28,000				200	140	28,000
11.30				200	140	28,000	100	100	10,000
							50	120	6,000
	800			650		85,000			

기말재고 : 100개 × ₩100 + 50개 × ₩120 = ₩16,000

매출원가 : ₩101,000 − ₩16,000 = ₩85,000

(14) 재고자산의 원가결정(Ⅱ)

판매가능수량 = 기초재고수량 + 매입수량 = 200 + 1,000 + 600 = 1,800개

판매가능원가 = 기초재고 + 매입

= 200 × ₩610 + (1,000 × ₩550 + 600 × ₩500)

= ₩972,000

1. 실지재고조사법

1) 선입선출법

기말재고 = 300개 × ₩500 = ₩150,000

매출원가 = 판매가능원가 − 기말재고

= ₩972,000 − ₩150,000 = ₩822,000

2) 가중평균원가법

개당 가중평균원가 = ₩972,000/1,800개 = ₩540

기말재고 = 300개 × ₩540 = ₩162,000

매출원가 = ₩972,000 − ₩162,000 = ₩810,000 또는

1,500개 × ₩540 = ₩810,000

2. 계속기록법

1) 선입선출법

일 자	매 입	판 매	잔 액
8. 1	200@ ₩610 = ₩122,000		200@ ₩610 = ₩122,000
8. 8	1,000@ ₩550 = ₩550,000		200@ ₩610 = ₩122,000 1,000@ ₩550 = ₩550,000
8. 14		200@ ₩610 + 600@ ₩550 = ₩452,000	400@ ₩550 = ₩220,000
8. 18	600@ ₩500 = ₩300,000		400@ ₩550 = ₩220,000 600@ ₩500 = ₩300,000
8. 25		400@ ₩550 + 300@ ₩500 = ₩370,000	300@ ₩500 = ₩150,000 기말재고
		매출원가 ₩822,000	

2) 이동평균원가법

일 자	매 입	판 매	잔 액
8. 1	200@ ₩610 = ₩122,000		200@ ₩610 = ₩122,000
8. 8	1,000@ ₩550 = ₩550,000		1,200@ ₩560 = ₩672,000 (₩672,000 ÷ 1,200 = ₩560)
8. 14		800@ ₩560 = ₩448,000	400@ ₩560 = ₩224,000
8. 18	600@ ₩500 = ₩300,000		1,000@ ₩524 = ₩524,000 (₩524,000 ÷ 1,000 = ₩524)
8. 25		700@ ₩524 = ₩366,800	300@ ₩524 = ₩157,200 기말재고
		매출원가 ₩814,800	

15 선입선출법

20×1년 기말재고 : (400개 × ₩250) + (100개 × ₩300) = ₩130,000

20×1년 매출원가 : (₩40,000 + ₩150,000 + ₩30,000) − ₩130,000 = ₩90,000

20×2년 기말재고 : 50개 × ₩350 = ₩17,500

20×2년 매출원가 : (₩130,000 + ₩70,000) − ₩17,500 = ₩182,500

16 소매재고법(Ⅰ)

추정재고손실(소매가) = ₩87,000* − ₩80,000 = ₩7,000

추정재고손실(원가) = ₩7,000 × 0.72** = ₩5,040

* 기말재고(소매가) = ₩77,000 + ₩248,000 − ₩238,000 = ₩87,000

** 원가율 = (₩53,900 + ₩180,100)/(₩77,000 + ₩248,000) = 72%

17 소매재고법(Ⅱ)

기말재고(판매가격) = ₩120,000 + ₩800,000 + ₩35,000 − ₩64,000 − ₩726,000
= ₩165,000

1. 선입선출소매재고법 :
   선입선출소매재고법원가율 = (₩488,100 + ₩20,000) / (₩800,000 + ₩35,000 − ₩64,000) = 65.90%
   기말재고 = ₩165,000 × 65.90% = ₩108,735

2. 평균원가소매재고법 :
   평균원가소매재고법원가율 = (₩84,000 + ₩488,100 + ₩20,000) / (₩120,000 + ₩800,000 + ₩35,000 − ₩64,000) = 66.45%
   기말재고 = ₩165,000 × 66.45% = ₩109,643

3. 저가기준소매재고법 :
   저가기준소매재고법원가율 = (₩84,000 + ₩488,100 + ₩20,000) / (₩120,000 + ₩800,000 + ₩35,000) = 62.00%
   기말재고 = ₩165,000 × 62% = ₩102,300

18 재고자산의 추정(매출총이익법)

1. 판매가능원가		₩1,050,000
매출(판매가)	₩1,250,000	
매출총이익(매출의 35%)	437,500	
매출(원가)		812,500
기말재고(원가)		₩237,500

2. 판매가능원가		₩1,050,000
매출(판매가)	₩1,250,000	
매출총이익(원가의 25%)*	250,000	
매출(원가)		1,000,000
기말재고(원가)		₩50,000

* 원가의 25% ⇒ 25%/(100%+25%) = 매출의 20%

3. 판매가능원가		₩1,050,000
매출(판매가)	₩1,250,000	
매출총이익(원가의 60%)*	468,750	
매출(원가)		781,250
기말재고(원가)		₩268,750

* 원가의 60% ⇒ 60%/(100%+60%) = 매출의 37.5%

4. 판매가능원가		₩1,050,000
매출(판매가)	₩1,250,000	
매출총이익(매출의 40%)	500,000	
매출(원가)		750,000
기말재고(원가)		₩300,000

19 저가법(Ⅰ)

1. 매입원가 : ₩20,000,000 + ₩20,000 + ₩5,000 + ₩7,500 = ₩20,032,500
2. 기말재고자산 : ₩500,000 + ₩750,000 + (₩650,000 − ₩100,000) + ₩350,000
+ ₩1,000,000 = ₩3,150,000

(주) 원재료 A의 순실현가능가액(= ₩500,000 − ₩40,000 = ₩460,000)이 원가 이하로 하락했으나 제품의 순실현가능가액이 원가를 초과하므로 평가감하지 않는다.

3. 매출원가 : ₩1,000,000 − ₩200,000 + ₩20,032,500 − ₩3,150,000 = ₩17,682,500
4. 당기비용으로 계상해야 할 금액 : ₩3,000

20 저가법(Ⅱ)

1. K-IFRS에서는 원가와 순실현가능가치 중 낮은 금액으로 재고자산을 평가하도록 되어 있다. 따라서 각 재고자산별 장부금액과 총재고자산 장부금액은 다음과 같이 결정한다.

재고자산의 종류	원 가	순실현가능가치	재고자산 장부금액
101	₩120,000	₩100,000	₩100,000
102	90,000	110,000	90,000
103	60,000	50,000	50,000
104	30,000	50,000	30,000
총 액	₩300,000		₩270,000

2. 기말 수정분개
원가 ₩300,000과 저가주의를 적용한 장부금액 ₩270,000의 차이인 ₩30,000에 대해서 다음과 같은 수정분개를 한다.

(차) 재고자산평가손실 30,000 (대) 재고자산평가손실충당금 30,000

21 재고자산평가손실과 재고자산감모손실

재고자산감모손실은 재고자산의 수량의 차이에서 발생하고 재고자산평가손실은 재고자산의 순실현가능가치와 장부금액의 차이에서 발생한다. 이에 대한 모자(주)의 재고자산과 관련한 손실은 다음과 같다.

제 품	재고자산 수량차이	감모손실	단위당 순실현 가능가치	단위당 원가	저가법 적용 여부	저가법 적용 재고자산 수량	재고자산 평가손실
밀짚모자	5	₩875	₩200	₩175	×	75	
베 레 모	0	0	440	450	○	50	₩500
중 절 모	10	3,500	370	350	×	90	
학 사 모	0	0	550	600	○	120	6,000

감모손실＝재고자산수량차이×원가

재고자산평가손실＝기말재고자산 보유수량×Min[(순실현가능가치－장부금액), 0]

공인회계사 기출문제 응용(2020년 이후)

1 기말재고자산금액 결정

20×1년 기말상품재고액＝실사재고 ₩1,500,000－수탁재고 ₩80,000＋위탁적송품 ₩80,000(＝₩200,000×40%)＋선적지인도조건 매입 미착상품 ₩100,000＋재매입약정판매 재매입재고 ₩50,000
＝₩1,650,000

2 확정판매계약(취소불능계약)이 있는 경우 저가법

상품별로 저가평가 대상 여부를 결정

1) 상품 A：취득원가 ₩500＜순실현가능가치 ₩580(＝₩600－₩20)
→저가평가손실 대상이 아님
2) 상품 B：취득원가 ₩300＞순실현가능가치 ₩280
→저가평가손실 대상이며, 평가손실은 200개×(₩300－₩280)＝₩4,000
3) 상품 C：취득원가 ₩200＞순실현가능가치 ₩180
→저가평가손실 대상이며, 평가손실은 160개×(₩200－₩180)＝₩3,200
4) 상품 D：취득원가 ₩250＜순실현가능가치 ₩280(＝₩300－₩20)
→저가평가손실 대상이 아님
5) 상품 E：취득원가 ₩300＞순실현가능가치 ₩290
→저가평가손실 대상이며, 평가손실은 50개×(₩300－₩290)＝₩500

그러므로 재고자산평가손실액은 ₩7,700(＝₩4,000＋₩3,200＋₩500)이며 동 금액만큼 당기순익을 감소시킨다.

3 원가흐름의 가정(이동평균법)과 저가법

계속기록법하에서 원가흐름의 가정으로 평균법, 즉 이동평균법을 적용하여 20×1년 말 재고자산의 수량과 단위당 취득원가를 계산한 결과, 수량은 300개, 단위당 취득원가는 ₩270으로 재고자산금액은 ₩81,000이다. 단위당 순실현가능가치(₩200)가 단위당 취득원가(₩270)보다 작으므로 재고자산평가손실 인식대상이며, 재고자산평가손실 인식액은 ₩21,000(=300개×(₩270−₩200))이다.

4 특수한 항목이 포함된 소매재고법과 저가법

1. 1) 총매입액의 계산

선입선출소매재고법 원가율

$$=\frac{\text{총매입액}-₩3{,}000-₩1{,}000-₩6{,}000}{₩210{,}000-₩5{,}000+₩22{,}000-₩15{,}000-₩12{,}000}=55\%$$

그러므로 총매입액은 ₩120,000이다.

2) 기초재고액의 계산

가중평균소매재고법 원가율

$$=\frac{\text{기초재고}+₩120{,}000-₩3{,}000-₩1{,}000-₩6{,}000}{₩40{,}000+₩210{,}000-₩5{,}000+₩22{,}000-₩15{,}000-₩12{,}000}=50\%$$

그러므로 기초재고액은 ₩10,000이다.

2. 1) 저가기준 선입선출소매재고법

$$\text{원가율}=\frac{₩120{,}000-₩3{,}000-₩1{,}000-₩6{,}000}{₩210{,}000-₩5{,}000+₩22{,}000-₩12{,}000}=51\%$$

기말재고매가 = ₩40,000+(₩210,000−₩5,000)+₩22,000−₩15,000−₩4,000
−₩2,000−₩12,000−(₩120,000−₩16,000−₩4,000)
=₩134,000

기말재고원가 = ₩134,000×51% = ₩68,340

매출원가 = ₩10,000+(₩120,000−₩3,000−₩1,000)−₩6,000−₩68,340 = ₩51,660

2) 저가기준 가중평균소매재고법

$$\text{원가율}=\frac{₩10{,}000+₩120{,}000-₩3{,}000-₩1{,}000-₩6{,}000}{₩40{,}000+₩210{,}000-₩5{,}000+₩22{,}000-₩12{,}000}=47\%$$

기말재고매가 = ₩40,000+(₩210,000−₩5,000)+₩22,000−₩15,000−₩4,000
−₩2,000−₩12,000−(₩120,000−₩16,000−₩4,000)
=₩134,000

기말재고원가 = ₩134,000×47% = ₩62,980

매출원가 = ₩10,000+(₩120,000−₩3,000−₩1,000)−₩6,000−₩62,980
=₩57,020

5 확정판매계약(취소불능계약)이 있는 경우 저가법

1) 상품(재고자산)평가손실

① 확정판매계약분 : 2,000개×(순실현가치 ₩490－취득원가 ₩600)
= ₩220,000(평가손실)

② 일반판매분 : 1,000개×(순실현가치 ₩540－취득원가 ₩600)＝₩60,000(평가손실)

그러므로 상품(재고자산)평가손실은 ₩280,000이다.

2) 원재료(재고자산)평가손실

400g×(현행원가 ₩16－취득원가 ₩20)＝₩1,600(평가손실)

윤리문제

1. 주된 이해관계자는 주주, 채권자, 경영진(사장 및 회계담당중역 포함) 및 회사의 다른 종업원들이 해당된다. 이 경우 재고자산을 구매함에 따라 당기순이익이 현저하게 감소하며 따라서 회사의 법인세부담이 감소한다. 이와 같은 의사결정을 함으로써 현재 주주와 경영진은 유리해진다. 그러나 구매부는 재고관리의 혼선에 대하여 우려를 표명할 것이며 보관비의 증가와 재고자산의 진부화 등에 대해서도 부정적인 생각을 할 것이다.

   이와 같은 결정의 장단점을 알고 있는 회계담당중역은 GAAP(일반적으로 인정된 회계원칙)을 위반하지 않으면서 상사인 사장의 주문을 수용할 가능성이 있다. 회계담당중역은 이와 같은 의사결정이 장기적인 관점에서 회사에 도움이 되는지를 판단해야 하며 또 재고자산평가액이 회사의 재무상태를 적절히 나타낼 수 있는 것인지를 고려해야 한다.

2. 그렇지 않다. 선입선출법을 사용하면 당기순이익에 영향을 미치지 않을 것이기 때문에 사장은 기말에 가서 재고를 구매하는 것을 권고하지 않을 것이다.

제 7 장 유형자산

연습문제

1 토지, 건물, 기계장치의 취득원가

〈토지의 원가〉

부 지	₩95,000
구건물철거비	15,000
구건물잔존가치	(4,300)
하수도공사비	1,600
조경·정지비	6,300
계	₩113,600

〈건물의 원가〉

설 계 비	₩3,100
측 량 비	370
차 입 원 가	7,400
건물공사비	500,000
계	₩510,870

〈기계의 원가〉

기계구입원가	₩56,000
운 송 비	1,340
설 치 비	1,800
계	₩59,140

(주) 기계보관료와 창고로부터 새건물로의 기계의 운반비는 건물의 예정보다 늦은 완공으로 인하여 발생한 비용이므로 당기의 손실로 인식해야 함.

2 유형자산의 취득

건물공사가 완공되어 입주한 지 3년이 지난 후 신축건물 위에 4층을 더 올리는 건물증축공사는 이를 자본적 지출로 하여 자산으로 기록해야 한다. 이러한 자본적 지출은 자산이 되므로 감가상각에 의한 원가의 배분이 필요하며, 증축으로 인하여 추정내용연수가 본래 건물의 잔여내용연수보다 5년간이 더 증가하였으므로 회계기준에 따라 전진적 조정을 한다. 즉 지난 3년간의 감가상각을 조정하지 않고 새로운 잔여내용연수－3년을 제외한 본래 건물의 내용연수에 5년을 더한 내용연수－를 이용하여 기존 건물의 장부금액에 새로운 취득원가를 가산한 후 추정잔존가치를 차감하여 감가상각을 행한다. 만약 기존 건물의 내용연수에 변화가 없다면 증축원가를 기존 건물의 잔여내용연수에 걸쳐 상각해야 한다.

3 유형자산의 일괄취득

항 목	일괄구매원가	공정가치 비율	항목별 취득원가
토 지		35%	₩1,120,000
구 축 물		5%	160,000
건 물		20%	640,000
기 계 장 치		30%	960,000
재 고 자 산		10%	320,000
총 계	₩3,200,000	100%	₩3,200,000

4 현금할인조건 유형자산의 취득원가

일 자	순 액 법	총 액 법(K-IFRS)
20×1. 1. 1	비 품 4,900* 미 지 급 금 4,900 * ₩5,000×0.98=₩4,900	비 품 5,000 미 지 급 금 5,000
20×1. 1. 20	미 지 급 금 4,900 현 금 4,900	미 지 급 금 5,000 현 금 4,900 비 품 100

5 이연지급계약에 의한 유형자산의 취득

어음의 현재가치(=유형자산의 취득원가)

=₩8,000,000×0.6575(15%, 3년)+₩800,000×2.2832(15%, 3년)=₩7,086,560

(차) 유 형 자 산	7,086,560	(대) 장기지급어음	8,000,000
현재가치할인차금	913,440		

6 현물출자에 의한 유형자산의 취득

건물의 취득원가=5,000주×₩1,800=₩9,000,000

(차) 토 지	9,000,000	(대) 자 본 금	5,000,000
		주식발행초과금	4,000,000

7 수증에 의한 유형자산의 취득

무상취득 유형자산은 취득시점의 공정가치로 유형자산과 자산수증이익을 인식한다.

(차) 토 지	100,000,000	(대) 자산수증이익	100,000,000

8 다양한 방식의 유형자산의 취득

(1) 일괄취득한 유형자산은 상대적 공정가치를 이용하여 배분해야 한다.

토지의 상대적 공정가치=₩75,000,000/(₩75,000,000+₩45,000,000)=62.5%

창고의 상대적 공정가치=₩45,000,000/(₩75,000,000+₩45,000,000)=37.5%

따라서 토지와 창고에 각각 ₩62,500,000과 ₩32,500,000을 배정하고 다음과 같이 회계처리한다.

(차) 토 지	62,500,000	(대) 현 금	100,000,000
창 고	37,500,000		

(2) 무이자부어음의 현재가치(₩42,000,000/1.05 = ₩40,000,000)로 기계장치를 기록하고, 액면금액과 현재가치의 차이는 지급어음할인차금(지급어음의 차감계정)으로 기록한 후 기간의 경과에 따라 이자비용으로 인식한다.

(차)	기 계 장 치	40,000,000	(대) 지 급 어 음	42,000,000
	지급어음할인차금	2,000,000		

1년 후 지급어음이 만기가 되면 다음과 같이 회계처리한다.

(차)	지 급 어 음	42,000,000	(대) 현 금	42,000,000
	이 자 비 용	2,000,000	지급어음할인차금	2,000,000

(3) 현물출자로 취득한 자산은 공정가치로 기록하고 주식의 발행을 인식한다. 발행한 주식의 액면금액을 초과한 금액은 주식발행초과금으로 기록한다.

(차)	비 품	5,000,000	(대) 자 본 금	200,000
			주식발행초과금	4,800,000

9 비화폐성자산의 교환(I)

(1)	(차)	기 계 장 치	170,000	(대) 현 금	50,000
				자 본 금	30,000
				주식발행초과금	90,000
(2)	(차)	트 럭(신)	18,000*	(대) 트 럭(구)	20,000
		감가상가누계액	3,000	현 금	2,000
		유형자산처분손실	1,000		

* 취득한 트럭의 공정가치를 사용한다. 처분한 트럭의 공정가치는 알 수 없다.

(3)	(차)	현 금	6,000	(대) 기계장치(구)	13,500
		기계장치(신)	14,000*	유형자산처분이익	8,000**
		감가상각누계액	1,500		

* 신기계장치의 공정가치

** 제공한 자산의 공정가치(₩20,000) − 제공한 자산의 장부금액(₩12,000) = ₩8,000(교환에 포함된 현금이 중요한 경우 처분손익을 인식함)

(4)	(차)	토 지	29,000*	(대) 현 금	50,000
		건 물	87,000**	미 지 급 금	66,000***

* 토지 : (₩30,000/₩120,000) × ₩116,000 = ₩29,000

** 건물 : (₩90,000/₩120,000) × ₩116,000 = ₩87,000

*** 단기성어음에 대해서는 현재가치평가를 하지 않고 액면금액으로 기록한다. 또한, 취득 이후에 발생하는 이자비용은 취득원가에 산입하지 아니한다.

10 비화폐성자산의 교환(II)

1. 상업적 실질이 결여된 비화폐성자산의 교환에서는 구자산의 장부금액에 현금지급액을 더한 금액으로 신자산의 취득을 기록하고 구자산의 처분에 따른 손익을

인식해서는 안 된다.

(차) 토 지(신)	7,500,000*	(대) 토 지(구)	2,500,000
		현 금	5,000,000

* 신토지의 취득원가=구토지의 장부금액+현금지급액

2. 상업적 실질이 있는 비화폐성자산의 교환에서는 구자산의 공정가치에 현금지급액을 더한 금액으로 신자산의 취득을 기록하고 구자산의 처분에 따른 손익을 인식해야 한다.

(차) 토 지(신)	9,500,000	(대) 토 지(구)	2,500,000
		현 금	5,000,000
		토지처분이익	2,000,000*

* 토지처분이익=구 토지의 공정가치－구 토지의 장부금액

11 복구충당부채(Ⅰ)

20×1년	(차) 저 유 설 비	1,600,000	(대) 현 금	1,000,000
			복구충당부채	600,000
20×1년말	(차) 감가상각비	500,000	(대) 감가상각누계액	500,000
	복구충당부채전입액	60,000	복구충당부채	60,000
20×2년말	(차) 감가상각비	500,000	(대) 감가상각누계액	500,000
	복구충당부채전입액	66,000	복구충당부채	66,000
20×3년말	(차) 감가상각비	500,000	(대) 감가상각누계액	500,000
	복구충당부채전입액	72,600	복구충당부채	72,600
	(차) 복구충당부채	798,600	(대) 현 금	700,000
			복구충당부채환입	98,600

감가상각비 ₩500,000+복구충당부채전입액 ₩72,600－복구충당부채환입액 ₩98,600 =₩474,000

12 복구충당부채(Ⅱ)

1. (1) 정기적인 종합검사과정에서 발생하는 원가가 유형자산의 인식기준을 만족하면 유형자산의 일부가 대체되는 것으로 보아서 자본화시킨다.

(차) 선 박	20,000	(대) 감가상각누계액	1,081*
감가상각비	556**	전기오류수정이익	19,475

* (₩10,000÷19)+(₩10,000÷18)=₩1,081

** ₩10,000÷18=₩556

(2) 복구비용을 충당부채로 하여 취득원가에 산입

(차) 해양구조물	50,000	(대) 복구충당부채	50,000

(차) 이익잉여금	3,000*	(대) 복구충당부채	6,180
복구충당부채전입액	3,180**		

* 20×2년분 ₩50,000×0.06=₩3,000
** 20×3년분 ₩53,000×0.06=₩3,180

(3) 복구비용의 취득원가 산입에 따른 감가상각비 증가

(차) 감가상각비	5,000*	(대) 감가상각누계액	10,000
이익잉여금	5,000		

* ₩50,000÷10년=₩5,000
복구비용은 환경오염으로 인한 범칙금이나 환경정화나 오염복구를 위한 지출액을 말한다.

2. 정기적인 종합검사과정에서 발생하는 원가가 유형자산의 인식기준을 충족하는 경우에는 유형자산의 일부가 대체되는 것으로 보아서 장부금액에 포함시켜서 인식한다. 복구비용은 자산의 취득과 관련하여 미래에 지출이 요구되는 현재의 기업의무로서 재무회계개념체계에서 규정하는 부채의 요건에 적합하다.

3. 손상차손의 계상여부 검토단계는 3단계로 구분된다.
   - 제1단계 : 손상가능성 확인
   - 제2단계 : 손상차손 인식여부 판단
   - 제3단계 : 손상차손 측정

   회사의 상황은 보유중인 선박의 물리적 변형으로 손상가능성이 확인되었으며 미래현금흐름총액(₩560,000)의 현재가치인 회수가능액(₩350,000)이 현재의 장부금액(₩558,919)에 미달하므로 손상차손(₩208,919) 인식 대상이 된다.

13 정부보조금(Ⅰ)

유형자산의 처분이익은 유형자산의 장부금액 ₩1,320,000을 처분금액 ₩1,600,000에서 차감하여 ₩280,000이 계산된다.

유 형 자 산	₩4,000,000	
감가상각누계액	(2,280,000)	={(₩4,000,000−₩200,000)/5}×3
정부보조금*	(400,000)	=(₩1,000,000−₩600,000)
장 부 금 액	₩1,320,000	

유형자산처분이익 : ₩1,600,000−₩1,320,000=₩280,000

* 정부보조금상각액 : $\left(\dfrac{₩2,280,000}{₩4,000,000-₩200,000}\times 1,000,000\right)=₩600,000$

14 정부보조금(Ⅱ)

당기순이익에 미친 영향=₩7,500,000*−₩3,000,000**=₩4,500,000

* 처분손익=₩40,000,000−{₩40,000,000−(₩40,000,000−₩10,000,000)×2.5/10}=₩7,500,000
** 감가상각비={(₩100,000,000−₩60,000,000)−₩10,000,000}÷10=₩3,000,000

15 유형자산의 교체

(차)	현　　금	1,000,000	(대) 배 관 시 설	30,000,000
	감가상각누계액	25,000,000		
	자산처분손실	4,000,000*		
(차)	배 관 시 설	50,000,000	(대) 현　　금	50,000,000

* 처분손실 : ₩30,000,000 − ₩25,000,000 − ₩1,000,000 = ₩4,000,000

보-16 차입원가의 자본화(Ⅰ)

평균지출액 : ₩950,000 × 12/12 = ₩950,000

자본화가능 차입원가

① 특정차입금 차입원가 = ₩60,000

② 일반차입금 차입원가 :

(₩950,000 − ₩600,000) × 자본화이자율 = 42,000

₩102,000

일반차입금 차입원가의 한도액 ₩54,000보다 ₩42,000이 적다.

자본화이자율 = ₩42,000 ÷ ₩350,000 = 12%

일반차입금 평균지출액 = 평균지출액 ₩950,000 − 특정차입금 ₩600,000 = ₩350,000

보-17 차입원가의 자본화(Ⅱ)

1) 자본화대상 자산에 대한 평균지출액

지 출 일		지 출 액	자본화대상기간	평균지출액
20×2	1. 1	₩1,200,000	9/12	₩900,000
	4. 1	1,200,000	6/12	600,000
	7. 1	800,000	3/12	200,000
	9. 30	800,000	0/12	0
합　　계		₩4,000,000		₩1,700,000

2) 일반차입금에 대한 자본화이자율의 계산(특정차입금 제외)

연도	차입금	평균차입액	차입원가	자본화이자율 = 총차입원가/연평균차입액
20×2	단기 장기	₩800,000 1,000,000	₩160,000 100,000	₩260,000/₩1,800,000 = 14.44%

3) 자본화할 차입원가의 계산

① 특정차입금에 대해 건설기간중 발생한 차입원가 :

₩1,600,000 × 0.15 × 9/12 = ₩180,000

② 특정차입금을 초과하는 자본화대상 자산의 평균지출액에 대한 차입원가 :
(₩1,700,000 − ₩1,600,000 × 9/12) × 14.44% = ₩72,200

4) 일반차입금에 대한 차입원가의 자본화 한도비교
특정차입금을 초과하는 자본화대상 자산의 평균지출액에 대한 차입원가(위 ②에서 계산) ₩72,200이 당기에 일반차입금(단기차입금과 장기차입금)에서 실제 발생한 차입원가 ₩260,000(= ₩160,000 + ₩100,000)을 초과하지 않기 때문에 ₩72,200을 전액 자본화함.

5) 자본화대상 차입원가합계액 : ₩180,000 + ₩72,200 = ₩252,200

보-18 차입원가의 조정으로 볼 수 있는 환율조정차이

〈계산자료〉

1) 외화환산손실 : $1,000 × (₩1,200 − ₩1,000) = ₩200,000
2) 외화차입금의 이자비용 : $1,000 × ₩1,200(이자지급시점 환율) × 5% = ₩60,000

〈환율변동손실 중 이자비용의 조정으로 볼 수 있는 부분〉

1) 자본화할 수 있는 차입원가의 한도 :
$1,000 × ₩1,000(기초부터 존재하는 외화차입금은 기초의 환율)
× 10%(원화이자율) = ₩100,000
2) 이자비용의 조정으로 볼 수 있는 환율변동손실 :
₩100,000 − ₩60,000 = ₩40,000

보-19 가중평균자본화이자율 – 외화차입금과 원화차입금의 공존

각 경우	외화 이자율 (A)	환율변동 손익 (B)	원화 이자율 (C)	이자비용 조정 환율변동 손익 (D)	조정 후 외화이자율 (E)	자본화이자율 (C와 E의 가중평균자본비용)
(1)	5%	이익 1%	8%	변동이익 1%	4%	6.4%
(2)	5%	−	8%	−	5%	6.8%
(3)	5%	손실 2%	8%	변동손실 2%	7%	7.6%
(4)	5%	손실 5%	8%	변동손실 3%(한도)	8%	8.0%
(5)	10%	이익 3%	8%	변동이익 3%	7%	7.6%
(6)	10%	이익 1%	8%	변동이익 1%	9%	8.4%
(7)	10%	−	8%	−	10%	8.8%
(8)	10%	손실 2%	8%	변동손실 불반영	10%	8.8%

* 자본화이자율은 (C) × 0.6 + (E) × 0.4로 가중평균하여 구함.

보-20 생물자산의 평가손익

금마양돈(주)의 돼지에 대한 평가손익(손익계산서에 인식할 수익)은 ₩3,195,000으로서 다음과 같이 계산한다.

20×1년말 :

(100×₩33,000)+(50×₩22,000)+(30×₩16,000)+(30×₩10,500)=₩5,195,000

20×1년초 :

(100×₩15,000)+(50×₩10,000)=	(2,000,000)
20×1년의 평가손익	₩3,195,000

공인회계사 기출문제 응용(2020년 이후)

1 자산의 취득

상업적 실질이 있는 거래이므로 기존 토지의 처분에 따른 처분이익을 인식한다.

기존 토지의 공정가치가 더 정확하므로 기존토지의 가격을 기반으로 신규토지의 취득가액을 결정한다.

(차) 토 지(신규)	1,250,000	(대)	토 지(기존)	950,000
			현 금	100,000
			처 분 이 익	200,000

2 취득원가

만약 정부의 지원금(낮은 이자율)이 없었다면 시장이자율인 8%의 이자율로 사채를 발행해야 한다. 정부의 지원으로 액면이자가 5% 낮은 3%이고, 5%는 정부보조금에 해당한다. 취득한 자산에서 차감하는 방법을 사용하므로 3%의 이자와 원금의 현재가치가 취득원가가 된다.

차입이자 3% 현재가치	₩39,745
원금의 현재가치	294,000
현재가치 합계	₩333,745

정부보조금 : ₩400,000－₩333,745＝₩66,255

(차) 기 계 장 치	333,745	(대) 차 입 금	333,745

3 취득원가

[사례 1] 상업적 실질이 있는 거래이므로 기존의 자산을 이전하면서 처분이익을 인식한다.

(차)	기 계(신)	2,800,000	(대)	기 계(구)	800,000
				처 분 이 익	200,000
				현 금	1,800,000

[사례 2] 상업적 실질이 결여되었으므로 처분손익을 인식하지 않고, 기계(구)의 장부금액을 기반으로 새로운 자산의 장부금액을 결정한다.

(차)	감가상각누계액	1,200,000	(대)	기 계(구)	2,000,000
	기 계(신)	800,000			

4 차입원가

〈20×1년〉

특정차입금 차입원가는 다음과 같이 계산된다.

구 분	차입금액	차입개월수	이자율	연평균차입액	차입이자
특정차입금 A	₩900,000	5	6%	₩375,000	₩22,500

연평균지출액은 다음과 같이 계산된다.

구 분	지출액	개월수	연평균지출액
20×1. 8. 1	₩120,000	5	₩50,000
20×1. 9. 1	1,500,000	4	500,000
합 계			₩550,000

특정차입금 연평균지출액은 다음과 같다.

구 분	차입금액	개월수	연평균지출액
특정차입금 A	₩900,000	5	₩375,000

연평균지출액 중 특정차입금을 사용한 금액은 다음과 같다.

일반차입금 연평균지출액	특정차입금 연평균지출액	특정차입금 사용금액
₩550,000	₩375,000	₩175,000

일반차입금 자본화 이자율은 다음과 같이 계산된다.

일반차입금	차입금액	차입개월수	연평균차입액	차입이자율	발생이자
차입금 C	₩1,000,000	12	₩1,000,000	8%	₩80,000
차입금 D	500,000	12	500,000	10%	50,000
합 계			₩1,500,000		₩130,000

평균이자율 : ₩130,000/₩1,500,000＝8.7%

자본화할 차입원가 : Min[(₩550,000－₩375,000)×8.7%＝₩15,225, ₩130,000]＝₩15,225

〈20×2년〉

특정차입금 차입이자는 다음과 같다.

구 분	차입금액	차입개월수	이자율	연평균차입액	차입이자
특정차입금 A	₩900,000	8	6%	₩600,000	₩36,000
특정차입금 B	1,800,000	2	7%	300,000	21,000
합 계				₩900,000	₩57,000

연평균지출액은 다음과 같다.

구 분	지출액	기 간	연평균지출액
20×1년 지출액	₩1,620,000(＝₩120,000＋₩1,500,000)	12	₩1,620,000
20×2. 4. 1	3,000,000	9	2,250,000
20×2. 12. 1	1,200,000(＝₩1,500,000－₩300,000)	1	100,000
합 계			₩3,970,000

일반차입금 연평균차입액 : ₩3,970,000－₩900,000＝₩3,070,000

일반차입금 자본화 이자율은 다음과 같이 계산된다.

일반차입금	차입금액	차입개월수	연평균차입액	차입이자율	발생이자
차입금 C	₩1,000,000	12	₩1,000,000	8%	₩80,000
차입금 D	500,000	12	500,000	10%	50,000
합 계			₩1,500,000		₩130,000

평균이자율 : ₩130,000/₩1,500,000＝8.7%

일반차입금 연평균 발생이자 : ₩3,070,000×8.7%＝₩267,090

자본화할 차입원가 : Min[(₩3,970,000－₩900,000)×8.7%＝₩267,090, ₩130,000]
＝₩130,000

〈20×3년〉

특정차입금 차입원가는 다음과 같다.

구 분	차입금액	차입개월수	이자율	연평균차입액	차입이자
특정차입금 B	₩1,800,000	3	7%	₩450,000	₩31,500

연평균지출액은 다음과 같이 계산된다.

구 분	지출액	기 간	연평균지출액
20×1년 지출액	₩1,620,000(=₩120,000+₩1,500,000)	3	₩405,000
20×2년 지출액	4,200,000(=₩3,000,000+₩1,500,000−₩300,000)	3	1,050,000
합 계			₩1,455,000

일반차입금 연평균차입액 : ₩1,455,000−₩450,000=₩1,005,000

일반차입금 자본화 이자율은 다음과 같이 계산된다.

일반차입금	연평균차입액	차입개월수	연평균차입액	차입이자	발생이자
차입금 C	₩1,000,000	9	₩750,000	8%	₩60,000
차입금 D	500,000	12	500,000	10%	50,000
합 계			₩1,250,000		₩110,000

평균이자율 : ₩110,000/₩1,250,000=8.8%

일반차입금 연평균 발생이자 : (₩1,455,000−₩450,000)×8.8%=₩88,440

자본화할 차입원가 : Min[(₩1,455,000−₩450,000)×8.8%=₩88,440, ₩110,000]
=₩88,440

윤리문제

1. 토지에 낮은 원가가 배분되고 건물에 높은 원가가 배분되어 결과적으로 건물감가상각비가 많이 계상되면 경영자가 유리해진다. 즉 높은 감가상각비를 반영한 결과 법인세비용차감전순이익이 낮게 보고되면 법인세부담액이 줄어들게 된다. 그러나 주주나 잠재적 투자자에게는 왜곡된 정보가 제공되게 된다. 주주나 잠재적 투자자는 토지가 과소계상되고 건물이 과대계상되어 왜곡된 정보가 제공되기 때문에 회사의 재무상태와 경영성과에 대하여 합리적인 판단을 하기가 어렵게 된다.

   이 사례가 제기하는 중요한 윤리문제는 토지와 건물을 일괄취득한 경우 취득원가를 개별자산에 무엇을 기준으로 배분하느냐에 따라 이해관계자들의 이해관계가 상충될 수 있다는 점이다. 즉 일괄취득원가를 공정가치 기준으로 배분할 것이냐 아니면 미리 의도된 결과를 염두에 두고 자의적인 기준을 이용하여 배분할 것이냐의 문제이다. 따라서 재무담당이사는 각 배분방법이 이해관계자에게 어떤 영향을 미칠 것인가를 고려하되, 중립적이고 객관적인 기준에 근거하여 배분해야 할 것이다.

2. 일괄취득한 유형자산의 취득원가를 개별자산에 배분할 때에는 공정가치를 기준으로 배분하는 것이 합리적인 방법이다.

제 8 장 감가상각 및 제거

연습문제

1 감가상각 개념 및 감가상각방법의 선택

[사례 1] 옥과(주) 사장의 의견은 적절하지 않다. 회계에서 말하는 감가상각은 평가의 개념이 아니라 취득원가의 배분 개념을 의미한다. 즉 감가상각은 유형자산의 가치감소액을 평가하며 기록하는 것이 아니라, 원가를 내용연수에 걸쳐 "체계적인 방법으로 배분하는 과정"으로 본다. 따라서 파업이 발생하여 생산시설을 사용하지 않았더라도 감가상각은 실시되어야 한다.

[사례 2] 감가상각은 "체계적인 방법"으로 해야 한다. 즉 체계적 방법에 따라 일관성 있게 배분해야 하며 수익과 비용을 적절히 대응시킬 수 있는 합리적 방법에 따라 배분해야 한다.

1) 새 믹서기의 수요가 증가하는 경우
해당 유형자산의 사용으로 창출되는 수익이 내용연수 초기에 적은 수익이 창출되고 점차 증가되어 갈 경우 체증상각법 또는 생산량비례법을 사용하는 것이 합리적이다. 체증상각법은 내용연수의 초기에 적게, 나중에 많게 감가상각을 인식하기 때문에 적절하다고 볼 수 있다. 한편, 생산량비례법은 단위생산량당 동일한 감가상각을 인식한다는 점에서 수요의 증감에 관계없는 방법이다.

2) 새 믹서기의 수요가 감소하는 경우
새 믹서기의 수익이 내용연수 초기에 많이 창출되고 점차 감소하는 경우에는 체감잔액법 또는 생산량비례법이 합리적이다. 이 방법에 의하면 감가상각비가 내용연수 초기에 많이 발생하고 기간이 지날수록 감소하게 되는데, 이에 속하는 감가상각방법에는 정률법, 연수합계법, 이중체감잔액법 등이 있다.

3) 새 믹서기의 수요가 일정할 경우
새 믹서기의 수익이 내용연수에 관계없이 일정하게 발생할 경우에는 정액법을 사용하는 것이 합리적이다. 정액법에서는 감가상각을 시간의 함수라고 보며, 특정 회계기간 내의 조업도가 그 기간의 감가상각비에 전혀 영향을 미치지 않는다고 암묵적으로 가정하고 있다. 이 방법에 의하면 자산의 내용연수 동안 매기 동일한 금액의 감가상각비가 인식되기 때문에 사용하기 간편하고 실무에서 널리 이용되고 있다.

2 감가상각(Ⅰ)

1. 정액법

(₩235,000 − ₩15,000)/10 = ₩22,000

2. 연수합계법

(₩235,000 − ₩15,000) × (10/55) × (4/12) + (₩235,000 − ₩15,000) × (9/55) × (8/12)

= ₩13,333 + ₩24,000 = ₩37,333

3. 생산량비례법

{(₩235,000 − ₩15,000)/275,000} × 25,000 = ₩20,000

4. 이중체감잔액법

상각률 : 1/10 × 2 = 0.2

20×2 감가상각비 : ₩235,000 × 0.2 × (8/12) = ₩31,333

20×3. 1. 1 장부금액 : (₩235,000 − ₩31,333) = ₩203,667

20×3 감가상각비 : ₩203,667 × 0.2 = ₩40,733

5. 작업시간비례법

{(₩235,000 − ₩15,000) / 25,000} × 2,650 = ₩23,320

3 감가상각(Ⅱ)

20×2. 12. 31	20×3. 12. 31
1. 정액법	
(87,000 − 3,000) / 7 × (9/12) = ₩9,000	(87,000 − 3,000) / 7 = ₩12,000
2. 연수합계법	
(87,000 − 3,000) × (7/28) × (9/12) = ₩15,750	(87,000 − 3,000) × (7/28) × (3/12) + (87,000 − 3,000) × (6/28) × (9/12) = 5,250 + 13,500 = ₩18,750
3. 생산량비례법	
(87,000 − 3,000) / 5,600 × 600 = ₩9,000	(87,000 − 3,000) / 5,600 × 680 = ₩10,200
4. 이중체감잔액법	
상각률 : 1/7 × 2 = 2/7 87,000 × 2/7 × 9/12 = ₩18,643	(87,000 − 18,643) × 2/7 = ₩19,531
5. 작업시간비례법	
(87,000 − 3,000) / 42,000 × 5,000 = ₩10,000	(87,000 − 3,000) / 42,000 × 5,500 = ₩11,000

4 기중취득 유형자산의 감가상각

(1) 정액법

20×1년 : (₩100,000 − ₩10,000) × 1/5 × 8/12 = ₩12,000

20×2년 : (₩100,000 − ₩10,000) × 1/5 = ₩18,000

(2) 정률법

• 상각률 = 1 − (₩10,000/₩100,000)$^{1/5}$ = 0.369

20×1년 : ₩100,000 × 0.369 × 8/12 = ₩24,600

20×2년 : ₩100,000 × 0.369 × 4/12 = ₩12,300

(₩100,000 − ₩36,900) × 0.369 × 8/12 = 15,523 ₩27,823*

* (₩100,000 − ₩24,600) × 0.369 = ₩27,823

(3) 이중체감잔액법

• 상각률 = 1/5 × 2 = 0.4

20×1년 : ₩100,000 × 0.4 × 8/12 = ₩26,667

20×2년 : ₩100,000 × 0.4 × 4/12 = ₩13,333

(₩100,000 − ₩40,000) × 0.4 × 8/12 = 16,000 ₩29,333*

* (₩100,000 − ₩26,667) × 0.4 = ₩29,333

(4) 연수합계법

20×1년 : (₩100,000 − ₩10,000) × 5/15 × 8/12 = ₩20,000

20×2년 : (₩100,000 − ₩10,000) × 5/15 × 4/12 = ₩10,000

(₩100,000 − ₩10,000) × 4/15 × 8/12 = 16,000 ₩26,000

5 주요 부품의 구분 감가상각

벨트의 감가상각비 = ₩10,000,000/5년 = ₩2,000,000

컨베이어의 나머지 부분 감가상각비 = (₩110,000,000 − ₩10,000,000 − ₩0)/20년 = ₩5,000,000

컨베이어시설 전체의 감가상각비 = ₩2,000,000 + ₩5,000,000 = ₩7,000,000

6 유형자산의 처분(Ⅰ)

20×1년 1월 1일 ~ 20×3년 12월 31일 인식할 감가상각비 : $₩4{,}500{,}000 \times \frac{12}{15} = ₩3{,}600{,}000$

상계할 정부보조금 : $₩3{,}600{,}000 \times \frac{₩900{,}000}{₩4{,}500{,}000} = ₩720{,}000$

처분 직전 장부금액 : ₩5,000,000 − ₩3,600,000 − ₩180,000 = ₩1,220,000

처분손실 : ₩1,000,000 − ₩1,220,000 = (₩220,000)

7 유형자산의 처분(Ⅱ)

〈20×3년도 감가상각비의 기록〉

(차) 감가상각비	42,000*	(대) 감가상각누계액	42,000

* (₩250,000 − ₩40,000)/5년 = ₩42,000

〈20×3. 12. 31 처분에 대한 회계처리〉

(차) 감가상각누계액	126,000*	(대) 기 계 장 치	250,000
현 금	140,000	처 분 이 익	16,000**

* 3년 × ₩42,000 = ₩126,000
** 처분가액 − 장부금액 = ₩140,000 − (₩250,000 − ₩126,000) = ₩16,000

8 추정내용연수의 변경

1. K-IFRS에서 추정내용연수의 변경은 회계추정의 변경으로 처리하므로 전년도 감가상각에 대한 정정분개는 불필요하다.

2. 20×3년 이전 매년 감가상각비 : (₩50,000 − ₩8,000) / 7 = ₩6,000
   감가상각누계액 : ₩6,000 × 5 = ₩30,000
   20×3년 장부금액 : ₩50,000 − ₩30,000 = ₩20,000
   감가상각대상액 : (₩20,000 − ₩3,500) = ₩16,500
   20×3년부터 매년 감가상각비 : ₩16,500 / 5 = ₩3,300

(차) 감가상각비	3,300	(대) 감가상각누계액	3,300

9 감가상각방법의 변경

이중체감잔액법 상각률 = 정액법 상각률 × 2 = 1/5 × 2 = 0.4
20×1년 감가상각액 = 20×1년초 장부금액(= 취득원가) × 0.4 = ₩250,000 × 0.4 = ₩100,000
20×2년 감가상각액 = 20×1년초 장부금액 × 0.4 = (₩250,000 − ₩100,000) × 0.4 = ₩60,000
회계변경연도(20×3) 초 현재 장부금액
 = 취득원가 − 감가상각누계액 = ₩250,000 − ₩160,000 = ₩90,000
잔존내용연수(20×3년부터 3년) 동안 감가상각대상금액
 = 20×3년초 장부금액 − 추정잔존가치 = ₩90,000 − ₩30,000 = ₩60,000
잔존내용연수 동안 정액법 감가상각비 = ₩60,000/3년 = ₩20,000
따라서 20×3. 12. 31에 다음과 같이 감가상각비에 대한 회계처리를 한다.

(차) 감가상각비	20,000	(대) 감가상각누계액	20,000

10 감가상각비의 계산과 회계변경

1. 상각률＝1/5×2＝0.4
   20×0년 감가상각비 : ₩10,000,000×0.4＝₩4,000,000
   20×1년 감가상각비 : ₩6,000,000×0.4＝₩2,400,000
   20×1년 12월 31일 현재 감가상각누계액 : ₩4,000,000＋₩2,400,000＝₩6,400,000

2. 20×0년 : (₩10,000,000－₩1,200,000)×5/15＝₩2,933,333
   20×1년 : (₩10,000,000－₩1,200,000)×4/15＝₩2,346,667
   20×2년 : (₩10,000,000－₩1,200,000)×3/15＝₩1,760,000

3. 20×2년말 : (차) 감가상각비 800,000 (대) 감가상각누계액 800,000
   * (₩10,000,000(취득가액)－₩6,400,000(2년 동안의 감가상각누계액)－₩1,200,000)÷3년
   ＝₩800,000

11 회계변경의 효과

20×2년말까지의 감가상각누계액＝(₩600,000－₩60,000)×(4＋3)/10＝₩378,000
20×3년 1월 1일 장부금액 ＝₩600,000－₩378,000＝₩222,000
20×3년의 감가상각비 ＝(₩222,000－₩20,000)÷4＝₩50,500

12 감가상각 - 종합

1. K-IFRS 제1016호 문단 55에 따라 기업은 20×1년 3월 31일(잠수함이 경영진의 의도하는 방식으로 가동될 수 있는 상태에 이르는 날)부터 감가상각을 시작해야 한다.

2. 잠수함은 20×1년 3월 31일에 가동할 수 있는 상태에 이르렀으므로 잠수부훈련비용은 잠수함의 원가에 포함할 수 없으며, 잠수함 관광 수입을 위한 원가이므로 비용으로 인식한다.

3. 검사원가는 잠수함의 전체 원가와 비교하여 유의적(5천만원/11억원)이며, 내용연수(3년)도 다르고 잔존가치(0원)도 다르기 때문에 검사원가는 잠수함의 다른 구성요소와 구별하여 개별적으로 감가상각한다. 잠수함의 내부 비품 교체원가는 잠수함 원가와 비교하여 유의적이지 않아 별도로 구분하여 감가상각할 필요가 없다. 이 사례의 경우 내부 비품은 검사원가와 유사한 내용연수와 잔존가치를 가지므로 검사원가와 함께 감가상각하거나 발생시 당기비용으로 인식할 수도 있을 것이다.

4. 20×1년 3월 31일에 경영진은 잠수함이 이미 오래되어 내용연수 종료시점에 도달하였다는 가정하에 잠수함을 처분하여 받을 금액에서 추정처분부대원가를 차감한 금액을 잠수함의 잔존가치로 추정해야 한다(K-IFRS 제1016호 문단 6 참

조). 잔존가치는 경제적 내용연수의 종료시점에 잠수함의 매각으로 예상되는 금액 1억원에서 처분부대원가를 차감한 금액으로 추정해야 한다. 예상되는 마모나 손상의 효과 외에 잔존가치가 미래에 변동할 것이라는 예상은 감가상각대상금액에 영향을 주지 않는다(K-IFRS 제1016호의 결론도출근거 문단 BC29 참조).

5. K-IFRS 제1016호 문단 55에 따르면 자산이 일시적인 운휴상태일 때에는 기계장치의 감가상각을 중지하지 않는다.

6. K-IFRS 제1016호 문단 55에 따르면 감가상각은 K-IFRS 제1105호에 따라 자산이 매각예정자산으로 분류되는 날과 자산이 제거되는 날 중 이른 날이나 감가상각이 완전히 이루어질 때 중지한다. 이 사례에서는 기계장치가 제거되는 20×5년 12월 31일에 감가상각을 중지한다.

보-13 매각예정비유동자산(I)

매각될 가능성이 매우 높으려면 적절한 지위의 경영진이 자산(또는 처분자산집단)의 매각계획을 확약하고, 매수자를 물색하고 매각계획을 이행하기 위한 적극적인 업무진행을 이미 시작했어야 한다. 또한 당해 자산(또는 처분자산집단)의 현행 공정가치에 비추어 볼 때 합리적인 가격수준으로 적극적으로 매각을 추진해야 한다. 또한 분류시점에서 1년 이내에 매각완료요건이 충족될 것으로 예상되며, 계획을 이행하기 위하여 필요한 조치로 보아 그 계획이 유의적으로 변경되거나 철회될 가능성이 낮아야 한다.

그러나 사건이나 상황에 따라서는 매각을 완료하는 데 소요되는 기간이 연장되어 1년을 초과할 수도 있다. 만약 기업이 통제할 수 없는 사건 또는 상황 때문에 매각기간이 연장되었지만 기업이 여전히 해당 자산(또는 처분자산집단)의 매각계획을 확약한다는 충분한 증거가 있다면 매각이 완료되기까지의 기간이 연장된다고 하더라도 해당 자산(또는 처분자산집단)을 매각예정으로 분류할 수 없는 것은 아니다.

[사례 1]의 경우에는 매각예정비유등자산의 분류기준을 충족한다고 본다. 이러한 경우에는 매각 기간 1년 규정의 예외로서의 조건을 충족한다. 최초 1년 기간의 종료시점에 해당 자산은 계속해서 매각예정으로 분류한다.

그러나 [사례 2]의 경우에는 가격을 낮추지 않은 것이 자산을 즉시 매각할 수 있는 상태가 아님을 의미한다. 또한 자산의 현행 공정가치에 비추어 합리적인 가격수준으로 매각을 추진할 수 없는 것으로 판단된다. 따라서 해당 자산은 매각예정비유동자산으로 분류되지 않고 유미(주)의 사용목적에 따라서 해당 자산의 계정과목으로 재분류한다.

보-14 매각예정비유동자산(Ⅱ)

교체된 드라이어는 더 이상 생산에 투입되지 않기 때문에 유형자산으로 구분해서는 안 된다. 동 자산을 매각할 예정이라면 매각되기 전까지 매각예정비유동자산으로, 폐기할 예정이라면 기타자산으로 재분류해야 한다. 이 경우에는 감가상각이 충분히 이루어지지 않아 장부금액이 회수가능액을 초과할 가능성이 높다. 따라서 회수가능액과 장부금액의 차이를 손상차손으로 인식하고 장부금액을 회수가능액까지 감액시켜야 한다.

보-15 매각예정비유동자산의 손상

처분자산집단을 매각예정으로 분류하기 직전에 ₩3,000(=₩29,000−₩26,000)의 손실을 인식한다. 그 이후 손상차손이 발생하면 자산의 장부금액에 비례하여 배분한다. 그러나 이 문제에서는 손상차손 ₩6,000(=₩26,000−₩20,000)은 영업권에 ₩3,000을 먼저 배분하고 나머지 ₩3,000은 유형자산에 배분한다. 왜냐하면 재고자산과 금융자산에는 배분하지 않기 때문이다. 따라서 유형자산은 ₩17,000에서 ₩3,000을 차감한 ₩14,000이 되고, 재고자산은 그대로 ₩4,000이 장부금액이 된다.

구 분	재측정한 금융자산	손상차손의 배분	배분 후 장부금액
영 업 권	₩3,000	(₩3,000)	−
유 형 자 산	17,000	(3,000)	₩14,000
재 고 자 산	4,000	−	4,000
기타포괄손익-공정가치측정금융자산	2,000	−	2,000
합 계	₩26,000	(₩6,000)	₩20,000

보-16 투자부동산

사택으로 사용하는 아파트 30호는 재화나 용역의 생산이나 제공을 위한 직원들이 주거지로 사용하므로 K-IFRS 제1016호 유형자산의 정의를 충족한다. 나머지 50호는 판매목적으로 취득한 것으로서 회사가 주택 판매를 주된 영업으로 하므로 K-IFRS 제1002호에서 정하는 재고자산의 정의를 충족한다. 그러나 재고자산으로 분류된 50호 중 10호는 현재 임대에 사용하고 있어 K-IFRS 제1040호에서 정하는 투자부동산의 정의를 충족하므로 투자부동산으로 분류한다.

보-17 투자부동산으로의 계정대체

당기손익에 미치는 영향 :

₩78,000 (투자부동산평가이익)
−20,000 (투자부동산처분손실)
₩58,000

〈20×8년〉

① 감가상각 : (차) 감가상각비 20,000 (대) 감가상각누계액 20,000

* (₩200,000−0)÷10년＝₩20,000

② 재평가 : (차) 감가상각누계액 20,000 (대) 건 물 38,000
재평가손실 18,000

③ 계정대체 : (차) 투자부동산 162,000 (대) 건 물 162,000

〈20×9년〉

① 공정가치 평가 : (차) 투자부동산 78,000 (대) 투자부동산평가이익 78,000
(당기손익)

② 처분 : (차) 현 금 220,000 (대) 투자부동산 240,000
투자부동산처분손실 20,000

공인회계사 기출문제 응용(2020년 이후)

1 생물자산

생물자산은 순공정가치로 측정한다.
기초 생물자산 ₩1,050,000

〈20×1. 6. 1 추가 생물자산 취득〉

(차) 생 물 자 산 1,000,000 (대) 현 금 1,000,000

20×1. 12. 31 기말 생물자산 관련 정보는 다음과 같다.

생물자산 장부금액	₩2,050,000＝₩1,050,000＋₩1,000,000
기말 생물자산 순공정가치	₩2,000,000＝20×₩100,000
생물자산 순증감액	(₩50,000)

당기손익 : (₩50,000)

② 종합문제

1. 20×3년에 감가상각방법을 수정한 것은 추정의 변경으로 전진법으로 회계처리한다. 20×4년 장부금액을 기준으로 새로운 감가상각비를 계산하면 아래와 같다.

20×3. 12. 31 장부금액		₩700,000
20×4년 감가상각비		
	잔존가치	₩200,000
	내용연수	4년
	감가상각비	₩125,000＝(₩700,000－₩200,000)/4년

2. 20×4년 기준으로 자산의 손상 또는 환입 여부를 판단해야 한다.

20×4. 12. 31	자산의 장부금액	₩700,000
	감가상각누계액	(₩125,000)
	순장부금액	₩575,000

자산의 회수가능액이 순장부금액보다 높으므로 손상환입이 발생한다. 다만, 손상환입의 최대한도는 손상이 없었을 경우 예상되는 자산의 순장부금액이다.

자산의 회수가능액 ₩700,000＝Max(₩670,000, ₩700,000)

손상이 없는 경우 예상 자산의 장부금액 ₩650,000(＝장부금액 ₩800,000; 감가상각비(4년, 잔존가치 ₩200,000)＝₩150,000)

환입한도	₩650,000
손상환입	₩75,000＝₩650,000－₩575,000

이에 대한 회계처리를 정리하면 아래와 같다.

(차)	감가상각비	125,000	(대) 감가상각누계액	125,000
	손상차손누계액	75,000	손 상 환 입	75,000

윤리문제

1. 변칙(주)의 이해관계자는 이상한 부장 본인을 포함한 종업원, 현재 및 잠재적 투자자와 채권자, 사장을 포함한 경영진이 해당된다.
2. 재무보고에 대한 정직과 성실성의 문제, 직업안정 및 외부이용자의 재무정보에 대한 알 권리의 문제 등이 윤리문제로 대두된다.
3. 이상한 부장은 감가상각대상 자산의 내용연수와 잔존가치를 추정할 것이다. 내용연수와 잔존가치는 추정치이기 때문에 이익조정을 염두에 두지 않은 정상적인 상태라 하더라도 일부가 변경될 가능성은 있다. 추정의 변경은 이용가능한 객관적이고 합리적인 자료를 근거로 이루어져야 한다. 그러나 그와 같은 추정이 재무제표에 특정한 영향을 미쳐서 이상한 부장이 희망하는 문책의 회피나 인사정책에 영향을 미치는 방향으로 이루어져서는 안 된다. 의도된 방향으로 회계정보가 마련될 경우 중립성이 심각하게 저해되며 따라서 재무정보의 신뢰성이 저하된다.

제 9 장 무형자산

연습문제

1 무형자산의 분류와 종류

1. 무형자산

(1) 상표권, (2) 상표권, (5) 의장권, (9) 프랜차이즈, (10) 저작권, (12) 개발비, (13) 특허권, (14) 특허권, (19) 임차권리금

(주) 상표권, 의장권, 특허권은 재무상태표에 보고할 때 산업재산권으로 통합하여 보고한다.

2. 무형자산으로 보고할 수 없는 항목들에 대한 개별적인 회계처리는 다음과 같이 하는 것이 합리적이다.

(3) 관계회사투자자산	(4) 산림자원의 원가	(6) 당기의 비용
(7) 당기의 손실	(8) 투자자산	(11) 당기의 비용
(15) 당기의 비용	(16) 당기의 비용	(17) 당기의 비용
(18) 당기의 비용		

2 무형자산 여부에 대한 판단

(1) 고객관리 프로그램에 지출된 ₩2,000은 미래효익과 대응시키기 어려우므로 이를 즉시 당기비용으로 처리해야 할 것이다.

(2) 실험용 공장에 대한 건설비 ₩4,000은 발생시 비용처리되어야 하는 연구개발비이다. 실험용 공장은 실험이 수행된 후 재사용되지 않을 것이기 때문이다.

(3) 이 거래에 대한 적절한 처리는 공구, 금형, 주형 등의 본질에 달려 있다. 설계원가 ₩3,000이 연구개발이 끝나고 신제품의 상업용 생산을 위한 신기술과 관련이 있으면 이 지출은 발생시 비용처리해야 하는 연구개발비이다. 그러나 자산성이 있는 경우 개발비의 과목으로 무형자산으로 기록한 후 내용연수에 걸쳐 상각할 수도 있다. 한편 설계비 ₩3,000이 생산을 위한 일상적 기술에 대한 비용을 나타내면 그 비용은 실제 생산준비비로 볼 수도 있다. 이때 ₩3,000은 생산설비의 원가로 자본화되어 내용연수에 걸쳐 감가상각될 수 있다.

(4) 이 거래는 미래효익을 제공할 수 있는 기업취득을 보여준다. 계룡(주)의 매입시 ₩4,000은 식별가능한 자산으로 기록하고, ₩1,000은 영업권으로 기록해야 한다.

(5) 출시를 하기 전의 신제품에 대한 광고비는 아직 해당 제품이 출시되지 않았기 때문에 선급광고비라는 유동자산으로 기록한 후에 효익이 미칠 것이라고 기대되는 기간에 비용처리해야 한다.

(6) 특허권에 대한 법적 수속비용 ₩500,000은 무형자산으로 자본화되어야 한다. 특허권상각은 특허권의 경제적 내용연수인 10년에 걸쳐 연간 ₩50,000씩 상각해야 한다.

3 인적자원의 통제

프로구단의 선수들은 계약기간 동안 소속구단을 위해 활약해야 할 의무가 있기 때문에 구단주인 회사가 각 선수의 계약기간 동안에 걸쳐 인적자원을 통제하고 있다고 봐야 한다. 또한 다른 구단과 이적료를 대가로 선수들의 이적거래를 할 수 있기 때문에 인적자원의 공정가치를 측정할 수도 있다. 따라서 이 경우에는 인적자원을 무형자산으로 인식하는 것이 합리적이다.

4 무형자산의 상각과 재무제표 공시

일 자	활 동	원 가	회계처리	과 목
20×1～20×3	폐수연구비	₩270,000	당기비용	연 구 비
20×4. 3. 1	시제품모형 디자인과 제작	85,000	무형자산	개 발 비
20×4. 3. 1	시제품 모형의 시험	44,000	무형자산	개 발 비
20×4. 11. 1	특허출원 엔지니어링 및 법률비용	68,000	무형자산	특 허 권
20×5. 6. 1	제품의 상업생산용 디자인비용	43,000	무형자산	의 장 권
20×5. 12. 1	특허권 방어 법률비용*	25,000	당기비용	판매관리비
20×6. 4. 1	폐수연구비	52,000	당기비용	연 구 비
20×7. 7. 1	특허권 침해소송 법률비용	20,000	당기비용	판매관리비

* 이로 인해 특허권의 내용연수가 증가하지 않았다고 가정함.

〈무형자산 취득시점의 분개〉

(차) 개 발 비	129,000	(대) 현 금	129,000
(차) 특 허 권	68,000	(대) 현 금	68,000
(차) 의 장 권	43,000	(대) 현 금	43,000

〈20×4년 무형자산상각비의 분개〉

(차) 개발비상각비	5,375*	(대) 개 발 비	5,375

* ₩129,000/20년 × 10/12 = ₩5,375

〈20×5년 무형자산상각비의 분개〉

(차) 개발비상각비	6,450*	(대) 개 발 비	6,450

* ₩129,000/20년 = ₩6,450

(차) 특허권상각비	3,777*	(대) 특 허 권	3,777

* ₩68,000/15년 × 10/12 = ₩3,777

(차) 의장권상각비	1,254*	(대) 의 장 권	1,254

* ₩43,000/20년 × 7/12 = ₩1,254

〈20×6년 이후 무형자산상각비의 분개〉

(차) 개발비상각비	6,450	(대) 개 발 비	6,450
(차) 특허권상각비	12,845*	(대) 특 허 권	12,845

* 20×6. 1. 1 장부금액 = ₩68,000 − ₩3,777 = ₩64,223
새로운 추정내용연수에 따른 특허권상각비 = ₩64,223 ÷ 5년 = ₩12,845

(차) 의장권상각비	2,150*	(대) 의 장 권	2,150

* ₩43,000/20년 = ₩2,150

〈각 연도말의 무형자산의 장부금액〉

20×4. 12. 31 : (₩129,000 + ₩68,000) − ₩5,375 = ₩191,625

20×5. 12. 31 : (₩191,625 + ₩43,000) − (₩6,450 + ₩3,777 + ₩1,254) = ₩223,144

20×6. 12. 31 : ₩223,144 − (₩6,450 + ₩12,845 + ₩2,150) = ₩201,699

20×7. 12. 31 : ₩201,699 − (₩6,450 + ₩12,845 + ₩2,150) = ₩180,254

5 무형자산의 인식과 회계처리

(1) 상표권의 취득

최초 해당 상표권이 제한 없이 순현금흐름을 창출할 것으로 기대되므로 비한정내용연수를 가지고 있는 것으로 회계처리한다. 하지만 경쟁사의 등장에 따라 순현금을 창출할 수 있는 기간이 10년으로 감소하였다. 따라서 실질적인 내용연수는 10년으로 감소하였으므로 향후 10년 동안 감가상각한다. 또한, 해당 상표권에 손상이 있는지도 검사해야 한다.

(2) 과거에 취득한 상표권

경쟁사의 등장으로 내용연수를 10년으로 수정하였으나, 제품 개선 노력으로 상표권의 내용연수가 다시 비한정으로 변동되었다. 따라서 3년도에 회사는 감가상각을 멈추고 상표권을 비한정내용연수로 추정을 변경한다. 다만, 손상을 인식한 상표권이 회복된 것은 회사의 내부적인 노력으로 발생할 수 있으므로 내부창출 무형자산으로 보아 손상환입을 하지 않을 가능성이 있다.

(3) 생산공정의 취득원가 산정

20×1년말에 당해 생산공정은 ₩500의 원가(인식조건을 충족한 날, 즉 20×1. 11. 30 이후에 발생된 지출)로 무형자산으로 인식된다. 20×1. 11. 30 전에 발생한 ₩1,500의 지출은 비용으로 인식된다. 왜냐하면 20×1. 11. 30까지는 인식기준을

충족하지 아니하였기 때문이다. 그러므로 ₩1,500의 지출은 재무상태표에 자산으로 인식되는 생산공정의 원가의 일부분을 구성할 수 없다.

(4) 용역계약을 취득하기 위한 원가

우리통신(주)는 식별가능한 미래의 경제적 효익, 즉 가입자로부터 최소 계약상 순현금유입액을 획득하였다. 또한 최소 순현금유입액을 획득할 수 있는 법적으로 강제가능한 계약상 권리를 가지고 있어, 계약상 경제적 효익이 회사에 유입될 가능성이 높다. 따라서 계약을 획득하기 위한 지출(₩175,000)은 "물리적 실체가 없는 식별가능한 비화폐성자산"으로 무형자산의 정의를 만족하게 된다. 그러므로 당해 지출을 자산의 원가로 계상하였다가 인식되는 통신서비스 수익에 비례하여 상각하도록 한다.

6 사업결합으로 취득한 무형자산

(1) 공급계약

공급계약은 취소가능여부에 상관없이 무형자산으로 식별하기 위한 계약적·법적 조건을 충족한다. 그러므로 공정가치를 신뢰성 있게 측정할 수 있다면 영업권과 분리하여 별도의 무형자산으로 인식한다. 또한 공급자인 을회사가 계약으로 병고객과 관계를 형성했기 때문에, 병고객과의 고객관계는 무형자산으로 식별하기 위한 계약적·법적 조건을 충족한다. 그러므로 고객관계 무형자산은 공정가치를 신뢰성 있게 측정할 수 있다면 영업권과 분리하여 인식한다.

(2) 고객관계

스포츠용품을 독점적으로 공급하는 계약은 그 계약이 취소가능한지에 상관없이 무형자산으로 인식하기 위한 계약적·법적 조건을 충족한다. 그러므로 공정가치를 신뢰성 있게 측정할 수 있다면 영업권과 분리하여 인식한다. 또한 을회사는 계약으로 병고객과 고객관계를 형성했기 때문에, 당해 고객관계는 무형자산으로 인식하기 위한 계약적·법적 조건을 충족한다. 이 경우 공정가치를 신뢰성 있게 측정할 수 있다면 영업권과 분리하여 무형자산으로 인식한다. 을회사와 병고객 간에 하나의 전반적인 고객관계가 있다고 믿고 있으므로, 고객관계의 공정가치는 스포츠용품과 전자제품 모두와 관련된 고객관계를 고려한다.

그러나 만약 갑회사와 을회사 모두 스포츠용품에 대한 고객관계와 전자제품에 대한 고객관계가 각각 형성된다고 생각한다면, 갑회사는 전자제품과 관련된 고객관계가 무형자산으로 식별하기 위한 분리가능성 조건을 충족하는지를 별도로 평가한다.

7 무형자산(Ⅰ)

1. 20×2 거래의 분개

① 실용신안권 취득 및 상각시 분개

(차) 실용신안권	520	(대) 현 금	520
(차) 무형자산상각비	520	(대) 실용신안권	520

② 실용신안권운용수익 및 로열티(5%) 지급

(차) 현 금	2,850	(대) 실용신안권운용수익	3,000
수수료비용	150		

③ 20×2. 12. 31(실용신안권 일시 상각 오류 수정)

(차) 실용신안권	468	(대) 무형자산상각비	468

④ 20×2. 12. 31(특허권 상각)

(차) 무형자산상각비	240	(대) 특 허 권	240

2. 부분재무상태표와 부분손익계산서

〈부분재무상태표〉	
1. 유 동 자 산	
2. 투 자 자 산	
3. 유 형 자 산	
4. 무 형 자 산	
산업재산권	₩2,388

〈부분손익계산서〉	
판매비와 관리비	
무형자산상각비	₩292

(주) 특허권과 실용신안권은 통합계정인 산업재산권으로 보고한다. 20×2. 12. 31 현재 특허권은 ₩1,920(= ₩2,400 − ₩240 − ₩240)의 잔액을 가지고 있으며 실용신안권은 ₩468의 잔액을 가지고 있다. 따라서 재무상태표에는 산업재산권 ₩2,388(= ₩1,920 + ₩468)을 무형자산으로 보고하고, 손익계산서에는 산업재산권상각비 ₩292(= ₩240 + ₩52)을 보고한다.

8 무형자산(Ⅱ)

① 20×1. 1. 1 장부금액

(차) 실용신안권	35,100	(대) 무 형 자 산	35,100

* ₩39,000 − ₩39,000/5년 × 1/2 = ₩35,100

(차) 선급리스료	28,000	(대) 무 형 자 산	28,000

* ₩32,000 − ₩32,000/4년 × 1/2 = ₩28,000

선급리스료는 무형자산으로 회계처리해서는 안 되는 항목임.

② 20×1년중의 분개

(차) 특 허 권	76,000	(대) 무 형 자 산	76,000
(차) 연구개발비	235,000	(대) 무 형 자 산	235,000

* ₩80,000 + ₩155,000 = ₩235,000
연구개발비는 전액 비용처리해야 함.

(차) 상 표 권	278,400	(대) 무 형 자 산	278,400
(차) 특 허 권*	12,000	(대) 무 형 자 산	12,000

* 금액이 중요하고 특허권의 방어로 특허권이 강화되었다면 이를 자산화하는 것이 합리적임. 만약 금액이 작거나 특허권의 단순한 유지에 그쳤다면 법률수수료를 비용처리하는 것이 합리적임. 여기에서는 금액이 중요하고 특허권이 강화되었다고 가정함.

③ 20×1. 12. 31 기말수정분개

(차) 실용신안권상각비	7,800	(대) 실용신안권	7,800

* ₩39,000/5년 = ₩7,800

(차) 리 스 료	8,000	(대) 선급리스료	8,000

* ₩32,000/4년 = ₩8,000

(차) 특허권상각비	11,100	(대) 특 허 권	11,100

* ₩76,000/8년 + ₩12,000/7.5년 = ₩11,100(특허권보호를 위해 지출한 법률비용은 자산으로 기록하되 잔여내용연수(7.5년)에 걸쳐 상각한다).

상표권이 비한정 내용연수를 가졌다고 판단되면 상각하지 않고 최소한 매년 1회 이상 손상검사를 실시하여, 손상이 발생했다고 판단되면 손상차손을 인식한다.

9 특허권

1. 20×1년에 지출한 연구개발비는 비록 특허권의 성공적인 취득으로 이어졌으나 20×1년의 비용으로 처리해야 한다. 따라서 특허권의 취득원가로 기록할 금액은 20×2. 1. 1에 특허권 등록과 직접 관련된 지출 ₩60,000이며, 20×8. 1. 1에 특허권성공적 보호를 위하여 지출한 법률수수료는 경제적 효익을 개선시키지 않았기 때문에 비용처리해야 한다.

   20×7년의 특허권 상각비
   = ₩60,000 ÷ 20년 = ₩3,000

   20×7. 12. 31의 특허권 장부금액
   = [₩60,000 − (₩60,000 ÷ 20년) × 6년] = ₩42,000

2. 만약에 특허권의 성공적인 방어로 경제적 효익인 내용연수가 4년 개선되었다면 장부금액은 다음과 같다.

20×8. 12. 31의 특허권 장부금액
=[₩60,000−(₩60,000÷20년)×6년]+[₩90,000−(₩90,000÷18년*)]
=₩42,000+₩85,000=₩127,000
* 잔여내용연수 이용

10 특허권 내용연수의 결정

기업은 특허권을 취득일 현재 공정가치의 60%에 대한 현재가치를 잔존가치로 하여 취득원가에서 잔존가치를 차감한 상각대상금액을 5년의 내용연수에 걸쳐 상각한다.

11 특허권의 성공적 방어를 통한 내용연수의 연장

1. 특허권의 내용연수 연장을 가져온 특허권의 방어에 대한 회계처리
   (차) 특 허 권 500,000 (대) 현 금 500,000

2. 20×3년 특허권 상각비
   ₩6,000,000−₩1,200,000(2년간 누적 상각비)=₩4,800,000(특허권 증가 이전의 장부금액)
   신장부금액=기존장부금액+자산에 추가될 금액=₩4,800,000+₩500,000=₩5,300,000
   신규상각비=₩5,300,000÷(10−2+2)년=₩530,000

3. 만약에 특허권은 성공적으로 방어했지만 특허권의 경제적 효익이 증가하지 않은 경우에는 소송비용 전액을 당기 비용처리해야 한다. 따라서 20×3년 특허권 상각비는 ₩600,000으로 이전 연도와 동일하다.

12 무형자산의 상각 - 내용연수

(1) 20×1년 무형자산상각비 : ₩100,000÷2년=₩50,000
    20×2년 무형자산상각비 : ₩100,000÷2년=₩50,000
(2) 20×1년 무형자산상각비 : (₩300,000−₩180,000)÷5년=₩24,000
    20×2년 무형자산상각비 : (₩300,000−₩180,000)÷5년=₩24,000
(3) 20×1년 무형자산상각비 : 없음
    20×1년 무형자산손상차손 : ₩1,000,000−₩700,000=₩300,000
    20×2년 무형자산상각비 : ₩700,000×(12/42개월)=₩200,000

13 무형자산의 상각

1. 상표권은 비한정내용연수를 가지는 무형자산이다. 이런 무형자산은 상각하지 아니하고 매년 또는 손상징후가 있을 때에 자산손상검사를 수행한다.

2. (차) 상표권손상차손 600,000 (대) 상 표 권 600,000

3. 내용연수를 한정할 수 없다는 추정이 적절한지 매회계기간마다 검토해야 한다. 만약 검토결과 한정할 수 없다는 추정이 적절하지 않다면, 비한정내용연수를 유한내용연수로 변경하며 상각을 시작한다. 이러한 회계처리는 추정의 변경으로 처리하기 때문에 20×1년에 수정해야 할 상표권의 상각비는 없다.
20×2년 상표권상각비 : (₩1,000,000 − ₩50,000)/5 = ₩190,000

14 소프트웨어

1. 정액법도 합리적이라고 할 수 있으나, 생산량(매출액)비례법이 가장 합리적인 방법이다.
2. 20×1년의 소프트웨어상각비 = ₩3,600,000 × (₩7,500,000/₩25,000,000) = ₩1,080,000

15 연구비

20×1년도 연구비 = ₩120,000 + ₩225,000 = ₩345,000

(주) 고장수리비와 정기적인 디자인 변경비는 연구비에 해당하지 않는다. 신기술개발을 위한 공구 및 금형의 설계비는 자산인식요건을 충족하는 경우 개발비라는 무형자산으로 인식하고, 자산인식요건을 충족하지 못하면 당기에 비용처리한다.

16 연구개발비

1. 개발비 : (₩100,000 + ₩200,000 + ₩150,000 + ₩250,000 + ₩200,000(기계장치 감가상각비)) × 70% = ₩630,000
   경상개발비 : (₩100,000 + ₩200,000 + ₩150,000 + ₩250,000 + ₩200,000(기계장치 감가상각비)) × 30% = ₩270,000
   연구비 : ₩200,000 + ₩300,000 + ₩100,000 + ₩300,000 = ₩900,000

2.

(차)	무형자산상각비	63,000	(대) 개 발 비	63,000*
(차)	무형자산손상차손	267,000	(대) 개 발 비	267,000**

* ₩630,000 ÷ 10년 = ₩63,000
** (₩630,000 − ₩63,000) − ₩300,000 = ₩267,000

17 개발비와 특허권

구 분	개발비	특허권
기본원가	₩120,000	₩350,000
개발관련자산의 감가상각비	5,000*	-
총지출원가	₩125,000	₩350,000
자본화원가	₩62,500**	₩350,000
무형자산상각비	(₩3,125)***	(₩8,750)****

* ₩100,000 ÷ 10년 × 6/12 = ₩5,000
** ₩120,000 × 3/6 + ₩5,000 × 3/6 = ₩62,500

*** ₩62,500 ÷ 10년 × 6/12 = ₩3,125
**** ₩350,000 ÷ 10년 × 3/12 = ₩8,750

18 개발비

개발단계에서 발생한 지출은 무형자산의 정의(식별가능성, 통제, 미래경제적 효익)를 충족하고 인식요건에 부합되는 경우에 한하여 개발비라는 과목의 무형자산으로 기록할 수 있다.

개발단계란 특히 신제품 등을 상업화하기로 한 결정이 있었으며 개발과정에서 시제품 등의 생산이 있는 단계를 의미한다. 개발단계에 속하는 활동의 일반적인 예는 (i) 생산 전 또는 사용 전의 시제품과 모형을 설계, 제작 및 시험하는 활동, (ii) 새로운 기술과 관련된 공구, 금형, 주형 등을 설계하는 활동, (iii) 상업적 생산 목적이 아닌 소규모의 시험공장을 설계, 건설 및 가동하는 활동, (iv) 새롭거나 개선된 재료, 장치, 제품, 공정, 시스템 및 용역 등에 대하여 최종적으로 선정된 안을 설계, 제작 및 시험하는 활동 등을 들 수 있다.

따라서 20×1년에 신제품의 개발과 관련하여 발생한 원가 중에서 무형자산의 정의와 인식요건(① 기술적 실현가능성, ② 사용 및 판매 의도, ③ 사용 및 판매 능력, ④ 자산성 확보, ⑤ 개발 및 사용자원 확보, ⑥ 측정가능성)을 충족하는 경우 개발단계에 속한 활동으로 보아 개발비(무형자산)로 처리할 수 있다. 개발비는 소위 내부적으로 창출된 무형자산에 속하기 때문에 외부구입 무형자산과는 달리 자산으로 인식하기 위해서는 인식기준이 까다롭게 적용되어야 한다.

시장조사비는 일반적으로 무형자산의 창출과 관련이 없다고 보아 판매비로 보고해야 한다.

따라서 개발비(무형자산)로 회계처리가 가능한 항목은 다음과 같다.

시제품 디자인비용	₩9,000,000
시제품 엔지니어링비용	7,500,000
시제품 제작비용	3,000,000
관리비(인건비 포함)	750,000
	₩20,250,000

그러나 관리비가 무형자산의 창출에 직접 관련이 없다면 당기 비용처리해야 한다. 또한 무형자산을 운용하는 직원의 훈련과 관련된 지출 등은 개발비(내부적으로 창출된 무형자산)의 취득원가에 포함할 수 없다.

19 영업권(Ⅰ)

영업권=사업결합매수원가－식별가능 순자산의 공정가치

＝₩18,000,000－(₩25,000,000－₩12,000,000)＝₩5,000,000

(차) 매 출 채 권	5,000,000	(대) 부 채	12,000,000
재 고 자 산	7,000,000	현 금	18,000,000
유 형 자 산	9,000,000		
특 허 권	4,000,000		
영 업 권	5,000,000		

20 영업권(Ⅱ)

영업권=사업결합매수원가－식별가능 순자산의 공정가치

＝₩17,000,000－(₩23,000,000－₩9,800,000)＝₩3,800,000

(차) 유 동 자 산	8,000,000	(대) 유 동 부 채	4,000,000
유 형 자 산	14,000,000	비유동부채	5,800,000
기 타 자 산	1,000,000	현 금	17,000,000
영 업 권	3,800,000		

21 비지배지분과 영업권

1. 주식의 공정가치로 측정하는 방법

(차) 제 자 산	800,000	(대) 현 금	750,000
영 업 권	430,000	비지배지분	480,000

2. 식별가능 순자산의 공정가치 비례법

(차) 제 자 산	800,000	(대) 현 금	750,000
영 업 권	270,000	비지배지분	320,000*

* ₩800,000×40%＝₩320,000

보-22 광업권의 상각

1. 단위당 광물의 감모상각비

   취득원가 : ₩1,240,000＋₩60,000＋₩150,000＝₩1,450,000

   톤당 감모상각비 : (₩1,450,000－₩100,000) / 75,000톤＝₩18/톤

2. 20×6년도 매출원가 : 15,000톤×₩30＝₩450,000

3. 20×6. 12. 31 총재고광물의 원가 : (24,000톤－15,000톤)×₩30＝₩270,000

보-23 탐사평가자산(Ⅰ)

첫해의 감모상각액 :

(₩300,000 + ₩400,000 × 5 + ₩7,000,000) × 10,000배럴/100,000배럴 = ₩930,000

보-24 탐사평가자산(Ⅱ)

〈20×1년 회계처리〉

시추선(유형자산) 기말 장부금액 : (₩1,000,000 + ₩120,000*) − ₩1,120,000/10년 = ₩1,008,000

* 해저지반 원상복구 예상액(예상지출액의 현재가치)

탐사평가자산으로 기록되는 금액 :

탐사권의 취득원가	₩300,000	
시추와 탐사를 위한 원가	200,000	
시추선의 감가상각비	112,000	(=(₩1,000,000 + ₩120,000)/10년)
	₩612,000	

〈20×2년 회계처리〉

1. 광물자원 추출에 대한 기술적 실현가능성과 상업화가능성을 제시할 수 있는 시점(20×1년초)에 탐사평가자산의 취득이 완료되었으므로 탐사평가자산을 무형자산(시추권)으로 분류하고, 이를 상각해 나간다.
   시추선은 원래 기록된 대로 유형자산으로 분류하고 감가상각해 나가면 된다. 그러나 시추선 1대에서는 원유추출가능성이 없다고 판단되면, 자산손상 여부를 검토하고 필요한 경우 손상차손을 인식한다.
2. 개발활동이 시작되었으므로 20×2. 6. 30까지 지출한 금액 ₩450,000은 자산화 요건을 충족한 경우에는 개발비(무형자산)으로 기록하고, 그렇지 않다면 당기비용으로 처리한다.

보-25 탐사평가자산(Ⅲ)

탐사권을 얻기 위해 투입한 20억원은 탐사권 취득과 직접적으로 관련되어 있으며 K-IFRS 제1038호 무형자산의 정의(물리적 실체는 없지만 식별가능한 비화폐성 자산)를 충족하므로 무형자산으로 분류될 것이다. 그리고 탐사를 위한 시추 작업 목적으로 구입한 시추장비는 유형자산의 정의를 충족하므로 유형자산으로 분류될 것이다.

그러나 탐사권과 시추장비는 광물자원의 탐사와 평가 활동과 관련한 지출이므로 K-IFRS 제1038호 및 K-IFRS 제1016호의 적용범위에서 제외되어 K-IFRS 제1106호 '광물자원의 탐사와 평가' 기준서 적용대상이 된다. 따라서 탐사권과 시추장비는 K-IFRS 제1106호에 따라 탐사평가자산으로 분류하며, 각 탐사평가자산은 성격에 따라 유형자산이나 무형자산으로 분류하고 이 분류를 일관되게 적용한다.

공인회계사 기출문제 응용(2020년 이후)

1 무형자산

토지무상사용권 취득시점의 회계처리는 아래와 같다.

(차)	토지무상사용권	1,000,000	(대) 정부보조금이연수익	1,000,000

토지무상사용권의 상각비는 특정 형태가 없으므로 내용연수에 걸쳐 감가상각 처리한다. 동시에 정부보조금 이연수익(부채)을 수익으로 인식한다.

(차)	감가상각비	100,000	(대) 감가상각누계액-토지무상사용권	100,000
	정부보조금이연수익	100,000	정부보조금수익	100,000

2 무형자산 손상

개발단계 이후 지출된 개발비에 대해서만 무형자산을 인식할 수 있으므로 무형자산으로 인식할 수 있는 금액은 ₩500,000이다.

개발비무형자산은 제품 생산 이전단계에 대해서만 자산화로 인식한다.

나머지 금액은 모두 비용으로 인식한다(₩1,000,000＝₩800,000－₩500,000＋₩700,000).

〈20×1년〉

(차)	개 발 비	500,000	(대) 현 금	500,000
(차)	연 구 비	1,000,000	(대) 현 금	1,000,000

〈20×2. 1. 2〉

(차)	개 발 비	100,000	(대) 현 금	100,000

〈20×2. 12. 31〉

(차)	감가상각비	300,000	(대) 감가상각누계액	300,000
	손 상 차 손	150,000	손상차손누계액	150,000

〈20×3. 12. 31〉

(차)	감가상각비	100,000	(대) 감가상각누계액	100,000
	개발비무형자산	50,000	손상차손환입	50,000

윤리문제

1. 투자자와 채권자들은 회사의 수익성, 현금흐름 및 배당에 높은 관심을 갖는다. 성민(주)의 연구개발부 종업원들은 자기들의 고용안정성 유지와 제품개발 비밀 유지를 위하여 연구개발활동을 외부에 용역으로 주는 것보다는 내부적으로 해결하기를 원할 것이다. 재무담당이사는 재무성과달성 때문에 연구개발활동을 내부에서 할 것이냐 외부에 의뢰할 것이냐에 대하여 관심이 많을 것이다.
2. 여기에서는 장기적인 이익을 중시할 것이냐 단기적인 이익을 중시할 것이냐의 문제와 종업원의 고용안정성, 제품개발 비밀의 유지, 직장동료에 대한 충성도, 효율적인 기업의 경영 등의 문제를 어떻게 조화할 것이냐에 대한 윤리적인 문제가 개입되어 있다.
3. 재무담당이사는 장기적인 관점에서 가장 유리한 정책을 채택해야 한다. 따라서 연구개발활동이 가장 효율적이고 효과적으로 수행될 수 있는 곳에서 이루어지도록 해야 한다. 연구개발과 관련된 비용이 당기비용으로 처리될 것이냐, 외부에 의뢰한 후 외부구입 무형자산으로 기록한 후 상각을 통하여 내용연수에 걸쳐 비용처리할 것이냐 등의 문제가 연구개발 의사결정에 영향을 미쳐서는 안 될 것이다. 재무담당이사는 자기가 한 의사결정이 자기 상사, 연구개발팀 또는 다른 동료직원들에게 설득력이 있어야 하며, 필요하다면 그들에게 회계기준에 대해서도 설명할 필요가 있다. 또한 연구개발을 외부에 의뢰했을 경우 자기회사의 연구개발부서에 근무하는 종업원의 사기에 미치는 영향도 고려해야 할 것이다.

제10장 자산재평가와 자산손상

연습문제

1 이익접근법과 상각후대체원가법

[제1부] 이익접근법

성화(주)의 20×1년말 재평가로 인한 장부금액은 다음과 같이 ₩87,172으로 산출된다.

₩25,000 × 3.4869(선불연금 4년, 할인율 10%의 현재가치) = ₩87,172

[제2부] 상각후대체원가법

대성(주)의 재평가 전 20×3. 12. 31의 장부금액은 다음과 같이 ₩40,000으로 산출된다.

취득원가	₩100,000	
감가상각누계액	(60,000)*	₩40,000

* 감가상각누계액 : ₩100,000 × 3/5 = ₩60,000

한편, 상각후대체원가법을 이용하여 측정한 설비자산의 공정가치는 ₩56,000으로 산출된다.

대체원가 평가금액	₩140,000	
감가상각누계액	(84,000)*	₩56,000

* 감가상각누계액 : ₩140,000 × 3/5 = ₩84,000

재평가이익 = 공정가치 − 장부금액 = ₩56,000 − ₩40,000 = ₩16,000

2 토지의 재평가

〈20×2. 12. 31〉

₩40,000(= ₩120,000 − ₩80,000)의 재평가이익을 인식한다.

(차)	토 지	40,000	(대) 재평가이익(OCI)	40,000

〈20×4. 12. 31〉

토지의 장부금액을 ₩120,000에서 ₩70,000으로 ₩50,000만큼 감소시켜야 한다. 토지재평가손실 ₩50,000 중에서 이전에 재평가손실(OCI)로 인식하였던 금액(₩40,000)만큼을 재평가손실(OCI)로 인식하고, 나머지 ₩10,000은 당기손익에 반영한다.

(차)	재평가손실(OCI)	40,000	(대) 토 지	50,000
	재평가손실(PL)	10,000		

3 상각대상자산의 재평가(Ⅰ)

1. 〈20×5. 1. 1〉

먼저 감가상각누계액을 전액 제거한다. 이때 자산의 장부금액은 취득원가(₩1,500,000)에서 감가상각누계액(₩500,000)을 차감한 ₩1,000,000이 되므로 ₩200,000만큼 자산의 장부금액을 증가시키고, 이를 자산재평가이익(OCI)으로 인식한다. 한편, 기존의 감가상각누계액을 제거하는 방법을 선택하고 있으므로 이에 대한 회계처리를 먼저 하고, 기계와 재평가이익을 인식하는 분개를 한다.

(차) 감가상각누계액	500,000	(대) 진 료 기 계	500,000
(차) 진 료 기 계	200,000	(대) 재평가이익(OCI)	200,000

2. 〈20×5. 1. 1〉

이전 재평가에서 재평가손실이 있는 경우에는 재평가이익 중에서 이전에 인식한 재평가손실만큼은 당기손익으로 인식해야 한다.

(차) 감가상각누계액	500,000	(대) 진 료 기 계	500,000
(차) 진 료 기 계	200,000	(대) 재평가이익(PL)	100,000
		재평가이익(OCI)	100,000

3. 〈20×5. 12. 31〉

20×5년초 재평가 이후의 장부금액이 ₩1,200,000이고 내용연수가 10년 남았으며, 정액법으로 감가상각하므로 20×5년의 감가상각비는 ₩120,000이다. 20×5년말의 장부금액 ₩1,080,000(= ₩1,200,000 − ₩120,000)이 재평가액 ₩900,000을 초과하므로 ₩180,000만큼의 재평가손실이 발생한다. 재평가손실이 이전에 인식하였던 재평가잉여금(₩200,000)의 한도 내에 있으므로 이를 재평가손실(OCI)로 인식한다.

20×5. 12. 31(감가상각비의 인식) :

(차) 감가상각비	120,000	(대) 감가상각누계액	120,000

20×5. 12. 31(재평가 회계처리) :

(차) 감가상각누계액	120,000	(대) 진 료 기 계	120,000
(차) 재평가손실(OCI)	180,000	(대) 진 료 기 계	180,000

4. 〈20×5. 1. 1〉

먼저 감가상각누계액을 전액 제거한다. 이때 자산의 장부금액은 취득원가(₩1,500,000)에서 감가상각누계액(₩500,000)을 차감한 ₩1,000,000이 되므로 ₩400,000만큼 자산의 장부금액을 감소시키고, 이를 재평가손실(PL)로 인식한다.

(차) 감가상각누계액	500,000	(대) 진 료 기 계	500,000
(차) 재평가손실(PL)	400,000	(대) 진 료 기 계	400,000

5. 〈20×5. 1. 1〉

이전 재평가시에 계상된 재평가잉여금이 남아 있다면 이 한도 내에서 재평가손실(OCI)을 우선 인식하고 나머지 금액에 대하여 재평가손실(PL)의 당기손익을 인식한다.

(차)	감가상각누계액	500,000	(대) 진 료 기 계	500,000
(차)	재평가손실(OCI)	300,000	(대) 진 료 기 계	400,000
	재평가손실(PL)	100,000		

4 상각대상자산의 재평가(Ⅱ)

1.

일자		차변	금액		대변	금액
20×1. 1. 1	(차)	건 물	1,100,000	(대)	현 금	1,100,000
20×1. 12. 31	(차)	감가상각비	100,000*	(대)	감가상각누계액	100,000

* (₩1,100,000 − ₩100,000) ÷ 10년 = ₩100,000

일자		차변	금액		대변	금액
20×2. 7. 1	(차)	감가상각비	50,000*	(대)	감가상각누계액	50,000

* (₩1,100,000 − ₩100,000) ÷ 10년 × 1/2 = ₩50,000

일자		차변	금액		대변	금액
	(차)	감가상각누계액	150,000	(대)	건 물	150,000
		건 물	170,000		재평가이익(OCI)	170,000
20×2. 12. 31	(차)	감가상각비	60,000*	(대)	감가상각누계액	60,000

* (₩1,120,000 − ₩100,000) ÷ 8.5년 × $\frac{6}{12}$ = ₩60,000

2.

일자		차변	금액		대변	금액
20×3. 12. 31	(차)	감가상각비	120,000	(대)	감가상각누계액	120,000

* (₩1,120,000 − ₩100,000) ÷ 8.5년 = ₩120,000

	차변	금액		대변	금액
(차)	감가상각누계액	180,000	(대)	건 물	180,000
	재평가손실(OCI)	170,000*		건 물	340,000
	재평가손실(PL)	170,000			

(주) 재평가손실 : ₩940,000 − ₩600,000 = ₩340,000

* 기존 재평가잉여금의 한도까지 재평가손실(OCI) ₩170,000을 우선 인식

3.

일자		차변	금액		대변	금액
20×4. 12. 31	(차)	감가상각비	71,428	(대)	감가상각누계액	71,428

* (₩600,000 − ₩100,000) ÷ 7년 = ₩71,428

	차변	금액		대변	금액
(차)	감가상각누계액	71,428	(대)	건 물	71,428
	재평가손실(OCI)	128,572*		건 물	128,572

* ₩528,572 − ₩400,000 = ₩128,572

5 상각대상자산의 재평가(Ⅲ)

1) 〈20×1. 1. 1〉 기계 A, B의 취득

(차)	기 계-A	3,000,000	(대)	현 금	4,800,000
	기 계-B	1,800,000			

2) 〈20×1. 12. 31〉 감가상각비의 계산과 재평가 실시

〈자산 A〉

(차)	감가상각비-A	600,000	(대)	감가상각누계액-A	600,000

* 기계 A의 감가상각비 = ₩3,000,000 ÷ 5 = ₩600,000

(차)	감가상각누계액-A	600,000	(대)	기 계-A	600,000
	기 계-A	120,000		재평가이익-A(OCI)	120,000

〈자산 B〉

(차)	감가상각비-B	600,000	(대)	감가상각누계액-B	600,000

* 기계 B의 감가상각비 = ₩1,800,000 ÷ 3 = ₩600,000

(차)	감가상각누계액-B	600,000	(대)	기 계-B	600,000
	재평가손실-B(PL)	60,000		기 계-B	60,000

* 재평가차액-A = 공정가치 − 장부금액 = ₩2,520,000 − (₩3,000,000 − ₩600,000) = ₩120,000
재평가차액-B = ₩1,140,000 − (₩1,800,000 − ₩600,000) = △₩60,000

3) 〈20×2. 6. 30〉 기계 B의 매각과 6개월간의 감가상각비

(차)	감가상각비-B	285,000	(대)	감가상각누계액-B	285,000

* 감가상각비 = (₩1,800,000 − ₩600,000 − ₩60,000) ÷ 2 × 1/2 = ₩285,000

(차)	현 금	800,000	(대)	기 계-B	1,140,000
	감가상각누계액-B	285,000			
	기계처분손실	55,000			

* 기계 B의 장부금액 = ₩1,140,000 − ₩285,000 = ₩855,000
기계 B의 처분손익 = 공정가치 − 장부금액 = ₩800,000 − ₩855,000 = ₩55,000(처분손실)

(차)	기 계-C	2,400,000	(대)	현 금	2,400,000

4) 〈20×2. 12. 31〉 감가상각과 재평가

(차)	감가상각비-A	630,000	(대)	감가상각누계액-A	630,000

* 감가상각비 = (₩3,000,000 − ₩600,000 − ₩120,000) ÷ 4 = ₩630,000
새 장부금액 = ₩2,520,000 − ₩630,000 = ₩1,890,000

(차)	감가상각누계액-A	630,000	(대)	기 계-A	630,000
	재평가손실-A(OCI)	70,000		기 계-A	70,000

* 기계 A의 재평가손실이 발생하였을 때 재평가잉여금의 잔액이 있으면 이를 먼저 상계시킨다.
재평가차액 = ₩1,820,000 − ₩1,890,000 = △₩70,000

(차) 감가상각비-C 300,000 (대) 감가상각누계액-C 300,000

* 감가상각비=(₩2,400,000÷4)×1/2=₩300,000

(차) 감가상각누계액-C 300,000 (대) 기 계-C 300,000
재평가손실-C(PL) 300,000 기 계-C 300,000

6 자산의 사용에 따른 재평가잉여금의 이익잉여금으로의 대체

1. 각 연도별 거래에 대한 회계처리

20×1. 1. 1(건물 취득 회계처리):

(차) 건 물 10,000 (대) 현 금 10,000

20×1. 12. 31(감가상각비 회계처리):

(차) 감가상각비 2,000 (대) 감가상각누계액 2,000

- 20×1. 12. 31 재평가 전의 장부금액 : ₩10,000−₩10,000÷5=₩8,000
- 20×1. 12. 31 재평가이익 : ₩16,000−₩8,000=₩8,000

20×1. 12. 31(재평가 회계처리):

(차) 감가상각누계액 2,000 (대) 건 물 2,000
(차) 건 물 8,000 (대) 재평가이익(OCI) 8,000

- 20×2. 12. 31 재평가 전 장부금액 : ₩16,000−₩16,000÷4(잔여내용연수)=₩12,000
- 20×2. 12. 31 재평가손실 : ₩12,000(장부금액)−₩11,000(재평가액)=₩1,000

20×2. 12. 31(감가상각비 회계처리):

(차) 감가상각비 4,000 (대) 감가상각누계액 4,000

20×2. 12. 31(재평가액에 근거한 감가상각비 ₩4,000과 재평가 전 감가상각비 ₩2,000의 차이인 ₩2,000을 자산 사용에 따라 실현된 것으로 보아 이익잉여금 대체):

20×2. 12. 31(재평가잉여금의 이익잉여금 대체 회계처리):

(차) 재평가잉여금 2,000 (대) 이익잉여금 2,000

20×2. 12. 31(재평가 회계처리):

(차) 감가상각누계액 4,000 (대) 건 물 4,000
(차) 재평가손실(OCI) 1,000 (대) 건 물 1,000

2. 20×2. 12. 31 현재 재평가잉여금, 건물 및 건물 감가상각누계액 잔액
   - 20×2. 12. 31 재평가잉여금 : ₩8,000−₩2,000(20×2. 12. 31 이익잉여금 대체액)
     −₩1,000(20×2. 12. 31 재평가손실 차감액)=₩5,000
   - 20×2. 12. 31 건물 잔액 : ₩10,000−₩2,000+₩8,000−₩4,000−₩1,000=₩11,000
   - 20×2. 12. 31 건물 감가상각누계액 잔액 : ₩0(재평가 회계처리시 모두 제거됨)

7 무형자산의 재평가

1. 20×1년 상각비 = ₩1,200,000 ÷ 10년 = ₩120,000

(차) 무형자산상각비	120,0C0	(대) 프랜차이즈사업권	120,000

2. 프랜차이즈권리 재평가 회계처리

(차) 프랜차이즈사업권	108,000*	(대) 재평가이익(OCI)	108,000

* ₩1,188,000 − (₩1,200,000 − ₩120,000) = ₩108,000

3. 20×2년 상각비 = ₩1,188,000 ÷ 9년 = ₩132,000

8 재평가손익 – 기타포괄손익과 당기손익

시 점	공정가치	재평가잉여금	재평가손익(OCI)	재평가손익(PL)
20×1. 1. 1	₩1,060	−	−	−
20×1. 12. 31	1,100	₩40	₩40	−
20×2. 12. 31	1,040	(40)	−	(₩20)
20×3. 12. 31	1,020	−	−	(20)
20×4. 12. 31	1,110	50	50	40

9 원가모형과 재평가모형

1. 원가모형을 적용한 경우
   ① 트럭의 취득가액 : ₩500,000
   ② 20×1년∼20×3년 감가상각비 : (₩500,000 − ₩0) ÷ 5년 × 3년 = ₩300,000
   20×4년 1/1∼6/30 감가상각비 : (₩500,000 − ₩0) ÷ 5년 × 1/2 = ₩50,000
   ③ 트럭의 장부금액(20×4년 6/30) : ₩500,000 − ₩350,000 = ₩150,000
   처분손익 : (₩180,000 − ₩10,000) − ₩150,000 = ₩20,000 이익
   ④ 20×4년 당기순이익에 미치는 영향 : (−)₩50,000 + (+)₩20,000 = (−)₩30,000

2. 재평가모형을 적용한 경우
   ① 20×4년 1/1∼6/30 감가상각비 : (₩225,000(공정가치) − ₩0) ÷ 2년 × 6/12 = ₩56,250
   ② 트럭의 장부금액(20×4년 6/30) : ₩225,000 − ₩56,250 = ₩168,750
   처분손익 : (₩180,000 − ₩10,000) − ₩168,750 = ₩1,250 이익
   ③ 당기순이익에 미치는 영향 : (−)₩56,250 + (+)₩1,250 = (−)₩55,000
   ④ 20×1년 : ₩300,000(FV) − ₩400,000(BV) = (−)₩100,000(재평가손실)
   20×2년 : ₩360,000(FV) − ₩225,000(BV)* = ₩100,000(재평가이익),
   ₩35,000(재평가잉여금)

   * ₩300,000 − (₩300,000 − ₩0) ÷ 4년 = ₩225,000

20×3년 : ₩225,000(FV) − ₩240,000(BV)* = (−)₩15,000(재평가잉여금)

* ₩360,000 − (₩360,000 − ₩0) ÷ 3년 = ₩240,000

20×3년말 재평가잉여금 잔액 : ₩35,000 − ₩15,000 = ₩20,000

따라서 20×4년 처분시 이익잉여금으로 대체되는 재평가잉여금은 ₩20,000이다.

10 유형자산의 손상차손

[제1부]

20×1. 12. 31 장부금액 :	₩200,000 − (₩200,000 − ₩0)/5 =	₩160,000
20×1. 12. 31 회수가능액 :		100,000
유형자산 손상차손 :		₩60,000
20×2. 12. 31 장부금액 :	₩100,000 − (₩100,000 − ₩0)/4 =	₩75,000
손상이 되지 않았을 때의 장부금액 :	₩200,000 − (₩200,000 − ₩0) × 2/5 =	₩120,000
손상차손 환입 :		₩45,000

* 20×2. 12. 31의 공정가치 ₩130,000보다 손상되지 않고 정규상각했을 경우의 장부금액 ₩120,000이 더 작은 금액이다. 따라서 공정가치가 아니라 ₩120,000을 한도로 장부금액을 증액한다.

[제2부]

〈20×2. 12. 31〉

(차) 감가상각비 90,000* (대) 감가상각누계액 90,000

* (₩1,000,000 − ₩100,000)/10년 = ₩90,000

(차) 손 상 차 손 120,000* (대) 손상차손누계액 120,000

* 회수가능액 = MAX[① ₩690,000, ② ₩700,000] = ₩700,000
손상차손액 = (₩1,000,000 − ₩180,000#) − ₩700,000 = ₩120,000

부분재무상태표

기 계 장 치	₩1,000,000	
감가상각누계액	(180,000)#	
손상차손누계액	(120,000)	₩700,000

\# ₩90,000 × 2년 = ₩180,000

〈20×3. 12. 31〉

(차) 감가상각비 75,000* (대) 감가상각누계액 75,000

* (₩700,000 − ₩100,000)/8년 = ₩75,000

11 유형자산손상차손환입

〈20×4. 12. 31〉

(차) 감가상각비 75,000* (대) 감가상각누계액 75,000

* (₩700,000 − ₩100,000)/8년 = ₩75,000

20×4. 12. 31 장부금액 : ₩700,000 − ₩75,000 × 2년 = ₩550,000

손상되지 않았을 경우의 장부금액 : ₩1,000,000 − ₩90,000 × 4년 = ₩640,000

손상차손환입 : Min [① ₩700,000, ② ₩640,000] − ₩550,000 = ₩90,000

(차) 손상차손누계액	90,000	(대) 손상차손환입	90,000

부분재무상태표

기 계 장 치	₩1,000,000		
감가상각누계액	(330,000)*		
손상차손누계액	(30,000)**	640,000	

* 감가상각누계액 잔액 = 20×1 ~ 20×2 감가상각액(₩90,000 × 2) + 20×3 ~ 20×4 감가상각액(₩75,000 × 2) = ₩330,000

** 손상차손 잔액 = 20×2.12.31 발생액(₩120,000) − 20×4.12.31 환입액(₩90,000) = ₩30,000

12 무형자산의 손상

20×5년 순이익효과 :

연구비	₩70,000
개발비 손상	10,000 (= ₩30,000 − ₩20,000)
순이익 감소	₩80,000

20×6년 순이익효과 :

자본적 지출을 충족하는 개발비 : ₩20,000 + ₩30,000 = ₩50,000

(차) 무형자산상각비	5,000	(대) 무 형 자 산	5,000

손상환입 : ₩70,000 − (₩50,000 − ₩5,000) = ₩25,000

그러나 이전에 인식한 손상차손(₩10,000)을 한도로 손상차손을 환입하기 때문에 순이익 증가(손상차손환입)는 ₩10,000이다.

13 현금창출단위의 식별

[제1부]

현금창출단위를 식별할 때 기업이 고려해야 할 점을 예로 들면 다음과 같다.

① 내부경영보고가 각 점포별로 성과를 측정하도록 조직화되어 있는지 여부

② 사업이 점포별 이익기준으로 운영되는지 또는 지역기준이나 도시기준으로 운영되는지 여부

세븐나인의 모든 점포는 상권이 중복되지 않으므로 서로 다른 고객기반을 갖고 있을 것이다. 그러므로 비록 서울 연쇄점들이 세븐나인의 본사정책에 따라서 경영되지만, 서울 연쇄점이 창출하는 현금흐름은 세븐나인의 다른 점포의 현금흐름과 거의 독립적이다. 따라서 독립적인 현금창출단위일 가능성이 높다.

[제2부]

(상황 1)

구로공장의 제품은 정상적인 활성시장에서 판매할 수 있으므로 인천공장과는 독립적인 현금흐름을 창출할 수 있다. 즉 비록 구로공장의 제품 일부가 인천공장에 의해서 사용되지만 인천공장으로부터의 현금유입과 거의 독립적인 현금유입을 창출할 수 있다. 구로공장은 별개의 현금창출단위일 가능성이 높다. 인천공장도 별개의 현금창출단위일 가능성이 높다. 인천공장의 생산제품의 모두를 중국에 수출하므로 기업 외부의 고객에게 판매하고 있는 것이다. 따라서 인천공장에서 창출되는 현금유입은 거의 독립적인 것으로 볼 수 있다.

(상황 2)

각 공장의 회수가능액(순공정가치와 사용가치 중 높은 금액)은 다른 공장의 회수가능액과 독립적으로 평가할 수 없을 가능성이 높다. 왜냐하면 구로공장의 제품 대부분이 내부에서 사용되며 활성시장에서 판매될 수 없으므로, 구로공장의 현금유입은 인천공장의 제품수요에 종속된다. 따라서 구로공장은 인천공장의 현금유입과 거의 독립적인 현금유입을 창출한다고 볼 수 없다. 구로공장과 인천공장은 각각은 독립적인 현금창출단위를 구성하지 못하지만 두 공장 전체가 하나의 현금창출단위가 될 수 있을 것이다.

[제3부]

본사건물의 주된 목적은 수원(주)의 제조활동을 지원하기 위한 공동자산으로 사용하는 것이다. 따라서 본사건물이 기업 전체의 현금유입과 거의 독립적인 현금유입을 창출한다고 볼 수는 없다. 그리고 본사사옥은 임대목적의 투자부동산으로 분류될 수도 없다. 따라서 투자부동산으로 회계처리하는 것도 적절하지 않다.

14 영업권의 손상차손

효주(주) 회수가능액 = ₩460,000(공정가치 ₩460,000과 사용가치 ₩435,000 중 큰 금액)

영업권의 손상차손 = 효주(주)의 장부금액 − 효주(주)의 회수가능액

= ₩480,000 − ₩460,000 = ₩20,000

(차) 손상차손	20,000	(대) 영 업 권	20,000

15 현금창출단위의 자산손상(Ⅰ)

회수가능액 = Max [순실현가능가치 ₩40,000, 현재가치 ₩41,000] = ₩41,000

장부금액(₩42,000) − 회수가능액(₩41,000) = 영업권손상액(₩1,000)

16 현금창출단위의 자산손상(Ⅱ)

1. 자산손상차손은 현금창출단위에 속하는 자산의 장부금액에 비례하여 배분한다. 그리고 장부금액의 감소를 개별자산에 대한 손상차손으로 회계처리하고 즉시 당기손익으로 인식한다. 그러나 현금창출단위의 손상차손을 배분할 때 개별자산의 장부금액은 ① 순공정가치, ② 사용가치, ③ ₩0의 세 금액 중에서 가장 큰 금액 이하로 감소시킬 수는 없다.

자 산	장부금액	장부금액비율	손상차손 배분	순장부금액
건 물	₩1,500,000	15/36	₩15,000	₩1,485,000
기계장치	900,000	9/36	9,000	891,000
토 지	750,000	7.5/36	7,500	742,500
차 량	450,000	4.5/36	4,500	445,500
	₩3,600,000		₩36,000	₩3,564,000

자산손상을 고려한 후 건물의 순장부금액은 ₩1,485,000이다. 그러나 건물의 순공정가치는 ₩1,490,000이므로 자산손상으로 감소시킬 수 있는 금액은 ₩1,490,000이 하한이다. 따라서 건물에 대해서는 단지 ₩10,000의 손상차손만 배분시킬 수 있다. 위 표에서 건물에 초과배부된 ₩5,000(=₩15,000－₩10,000)은 다른 자산에 재배부되어야 한다.

자 산	손상차손 1차 배분후 장부금액	장부금액비율	손상차손 2차 배분	순장부금액
건 물				₩1,490,000
기계장치	₩891,000	891/2,079	₩2,143	888,857
토 지	742,500	742.5/2,079	1,786	740,714
차 량	445,500	445.5/2,079	1,071	444,429
	₩2,079,000		₩5,000	₩3,564,000

2. (차) 손 상 차 손 36,000 (대) 손상차손누계액-건물 10,000
손상차손누계액-기계장치 11,143
손상차손누계액-토지 9,286
손상차손누계액-차량 5,571

17 현금창출단위의 손상과 환입

1. 손상차손 : ₩500,000(= ₩4,100,000 − ₩3,600,000)

과 목	장부금액비율*1	배분전 장부가	손상차손 배분*2	배분후 장부가
건 물	50%	₩2,000,000	(₩200,000)	₩1,800,000
기계장치	12.5%	₩500,000	(₩50,000)	₩450,000
토 지	37.5%	₩1,500,000	(₩150,000)	₩1,350,000
영 업 권		₩100,000	(₩100,000)	₩0
합 계	100%	₩4,100,000	(₩500,000)	₩3,600,000

*1. 영업권을 제외한 건물, 기계장치, 토지의 상대적인 장부금액 비율
*2. 영업권에 우선 ₩100,000을 배분하고, 나머지 금액 ₩400,000을 건물, 기계장치 및 토지의 장부금액 비율에 따라 배분한다.

2. 손상차손 환입 : ₩300,000(= ₩3,675,000 − ₩3,375,000)

과 목	배분전 장부금액	1차 배분*1	손상차손환입 1차 배분후 장부금액	2차 배분*2	손상차손 2차 배분후 장부금액
건 물	₩1,687,500	₩150,000	₩1,837,500	(₩37,500)	₩1,800,000
기계장치	₩337,500	₩30,000	₩367,500	₩7,500	₩375,000
토 지	₩1,350,000	₩120,000	₩1,470,000	₩30,000	₩1,500,000
합 계	₩3,375,000	₩300,000			₩3,675,000

*1. 배분전 장부금액의 상대적 비율에 따라서 배분한다.
*2. 1차 배분 후 건물의 장부금액은 ₩1,837,500이 되어 한도액 ₩1,800,000을 ₩37,500만큼 초과한다. 따라서 이 초과금액을 기계장치와 토지의 상대적 비율에 따라서 다시 배분한다.

18 유형자산 종합사례

1. 20×7년에 Neverland Resort(주)에서 발생한 경제적 현상은 다음의 네 가지로 요약된다.

   ① 웹사이트 개설
   ② 광고캠페인과 정부보조금
   ③ 영업손실
   ④ 미사용 약품, 약품살포장비, 제초용 칼에 대한 지출

   이에 관련된 유용한 정보는 보고기업의 재무상태에 관한 정보, 즉 경제적 자원과 청구권에 관한 정보 및 경제적 자원과 청구권을 변동시키는 거래와 그 밖의 사건의 영향에 대한 정보이다. 네 가지 경제적 현상 각각에 대하여 기업 외부의 정보이용자들은 다음과 같은 공통적인 정보욕구를 가질 것이다.

   ① 각각의 경제적 현상에 대한 지출금액
   ② 각 지출이 미래의 경제적 효익을 가지는지?(자산인지?)

③ 미래의 경제적 효익을 가진다면, 미래의 경제적 효익이 지출보다 더 큰지?
④ 미래의 경제적 효익을 가진다면 시간이 지나감에 따라 경제적 효익이 감소할 텐데, 어떻게 감소시켜나갈 것인지? 각 회계기간별로 어떻게 배분해야 하는지?

정부보조금은 다른 경제적 현상과 다른 성격을 가지고 있다. 정부보조금은 현금의 유출이 아니라 유입이다. 또한 기업활동의 대가로 획득한 것이 아닌 광고캠페인 활동에 대하여 무상으로 정부로부터 지급받은 것이다. 경우에 따라서는 정부에 반환해야 하는 경우도 있다. 이들은 기업의 경제적 자원과 청구권 그리고 이들의 변동과 관련이 있다. 따라서 정보이용자들은 다음과 같은 추가적인 정보를 요구할 것이다.

① 정부보조금으로 인한 유입금액
② 정부보조금은 경제적 자원의 유출이 아니라 유입인데, 그렇다면 수익인지 현재의 의무인지? 정부가 청구권을 가지고 있는지?
③ 광고캠페인에 대한 지출과 정부보조금이 어떻게 관련되어 있는지?

2. 자산의 정의에 충족될 것이다. 웹사이트는 Neverland Resort(주)가 통제하고 있고 미래의 경제적 효익의 유입(궁극적으로는 고객이 별장에 머물고 사파리투어에 참여함으로써 현금이 유입되는 형태)을 기대하면서 개발되고 있기 때문이다.

3. 자산의 정의에 충족될 것이다. 광고캠페인에 대한 지출은 미래의 경제적 효익의 유입(궁극적으로는 별장에 머물고 관광에 참여함으로써 현금이 유입되는 형태)에 대한 기대로 이루어졌으며, 광고캠페인에 대한 지출은 아마도 Neverland Resort(주)가 통제하는 무형자산(즉, Neverland Resort(주)의 Safari World 브랜드)을 창출할 것이기 때문이다.

자산의 인식요건 충족과 자산의 정의 충족을 혼동하면 안 된다. 아마도 광고캠페인 활동에 따른 지출이 창출할 미래의 경제적 효익은 매우 작거나, 그 경제적 효익이 유입될 가능성은 매으 낮을지도 모른다. 그렇다면 회계에서는 인식하지 않는다. 그렇다고 자산의 정의를 만족하지 못하는 것은 아니다.

4. 자산의 정의를 충족하지 못할 것이다. 영업손실의 결과는 Neverland Resort(주)가 통제한다고 볼 수 없고 미래에 Neverland Resort(주)에 유입될 경제적 효익 또는 경제적 자원을 창출한다고 볼 수 없기 때문이다.

5. K-IFRS 제1038호는 무형자산의 정의로 물리적 실체는 없지만 식별가능한 비화폐성자산일 것을 요구한다(문단 18). 웹사이트 개설과 광고캠페인에 대한 지출은 이 모든 조건을 충족하므로 모두 무형자산의 정의를 충족한다. 그러나 무형자산이라고 하여서 항상 K-IFRS 제1038호를 적용하는 것은 아니다. 문단 3은 이 기준서를 적용하지 않는 예로 다음을 나열하고 있다.

① 정상적인 영업과정에서 판매를 위하여 보유하고 있는 무형자산(기업회계기준서 제1002호 '재고자산'과 기업회계기준서 제1011호 '건설계약' 참조)
② 이연법인세 자산(기업회계기준서 제1012호 '법인세' 참조)
③ 기업회계기준서 제1017호 '리스'의 적용범위에 해당하는 리스 등

웹사이트 개설에 대한 지출과 광고캠페인에 대한 지출이 위의 예외사항에 해당하는지를 검토해야 한다. 이들은 위의 어느 것에도 해당하지 않으므로 K-IFRS 제1038호를 적용하여 회계처리한다. 단, 웹사이트에 대해서는 K-IFRS 제2031호가 존재한다. 따라서 웹사이트의 회계처리에 대해서는 이를 적용해야 한다. K-IFRS 제2031호는 다음과 같이 규정하고 있다.

> "자체적으로 개발한 웹사이트는 인식과 최초측정을 규정한 기업회계기준서 제1038호 문단 21에서 설명하고 있는 일반적인 조건뿐만 아니라 기업회계기준서 제1038호 문단 57의 조건을 모두 충족하는 경우에만 무형자산으로 인식한다. 특히, 웹사이트가 수익을 창출할 수 있을 때(예 : 웹사이트에서 이루어진 주문접수를 통해 수익을 직접 발생시키는 경우) 웹사이트가 어떻게 미래경제적 효익을 창출할지를 제시하도록 하는 기업회계기준서 제1038호 문단 57(4)의 요건을 충족시킬 수 있을 것이다. 기업이 주로 자체의 재화와 용역의 판매촉진과 광고를 위해 웹사이트를 개발한 경우에는 그 웹사이트가 어떻게 미래경제적 효익을 창출할지를 제시할 수 없다. 따라서 이러한 웹사이트 개발에 대한 모든 지출은 발생시점에 비용으로 인식한다(문단 8)."

본 사례에서는 고객들이 이 웹사이트를 통하여 직접 사파리관광을 신청하고 대금을 결제할 수 있다. 따라서 K-IFRS 제1038호에서 정의한 내부적으로 창출한 무형자산으로 인식할 수 있을 것이다.

6. 이들은 유형의 자산이므로 K-IFRS 제1016호 '유형자산'을 적용할 수 있는지를 검토한다. K-IFRS 제1016호는 유형자산을 '재화나 용역의 생산이나 제공, 타인에 대한 임대 또는 관리 활동에 사용할 목적으로 보유하는 물리적 형태가 있는 자산으로서 한 회계기간을 초과하여 사용할 것이 예상되는 자산(문단 6)'이라고 정의하고 있다.

 이 정의에 의하면 약품살포장비와 제초용 칼은 유형자산의 정의에 부합한다고 할 수 있을 것이다(아래의 토의에서 미사용 약품은 본 사례에서 유형자산의 정의를 충족한다고 가정한다). 그러나 미사용 약품의 경우에는 한 회계기간을 초과하여 사용할 것이 예상되는지를 고려해야 한다. 미사용 약품이 K-IFRS 제1002호의 재고자산에 해당하는지를 토론하는 것도 매우 유용할 것이다.

 성격상 유형자산이라고 하더라도 구체적으로 어떤 기준서를 적용해야 하는

지를 검토해야 한다. K-IFRS 제1016호 문단 3은 동 기준서가 적용되지 않은 범위에 대해서 다음과 같이 규정하고 있다.

문단 3. 다음의 경우에는 이 기준서를 적용하지 아니한다.

① 기업회계기준서 제1105호(매각예정비유동자산과 중단영업)에 따라 매각예정으로 분류되는 유형자산

② 농림어업활동과 관련되는 생물자산(기업회계기준서 제1041호 '농림어업' 참조)

③ 탐사평가자산의 인식과 측정(기업회계기준서 제1106호 '광물자원의 탐사와 평가' 참조)

④ 석유, 천연가스, 이와 유사한 비재생 자원과 같은 매장광물과 광업권

그러나 ②~④의 자산을 개발하거나 유지하기 위하여 사용하는 유형자산에는 이 기준서를 적용한다.

본 사례의 미사용 약품, 약품살포장비, 제초용 칼에 대한 지출은 위의 예외사항에 해당하지 않으므로 K-IFRS 제1016호를 적용할 수 있을 것이다.

7. 정부보조금 및 자산관련보조금과 관련된 회계처리는 K-IFRS 제1020호에서 규정하고 있다. 제1020호는 정부보조금과 자산관련보조금을 다음과 같이 정의하고 있다(문단 3).

> "정부보조금 : 기업의 영업활동과 관련하여 과거나 미래에 일정한 조건을 충족하였거나 충족할 경우 기업에게 자원을 이전하는 형식의 정부지원. 합리적으로 가치를 산정할 수 없는 정부지원과 기업의 정상적인 거래와 구분할 수 없는 정부와의 거래는 제외한다."

본 사례의 경우에는 기업의 영업활동과 관련하여 과거나 미래에 일정한 조건을 충족하였거나 충족할 경우 기업에 자원을 이전하는 형식의 정부지원이라는 정부보조금의 정의에 부합하므로, 정부보조금으로 분류할 수 있을 것이다.

정부보조금은 부채의 정의에 충족되지 않을 것이다. 20×8. 12. 31 현재 Neverland Resort(주)는 수행해야 할 활동을 수행했으므로, 정부보조금을 위하여 더 이상 수행해야 할 의무나 조건이 없기 때문이다.

8. 이 질문은 사례의 웹사이트, 광고캠페인 활동에 따른 지출, 미사용 약품, 약품살포장비, 제초용 칼에 대한 지출이 인식기준을 충족하는가에 대한 것이다. 개념체계는 다음 기준을 모두 충족한다면 재무제표에 인식되어야 한다고 규정하고 있다(문단 4.38).

① 그 항목과 관련된 미래경제적 효익이 기업에 유입되거나 기업으로부터 유출될 가능성이 높다.

② 그 항목의 원가 또는 가치를 신뢰성 있게 측정할 수 있다.

사례의 항목 중 미사용 약품, 약품살포장비, 제초용 칼에 대한 지출은 위의

두 인식조건을 만족한다. 따라서 인식과 관련하여 특별한 이슈가 없다. 사례에서 인식과 관련되어 특별히 유의할 항목은 웹사이트, 광고캠페인 활동에 따른 지출일 것이다. 이들이 내부에서 창출한 무형자산이기 때문이다. 내부적으로 창출한 무형자산은 때때로 내부적으로 만들어진 영업권을 유지하거나 향상시키는데 소요된 원가와 또는 매일매일의 영업을 위해 소요되는 비용과 구별하기가 어려운 경우가 많다. 따라서 내부적으로 창출한 무형자산의 인식을 위해서는 K-IFRS 제1038호 문단 52~67의 규정을 추가적으로 고려해야 한다. 이 문단 중 일부를 발췌하면 다음과 같다.

> "내부적으로 창출한 무형자산이 인식기준을 충족하는지를 평가하기 위하여 무형자산의 창출과정을 연구단계와 개발단계로 구분한다. '연구'와 '개발'은 정의되어 있지만, '연구단계'와 '개발단계'라는 용어는 이 기준서의 목적상 더 넓은 의미를 갖는다(문단 52).
>
> 무형자산을 창출하기 위한 내부 프로젝트를 연구단계와 개발단계로 구분할 수 없는 경우에는 그 프로젝트에서 발생한 지출은 모두 연구단계에서 발생한 것으로 본다(문단 53).
>
> 연구(또는 내부 프로젝트의 연구단계)에서 발생하는 무형자산을 인식하지 않는다. 연구(또는 내부 프로젝트의 연구단계)에 대한 지출은 발생시점에 비용으로 인식한다(문단 54).
>
> 내부 프로젝트의 연구단계에서는 미래경제적 효익을 창출할 무형자산이 존재한다는 것을 제시할 수 없기 때문에, 내부 프로젝트의 연구단계에서 발생한 지출은 발생시점에 비용으로 인식한다(문단 55).
>
> 다음 사항을 모두 제시할 수 있는 경우에만 개발활동(또는 내부 프로젝트의 개발단계)에서 발생한 무형자산을 인식한다(문단 57).
>
> ① 무형자산을 사용하거나 판매하기 위해 그 자산을 완성할 수 있는 기술적 실현가능
> ② 무형자산을 완성하여 사용하거나 판매하려는 기업의 의도
> ③ 무형자산을 사용하거나 판매할 수 있는 기업의 능력
> ④ 무형자산이 미래경제적 효익을 창출하는 방법. 그중에서도 특히 무형자산의 산출물이나 무형자산 자체를 거래하는 시장이 존재함을 제시할 수 있거나 또는 무형자산을 내부적으로 사용할 것이라면 그 유용성을 제시할 수 있다.
> ⑤ 무형자산의 개발을 완료하고 그것을 판매하거나 사용하는 데 필요한 기술적, 재정적 자원 등의 입수가능성
> ⑥ 개발과정에서 발생한 무형자산 관련 지출을 신뢰성 있게 측정할 수 있는 기업의 능력

개발단계는 연구단계보다 훨씬 더 진전되어 있는 상태이기 때문에 어떤 경우에는 내부 프로젝트의 개발단계에서는 무형자산을 식별할 수 있으며, 그 무형자산이 미래경제적 효익을 창출할 것임을 제시할 수 있다(문단 58).”

이에 따르면 웹사이트에 대한 지출(K-IFRS 제2032호도 참조)의 경우, 무형자산으로 인식할 수 있으나 문단 57에 제시된 조건을 모두 만족시킨 이후(예를 들면, Neverland Resort(주)가 웹사이트가 미래에 경제적 효익을 창출할 가능성이 높음을 증명할 수 있는 시점)에 지출된 것만을 무형자산으로 인식할 수 있다. 그 시점 이전의 지출은 발생시점에 모두 비용으로 처리해야 한다.

광고캠페인 활동에 따른 지출은 무형자산의 정의를 충족하지만 무형자산으로 인식할 수는 없을 것이다. K-IFRS 제1038호 문단 69는 광고 및 판매촉진 활동을 위한 지출(우편 주문 카탈로그 포함)은 발생시점에 비용으로 인식하도록 하고 있기 때문이다. 또한 광고캠페인 활동에 따른 지출이 무형자산이 아니라 당기 비용으로 인식되어야 하기 때문에, 이와 관련하여 정부로부터 수취한 정부보조금도 수익관련보조금으로 인식하여 당기손익의 일부로 인식한다(K-IFRS 제1020호 문단 29). 이와 같이 세부항목으로의 분류는 때때로 인식단계에서 결정되기도 한다.

9. 사례에서 회계단위가 이슈가 되는 것은 제초용 칼일 것이다. 단위당으로는 값이 비싸지 않은 동일한 칼을 다량으로 구입했을 것이기 때문이다. 이 경우 칼 하나하나를 회계단위로 볼지, 같은 종류의 칼을 묶어 하나의 회계단위로 볼지, 모든 칼을 하나로 묶어 하나의 회계단위로 볼지를 결정해야 한다. 이 경우 다양한 답이 가능할 것이다. 왜냐하면 K-IFRS 제1016호가 유형자산의 회계단위에 대하여 규정하고 있지 않기 때문이다. 그렇다고 하더라도 중요성의 원칙에 따라 결정이 이루어짐은 토의할 수 있다. 그러나 이때의 회계단위는 감가상각의 단위를 의미하지 않음을 분명히 해야 한다.

10. K-IFRS 제1016호(문단 15~28)와 제1038호(문단 51~67)는 최초에 유형자산과 내부적으로 창출한 무형자산을 취득했을 경우의 측정에 대하여 구체적 규정을 제시하고 있다. 유형자산의 경우, 인식하는 유형자산은 원가로 측정하며(문단 15), 원가는 인식시점의 현금가격상당액이다(문단 23). 유형자산의 원가는 다음을 모두 포함한다(문단 16).

① 관세 및 환급불가능한 취득 관련 세금을 가산하고 매입할인과 리베이트 등을 차감한 구입가격

② 경영진이 의도하는 방식으로 자산을 가동하는 데 필요한 장소와 상태에 이르게 하는 데 직접 관련되는 원가

③ 자산을 해체, 제거하거나 부지를 복구하는 데 소요될 것으로 최초에 추정되는 원가. 회사가 자산을 해체, 제거하거나 부지를 복구할 의무는 해당 유형자산을 취득한 시점에 또는 해당 유형자산을 특정기간 동안 재고자산 생산 이외의 목적으로 사용한 결과로서 발생한다.

본 사례의 유형자산인 미사용 약품, 약품살포장비, 제초용 칼은 위의 규정 중 ①과 ②에 관련될 것이다. 이 중 일반적으로 판단이 필요한 부분은 ②이지만 본 사례의 경우는 비교적 간단하다. 특성상 취득시점이 미사용 약품, 약품살포장비, 제초용 칼이 경영진이 의도하는 방식으로 자산을 사용하는 데 필요한 장소와 상태에 이르게 하는 시점일 것이다. 따라서 측정은 취득시점까지의 지출이 포함될 것이다.

최초인식시점에 웹사이트의 원가를 측정함에 있어서는 추가적인 판단과 추정이 필요하다. 왜냐하면 웹사이트의 개발을 위한 지출이 자산화되는 시점(즉, 개발시점-K-IFRS 제2032호 문단 9(B) 참조)에 대한 판단이 필요하기 때문이다. 시점에 대한 판단이 이루어지면, 그 시점 이전까지의 금액을 측정하여 비용으로, 그 시점 이후의 금액을 측정하여 무형자산으로 인식해야 할 것이다.

본 사례에서 ③ 자산을 해체, 제거하거나 부지를 복구하는 데 소요될 것으로 최초에 추정되는 원가를 고려할 필요는 없다. 그러나 강사는 Safari World가 후에 폐업시 제주도지자체가 원상태로 복구하도록 요구할 것을 가정하여 토의를 진행할 수 있을 것이다.

11. 감가상각

① K-IFRS 제1016호 문단 43～47은 감가상각의 구성요소에 대하여 규정하고 있는데, 그 주요 내용은 ‘유형자산을 구성하는 일부의 원가가 당해 유형자산의 전체원가에 비교하여 유의적이라면, 해당 유형자산을 감가상각할 때 그 부분은 별도로 구분하여 감가상각한다(문단 43)’는 것이다. 본 사례에서 20×3년에 취득한 감가상각대상 자산은 별도로 구분하여 감가상각해야 할 정도로 유의적인 것은 없다. 따라서 일부를 전체에서 구분하여 별도로 감가상각할 필요는 없을 것으로 보인다.

② 여기서 주요 이슈는 감가상각(상각)방법이 자산의 미래경제적 효익이 소비되는 형태를 반영해야 한다는 것이다(K-IFRS 제1016호 문단 60, K-IFRS 제1038호 문단 97). 단, 무형자산의 경우에는 소비되는 형태를 신뢰성 있게 결정할 수 없는 경우에는 정액법을 사용해야 한다.

미래경제적 효익이 소비되는 형태를 고려할 때, 미사용 약품은 매기간의 사용량에 따라 감가상각하는 사용량비례법을 적용할 수 있을 것이다. 약품살포장비, 제초용 칼, 웹사이트는 정액법을 적용할 수 있을 것이다. 왜냐하면 이들의 미래경제적 효익은 기대 내용연수 전체에 걸쳐 일정하게 소비되거나, 소비되는 형태를 신뢰성 있게 결정할 수 없는 경우에 해당하기 때문이다.

③ 미사용 약품, 약품살포장비, 제초용 칼의 잔존가치는 0이라고 예측할 수 있다. 미사용 약품은 모두 사용할 것이고, 약품살포장비와 제초용 칼의 경우는 내용연수 종료시점에 처분하여 획득할 금액이 매우 적을 것이기 때문이다. 웹사이트의 경우에도 잔존가치는 0이라고 예측할 수 있을 것이다. K-IFRS 제1038호 문단 100은 다음과 같이 구체적으로 무형자산의 잔존가치를 규정하고 있는데, Neverland Resort(주)의 필요성에 맞추어 제작한 웹사이트는 활성시장이 없을 것이기 때문이다. 내용연수가 유한한 무형자산의 잔존가치는 다음 중 하나에 해당하는 경우를 제외하고는 영(0)으로 본다.

A) 내용연수 종료시점에 제3자가 자산을 구입하기로 한 약정이 있다.

B) 무형자산의 활성시장(기업회계기준서 제1113호에 정의되어 있음)이 있고 다음을 모두 충족한다.

a) 잔존가치를 그 활성시장에 기초하여 결정할 수 있다.

b) 그러한 활성시장이 내용연수 종료시점에 존재할 가능성이 높다.

④ 감가상각은 자산이 사용가능한 때부터 시작한다. 즉, 경영진이 의도하는 방식으로 자산을 가동하는 데 필요한 장소와 상태에 이른 때부터 시작한다. 미사용 약품, 약품살포장비, 제초용 칼은 매입시점에 감가상각을 시작할 것이다. 웹사이트는 제작 이후 사용가능하게 된 시점부터 상각을 시작할 것이다.

감가상각은 자산이 매각예정자산으로 분류되는(또는 매각예정으로 분류되는 처분자산집단에 포함되는) 날과 자산이 제거되는 날 중 이른 날에 중지한다. 따라서 유형자산이 운휴중이거나 적극적인 사용상태가 아니어도, 감가상각이 완전히 이루어지기 전까지는 감가상각을 중단하지 않는다(K-IFRS 제1016호 문단 55). 무형자산 기준서의 내용도 유사하다(K-IFRS 제1038호 문단 97). 따라서 사례의 대부분의 유형자산 및 무형자산에 대하여 처분되거나 제거되는 날까지 감가상각을 중지하지 않는다. 단, 미사용 약품에 대해서 유형자산의 사용정도에 따라 감가상각을 하는 방법(생산량비례법)을 적용한다면, 생산활동이 이루어지지 않을 때 감가상각액을 인식하지 않을 수 있다.

따라서 Neverland Resort(주)는 (1) 각각의 유·무형자산을 언제까지 사용할 것인가와 (2) 미사용 약품의 경우는 매년 얼마를 소비할 것인가를 추정해야 한다. 단, 웹사이트의 경우, IT기술의 발전속도를 감안할 때 내용연수가 길지는 않을 것이라고 예측할 수 있다.

12. K-IFRS 제1016호 문단 31은 '최초인식 후에 공정가치를 신뢰성 있게 측정할 수 있는 유형자산은 재평가일의 공정가치에서 이후의 감가상각누계액과 손상차손누계액을 차감한 재평가금액을 장부금액으로 한다'고 규정하고 있다. 또한 재평가는 보고기간말에 자산의 장부금액이 공정가치와 중요하게 차이가 나지 않도록 주기적으로 수행하도록 요구하고 있다.

따라서 Neverland Resort(주)의 유형자산인 미사용 약품, 약품살포장비, 제초용 칼의 최초인식 후의 공정가치를 신뢰성 있게 측정할 수 있다면 이들에 대하여 재평가모형을 적용할 수 있다. 재평가모형을 적용한다면 주기적으로 공정가치 평가를 해야 한다. 그 외의 자세한 회계처리는 K-IFRS 제1016호 문단 31~42를 참조한다.

무형자산에 대한 재평가모형도 유형자산의 재평가모형과 크게 다르지 않다(K-IFRS 제1038호 문단 75~87). 그러나 문단 75는 무형자산의 공정가치는 활성시장을 기초로 하여 측정한다고 구체적으로 설명하고 있다. 본 사례에서 무형자산인 웹사이트는 Neverland Resort(주)의 영업에 맞추어 제작한 것으로 활성시장이 있다고 보기 어려울 것이다. 따라서 웹사이트에 대하여 재평가모형을 적용하기는 어려울 것으로 보인다.

13. 개념체계는 기업의 재무상태표에 자산을 최초로 인식해야 할 때의 개념(인식기준)을 제공하지만, 자산을 재무상태표에서 제거해야 할 때의 개념(제거기준)은 제공하지 않는다. 따라서 기준서 수준에서 규정된 제거규정을 사용해야 한다. 유형자산과 무형자산의 제거에 대한 규정은 다음과 같이 유사하다.

유형자산의 장부금액은 다음과 같은 때에 제거한다(K-IFRS 제1016호 문단 67)

① 처분하는 때

② 사용이나 처분을 통하여 미래경제적 효익이 기대되지 않을 때

무형자산은 다음의 각 경우에 재무상태표에서 제거한다(K-IFRS 제1038호 문단 112).

① 처분하는 때

② 사용이나 처분으로부터 미래경제적 효익이 기대되지 않을 때

유형자산인 미사용 약품, 약품살포장비, 제초용 칼은 위의 두 시점 중 이른 시점에 제거한다. 단, Neverland Resort(주)의 무형자산인 웹사이트는 Neverland Resort(주)의 영업에 맞추어 제작한 것이므로 처분은 어려울 것이다. 따라서 사용이나 처분으로부터 미래경제적 효익이 기대되지 않을 때 제거될 것이며, 따라서 제거시 당기손익에 미치는 영향은 없을 것이다.

14. 질적특성 중 일부가 표시와 공시에 대한 개념을 보여주기는 하지만 현재 개념체계에는 표시와 공시에 대한 구체적 언급은 없다. 따라서 관련 기준서(K-IFRS 제1001호, 제1016호, 제1038호)의 요구사항을 고려해야 한다.

유형(무형)자산의 장부금액은 재무상태표에 별도 항목으로 표시한다. 또한

감가상각비(상각비)는 유형(무형)자산의 취득가액에서 차감하여 표시한다. 유형(무형)자산이 계속사용이 아닌 매각거래를 통하여 주로 회수될 것이라면 이를 매각예정으로 분류한다.

추가로 공시와 관련해서는 다음을 공시해야 한다.

- 재무제표 작성 근거와 사용한 구체적인 회계정책에 대한 정보
- 미래에 대한 가정과 보고기간말의 추정 불확실성에 대한 기타 주요 원천에 대한 정보
- 회계정책을 적용하는 과정에서 추정에 관련된 공시와는 별도로, 재무제표에 인식되는 금액에 유의적인 영향을 미친 경영진이 내린 판단
- K-IFRS에서 요구하는 정보이지만 재무제표 어느 곳에도 표시되지 않는 정보
- 재무제표 어느 곳에도 표시되지 않지만 재무제표를 이해하는 데 목적적합한 정보

기타 자세한 유형자산과 무형자산의 표시 및 공시와 관련된 규정은 K-IFRS 제1016호 문단 73~79와 제1038호 문단 118~128을 참조한다.

15. 본 사례에서의 정부보조금은 수익관련보조금이다. 수익관련보조금에 대한 표시방법으로는 두 가지 방법이 인정된다(K-IFRS 제1020호 문단 29~31). 하나는 별도의 계정이나 '기타수익'과 같은 일반계정으로 표시하는 방법이고, 대체적인 방법은 관련비용에서 보조금을 차감하여 표시하는 방법이다. 첫 번째 방법은 보조금의 영향을 받지 않는 기타 비용과의 비교를 용이하게 한다. 반면에 두 번째 방법은 보조금과 관련비용이 관련되어 있음을 보여준다.

    재무제표의 적절한 이해를 위해 보조금을 공시하는 것이 필요할 수 있다. 별도로 공시해야 하는 수익이나 비용 항목에 대한 보조금의 효과는 일반적으로 공시하는 것이 적절하다.

16. 본 사례에서 원가와 효익의 균형이라는 포괄적 제약요건을 적용할 대상은 많지 않다. 그러나 재평가모형을 적용할 것인가를 결정할 때 이 포괄적 제약요건을 고려해 볼 수 있을 것이다. 재평가모형은 유형자산의 공정가치를 보여줌으로써 보다 목적적합한 정보를 제공한다는 효익이 있다. 그러나 재평가모형의 적용을 위해서는 많은 원가가 소요된다. 재평가모형의 적용을 위해서는 특정 유형자산뿐만 아니라, 해당 자산이 포함되는 유형자산 분류 전체를 재평가해야 한다. 또한 재평가는 보고기간말에 자산의 장부금액이 공정가치와 중요하게 차이가 나지 않도록 주기적으로 수행해야 한다. 따라서 재평가모형을 채택할 것인가를 결정함에 있어서 이러한 효익과 원가를 고려하여 결정해야 할 것이다.

공인회계사 기출문제 응용(2020년 이후)

1 무형자산 재평가

〈20×2. 1. 1〉

(차) 기타무형자산	500,000	(대) 현 금	500,000

〈20×2. 12. 31〉

(차) 감가상각비	100,000	(대) 감가상각누계액	100,000
(차) 기타무형자산	80,000	(대) 재평가이익(OCI)	80,000
감가상각누계액	100,000	기타무형자산	100,000

〈20×3. 12. 31〉

(차) 감가상각비	120,000	(대) 감가상각누계액	120,000
(차) 재평가잉여금	20,000	(대) 이익잉여금	20,000
(차) 재평가잉여금(OCI)	60,000	(대) 기타무형자산	200,000
재평가손실	20,000		
감가상각누계액	120,000		

감가상각후 장부금액	₩360,000
공정가치	280,000
장부금액감소액	₩80,000
기인식한 재평가이익 잔액	60,000
당기인식재평가손실	₩20,000

윤리문제

당기순이익을 고려하여 손상차손을 인식하지 않는 것은 중립성과 표현충실성을 심각하게 훼손시키는 윤리적 문제를 야기한다. 회계부서의 판단은 20×3년에도 ₩42,000을 감가상각으로 기록한 후 ₩129,000을 추가로 손상차손으로 인식해야 한다는 입장이다. 따라서 20×3년도에 총 ₩171,000을 비용 및 손상 처리하고, 잔여장부금액인 ₩165,000은 20×4년과 20×5년에 걸쳐 감가상각해야 한다고 보고 있다. 그러나 사장은 20×3년초 장부금액인 ₩336,000(=₩420,000−₩42,000×2년)을 3개년에 걸쳐서 ₩112,000씩 감가상각하자는 입장이다. 따라서 사장의 생각은 20×3년에 당기손익을 ₩59,000만큼 더 증가시키자는 것이다. 사장의 대안은 손상차손을 인식하지 않는 것이기 때문에 회계기준을 위반하는 것이다. 그 결과로 20×3년 회사의 이익이 높아지고 그에 따라 경영자의 성과가 높게 평가되어 경영자는 이익을 볼 것이다. 그러나 발생한 손상의 일부를 인식하지 않고 차기연도로 이연시키는 것은 외부관계자에게 공정하고 충실한 정보를 제공하지 못하는 결과를 초래한다. 따라서 외부이해관계자는 합리적인 의사결정을 할 수 없어서 손해를 입을 가능성이 높다. 따라서 사장에게 회계기준위반의 심각성을 이해시키고 손상차손을 인식하도록 하는 대안이 합리적이다.

제11장 금융상품, 금융자산 – 인식, 분류 및 측정

연습문제

1 금융상품의 식별

(1) 채무증권에 대한 투자 : 금융상품임; 투자원금 및 정기적인 이자를 받을 계약상의 권리를 보유하기 때문에 금융자산으로 본다.

(2) 종속회사에 대한 투자 : 금융상품이 아님; 종속회사에 대한 투자는 K-IFRS 제1027호(연결 및 별도 재무제표)에서 회계처리를 규정하고 있기 때문에 금융상품으로 보지 않는다.

(3) 회사가 운영하는 광산에 대한 복구충당부채 : 금융부채가 아님; 복구충당부채는 K-IFRS 제1037호(충당부채, 우발부채 및 우발자산)에서 회계처리를 규정하고 있기 때문에 금융부채로 보지 않는다.

(4) 건물 : 금융자산이 아님; 건물은 일반적으로 금융자산을 창출할 능력을 가지고 있다고 보지만 금융자산을 수취할 계약상의 권리가 없기 때문에 금융자산으로 볼 수 없다.

(5) 부가가치예수금 : 금융상품이 아님; 금융자산을 이전해야 할 의무이지만 계약상의 의무가 아니라 법에 의하여 강제되는 국가권력에 의한 의무이기 때문에 금융부채로 보지 않는다.

(6) 금괴 : 금융상품이 아님; 현금 또는 다른 금융자산을 수취할 수 있는 권리가 없기 때문에 금융상품의 정의를 만족시키지 못한다.

2 금융상품의 구분

(1) 표시이자가 5%이고 만기가 5년인 국공채에 대한 투자 : 현금흐름 수취를 목적으로 보유한다면 AC금융자산으로 구분하고, 상각후원가로 측정한다. FVPL금융자산 또는 FVOCI금융자산으로 구분하는 경우 모두 공정가치로 측정해야 하지만 전자의 경우에는 공정가치 변동을 당기손익에 반영하고, 후자의 경우에는 기타포괄손익으로 인식한다.

(2) 매출채권 : AC금융자산으로 기록하고, 상각후원가로 측정하며 취득가액과 액면금액의 차이는 유효이자율법을 이용한 상각후원가로 측정한다. 단기수취채권이어서 만기까지의 기간이 짧거나 현재가치할인의 효과가 크지 않은 경우에는 거래가격으로 측정한다.

(3) 성장성을 보고 장기보유목적으로 소유하고 있는 다른 상장회사의 보통주에 대한 투자 : FVPL금융자산으로 구분하고, 공정가치로 평가하며, 공정가치의 변동은 당기손익에 반영한다. 그러나 단기매매항목이 아니므로 최초인식시점에 후속적인 공정가치 변동을 기타포괄손익으로 표시하도록 지정할 수 있다. 다만 한번 지정하면 취소할 수 없으며 인식된 기타포괄손익을 이후에 당기손익으로 재순환할 수도 없다.

(4) 단기투자목적으로 소유하고 있는 다른 상장회사의 보통주에 대한 투자 : FVPL금융자산으로 구분하고, 공정가치로 평가하며, 공정가치의 변동은 당기손익에 반영한다.

(5) 만기까지 보유할 경우 그 시점의 보통주의 시가에 따라 변동가능한 수량의 보통주로 의무전환하도록 되어 있는 사채에 대한 투자 : 보유자는 만기까지 보유할 경우 만기금액만큼을 보통주로 받도록 되어 있기 때문에 보통주의 가격 변화에 대한 위험을 부담하지 않아서 확정적 원리금을 보장받는 사채에 대한 투자로 보아 사업모형이 현금흐름수취 목적이라면 AC금융자산으로 분류한다. 이 경우 이후에 상각후원가로 평가한다.

(6) 보유자가 선택권을 가진 상환가능우선주 : 보유자가 우선주로 보유할 때의 가치와 상환을 요청하는 경우 회수가능한 금액을 비교하여 상환여부를 결정하는 일종의 파생상품이다. FVPL로 분류하고 공정가치로 평가한다.

3 자기지분상품으로 결제되는 거래

(1) 해당 거래는 확정수량, 확정가격의 주식을 발행하는 경우이므로 지분상품을 발행한 거래이다.

(차) 기 계 장 치	10,000	(대) 자 본 금	1,000
		주식발행초과금	9,000

(2) 해당 거래는 확정수량, 확정가격의 주식을 발행하는 경우이므로 지분상품을 발행한 거래이다.

(차) 기 계 장 치	10,000	(대) 자 본 금	1,000
		주식발행초과금	9,000

(3) 해당 거래는 발행수량이 가변적이므로 금융부채이다.

(차) 기 계 장 치	10,000	(대) 금 융 부 채	10,000

4 금융상품의 분류

(1) 해당 금융상품은 만기 없이 일정 이자수익을 얻을 수 있는 채무상품과 유사하다. 하지만 발행자의 재매입권리로 인하여 계약상 현금흐름과 이자를 특정할 수 없으므로 FVOCI금융자산 또는 FVPL금융자산으로 분류해야 한다.

(2) 해당 대여금은 원금과 이자로 구성되어 있으나 원금의 최종 회수금액이 확정되어 있지 않다. 따라서 계약상 원금과 이자로 구성된 현금흐름이라고 할 수 없으며 FVOCI금융자산 또는 FVPL금융자산으로 분류한다.

5 금융상품의 취득시점의 공정가치 측정

공정가치를 측정할 경우, 공정가치 서열체계에 따라야 한다. 활성시장이 존재할 경우, 시장가격은 가장 좋은 공정가치의 추정치이다. 따라서 독립적인 추정치들이 더 높은 가격으로 처분할 수 있음을 나타낸다고 해서, 시장가격을 사용하지 않을 수는 없다. 따라서 민경(주)는 정은(주)의 주식을 ₩1,000에 평가해야 한다.

6 금융상품의 분류 및 후속측정

1. 공채는 원금과 이자로만 구성된 현금흐름을 갖고 있으며 경미(주)의 사업모형이 만기까지 보유이기 때문에 동 공채에 대한 투자를 AC금융자산으로 회계처리해야 한다. 따라서 20×1. 12. 31에 재무상태표에 보고할 장부금액은 투자액과 동일한 ₩75,000이며, 공정가치 증가에 대해서는 당기손익이나 기타포괄손익으로 인식하지 않는다.

〈20×1. 1. 1〉

(차)	AC금융자산	75,000	(대) 현 금	75,000

〈20×1. 12. 31〉 분개 불필요

2. 경미(주)의 사업모형이 계약상 현금흐름의 수취와 필요시 처분하는 모형이기 때문에 동 공채에 대한 투자를 FVOCI금융자산으로 회계처리해야 한다. 따라서 20×1. 12. 31에 재무상태표에 보고할 장부금액은 공정가치인 ₩80,000이며, 공정가치 증가 ₩5,000은 미실현평가손익인 기타포괄손익(OCI)으로 인식해야 한다.

〈20×1. 1. 1〉

(차)	FVOCI금융자산	75,000	(대) 현 금	75,000

〈20×1. 12. 31〉

(차)	FVOCI금융자산	5,000	(대) 금융자산평가이익(OCI)	5,000

7 AC금융자산(장기받을어음)

(1) (차)	장기받을어음	8,000	(대) 토 지	4,500
			유형자산처분이익	500
			현재가치할인차금	3,000

(2) (차) 장기받을어음 3,000 (대) 현재가치할인차금 547
용 역 수 익 2,453*

* 현재가치 : ₩3,000×0.6355(12%, 4년)+₩180×3.0373(12%, 4년)=₩2,453

위 두 거래에서 기록한 AC금융자산(장기받을어음)에 대해서는 유효이자율법을 적용하여 AC금융자산의 차감계정인 현재가치할인차금을 상각하고 이자수익을 인식한다. 현재가치할인차금의 상각은 장부금액을 증가시킨다.

8 AC금융자산(채무증권)

현재가치계산 (표시이자율=4.72%, 유효이자율=10%)

채무증권의 액면금액		₩1,250
채무증권의 현재가치 :		
액면금액의 현재가치(₩1,250×0.6209)	₩776	
이자의 현재가치(₩59×3.7908)	224	(1,000)
액면금액과 현재가치의 차액		₩250

다음 표는 채무상품의 보고기간별 상각후원가, 이자수익 및 현금흐름에 대한 정보를 제공한다.

연도	기초상각후원가 (A)	이자수익 (B=A×10%)	현금흐름 (C)	기말상각후원가 (D=A+B−C)
20×1	₩1,000	₩100	₩59	₩1,041
20×2	1,041	104	59	1,086
20×3	1,086	109	59	1,136
20×4	1,136	113	59	1,190
20×5	1,190	119	59	1,250

① 20×1. 1. 1(AC금융자산의 취득)

(차) AC금융자산* 1,000 (대) 현 금 1,000

* 여기에서는 AC금융자산은 순액(액면금액−현재가치할인차금)으로 기록한 경우이며, AC금융자산을 액면금액 ₩1,250을 기록하고 그 차감계정인 현재가치할인차금 ₩250을 대변에 기록해도 된다.

② 20×1. 12. 31(이자수취)

(차) 현 금 59 (대) 이 자 수 익 100
AC금융자산 41

③ 20×5. 12. 31(만기)

(차) 현 금 59 (대) 이 자 수 익 119
AC금융자산 60
(차) 현 금 1,250 (대) AC금융자산 1,250

9 FVPL금융자산(채무증권)의 회계처리

(1) B회사 : (요구사항에서는 매입시점과 매도시점의 분개만 요구하고 있다)

〈20×1. 8. 1〉

(차)	FVPL금융자산	9,900	(대) 현 금	10,300
	미 수 이 자*	400		

* 취득시 현금지급액에는 B회사가 보유하기 전 미수이자를 포함하고 있다. 미수이자는 이자수취시에 함께 받을 것이기 때문에 이를 구분하여 인식한다.

〈20×2. 2. 1〉

(차)	미 수 이 자	600	(대) 이 자 수 익	600
(차)	금융자산평가손실	50	(대) FVPL금융자산	50
(차)	현 금	10,850	(대) FVPL금융자산	9,850
			미 수 이 자	1,000

* 미수이자와 이자수익을 별도로 인식하였으므로 금융자산평가손익은 이를 제외하고 계산한다. ₩9,850(= ₩10,850 − ₩1,000) − ₩9,900(= ₩10,300 − ₩400) = (₩50)

(2) C회사 : (요구사항에서는 매입 및 이자수취에 관한 분개만 요구하고 있다)

〈20×2. 2. 1〉

(차)	FVPL금융자산	9,850	(대) 현 금	10,850
	미 수 이 자	1,000		

〈20×2. 3. 31〉

(차)	현 금	1,200	(대) 이 자 수 익	200
			미 수 이 자	1,000

10 FVPL금융자산과 FVOCI금융자산(지분상품)

1. 〈20×1. 12. 31〉

(차)	금융자산평가손실(OCI)	200,000	(대) FVOCI금융자산(A)	200,000
(차)	금융자산평가손실(PL)	250,000	(대) FVPL금융자산(B)	250,000

〈20×2. 3. 1〉

(차)	FVOCI금융자산(A)	80,000	(대) 현 금	80,000

〈20×2. 7. 1〉

(차)	현 금	260,000	(대) FVOCI금융자산(A)	140,000*
			금융자산평가이익(OCI)**	120,000

* 주식단가 : $\frac{₩280,000}{800주}$ = ₩350, ₩350 × 400주 = ₩140,000

** FVOCI금융자산이 지분증권인 경우 FVOCI는 취소불능선택권을 행사하여 지정한 것이므로 처분손익(PL)을 인식할 수 없고 OCI로 회계처리해야 한다.

2. 〈20×2. 12. 31〉

(차) FVOCI금융자산(A) 110,000* (대) 금융자산평가이익(OCI) 110,000

* ₩250,000 − ₩140,000 = ₩110,000

(차) FVPL금융자산(B) 150,000* (대) 금융자산평가이익(PL) 150,000

* ₩200,000 − ₩50,000 = ₩150,000

부분재무상태표

FVPL금융자산(B)	200,000	FVOCI금융자산평가손실	(30,000)*
FVOCI금융자산(A)	250,000		

* (₩200,000) + ₩120,000 + ₩110,000 = (₩30,000)

당기순이익 :	FVPL금융자산평가이익	₩150,000
기타포괄손익 :	FVOCI금융자산평가이익	230,000
총포괄이익 :		₩380,000

11 AC금융자산 – 채무증권의 중도상환

현재가치계산 (표시이자율 = 4.72%, 유효이자율 = 10%)

채무증권의 액면금액		₩1,250
채무증권의 현재가치 :		
액면금액의 현재가치(₩1,250 × 0.6209)	₩776	
이자의 현재가치(₩59 × 3.7908)	224	(1,000)
액면금액과 현재가치의 차액		₩250

20×3년의 채무상품의 기초장부금액은 조정된다. 조정금액은 20×3년도와 그 후의 기간에 수취할 것으로 예상하는 금액을 최초의 유효이자율(10%)로 할인하여 산출한다. 따라서 20×3년의 새로운 기초장부금액(중도상환을 고려한 현재가치)은 다음과 같이 ₩1,138이 된다.

(₩625 + ₩59) × 0.9091 + ₩30 × 0.8264 + (₩625 + ₩30) × 0.7513 = ₩1,138

조정된 금액 ₩52(= ₩1,138 − ₩1,086)은 20×3년도의 당기손익으로 기록한다.

다음 표는 추정의 변경을 고려하여 조정된 상각후원가, 이자수익 및 현금흐름에 대한 정보를 제공한다.

연도	기초 상각후원가 (A)	이자수익 (B = A × 10%)	현금흐름 (C)	기말 상각후원가 (D = A + B − C)
20×1	₩1,000	₩100	₩59	₩1,041
20×2	1,041	104	59	1,086
20×3	1,086 + 52	114	625 + 59	568
20×4	568	57	30	595
20×5	595	60	30	625

① 20×1. 1. 1(AC금융자산 취득)

(차) AC금융자산	1,000	(대) 현 금	1,000

② 20×1. 12. 31(이자수취)

(차) 현 금	59	(대) 이 자 수 익	100
AC금융자산	41		

③ 20×3. 1. 1(중도상환에 따른 상각후원가 조정)

(차) AC금융자산	52	(대) 상각후원가조정이익	52

④ 20×3. 12. 31(이자수취 및 중도상환)

(차) 현 금	59	(대) 이 자 수 익	114
AC금융자산	55		
(차) 현 금	625	(대) AC금융자산	625

12 FVOCI금융자산(채무증권)의 취득과 처분

〈상각표〉

일 자	실질이자(10%)	액면이자(8%)	차금상각액	장부금액
20×1. 7. 1				₩950,000
20×2. 6.30	₩95,000	₩80,000	₩15,000	965,000
20×3. 6.30	96,500	80,000	16,500	981,500

* 금융자산이나 금융부채는 최초인식시점에 공정가치로 측정한다. 최초인식시점의 금융상품 공정가치는 일반적으로 거래가격이다. 그러나 거래가격 중 일부가 금융상품이 아닌 다른 것에 대한 대가라면, 평가기법을 사용하여 금융상품의 공정가치를 추정하고, 추가로 지급한 금액이 어떤 형태로든 자산의 인식기준을 충족하지 못하면, 당해 금액은 비용으로 인식하거나 수익에서 차감한다(K-IFRS 제1039호 AG64).
따라서 우진(주)가 취득한 사채의 최초인식금액은 ₩940,000이 아닌, ₩950,000이다.

⇒ 20×1. 12. 31 FVOCI금융자산평가손익 :
₩930,000 − (₩950,000 + ₩15,000* × 6/12) = (−)₩27,500
* 할인차금상각액

20×2. 4. 1(처분시점)의 손익효과

① 이자수익 : ₩95,000 × 3/12 = ₩23,750

② FVOCI금융자산처분손익 :
(₩980,000 − ₩80,000 × 9/12*) − (₩950,000 + ₩15,000 × 9/12**) = (−)₩41,250
* 발생이자경과분
** 할인차금경과분

③ FVOCI금융자산평가손실의 재분류조정효과 : (+)₩27,500

따라서 당기손익효과 : ₩23,750 − ₩41,250 = ₩17,500(감소)
기타포괄손익효과 : ₩27,500(증가)

〈참고〉 회계처리

일자	차변	금액	대변	금액
20×1. 7. 1	(차) FVOCI금융자산	950,000	(대) 현 금	940,000
			금융자산취득이익	10,000
20×1.12.31	(차) 미 수 이 자	40,000	(대) 이 자 수 익	47,500
	FVOCI금융자산	7,500		
	(차) 금융자산평가손익(OCI)	27,500	(대) FVOCI금융자산	27,500
20×2. 4. 1	(차) 미 수 이 자	20,000	(대) 이 자 수 익	23,750
	FVOCI금융자산	3,750		
	(차) 현 금	60,000	(대) 미 수 이 자	60,000
	(차) 현 금	920,000	(대) FVOCI금융자산	933,750*
	금융자산처분손실	13,750		

* ₩950,000＋₩7,500－₩27,500＋₩3,750＝₩933,750

	(차) 금융자산처분손실	27,500	(대) 금융자산평가손익(OCI)	27,500

13 외상매출금의 양도

(1) 외상매출금의 팩토링

차변	금액	대변	금액
(차) 현 금	108,000	(대) 외상매출금	120,000
채권처분손실	12,000*		

* ₩120,000×0.1＝₩12,000

(2) 외상매출금의 담보차입

차변	금액	대변	금액
(차) 현 금	248,400	(대) 차 입 금	270,000
이 자 비 용	21,600*		

* ₩270,000×0.08＝₩21,600

14 받을어음의 양도

일 자	제거할 수 있는 양도	제거할 수 없는 양도
4. 1 (용역수익인식)	받 을 어 음 30,000 용 역 수 익 30,000	받 을 어 음 30,000 용 역 수 익 30,000
7. 1 (받을어음 할인)	현 금 30,555 채권처분손실 195* 받 을 어 음 30,000 이 자 수 익 750	현 금 30,555 이 자 비 용 195* 단기차입금 30,000 이 자 수 익 750
10. 1 (정상결제)	－분개 없음－	단기차입금 30,000 받 을 어 음 30,000

10. 1 (부도처리)	부도어음 31,590# 현 금 31,590	부도어음 31,590 현 금 31,590 단기차입금 30,000 받을어음 30,000

* 만기금액 : ₩30,000 + ₩30,000 × 10% × 6/12 = ₩31,500
할 인 액 : ₩31,500 × 12% × 3/12 = (945)
현금수취액 : = ₩30,555
장부금액 : ₩30,000 + ₩30,000 × 10% × 3/12 = (30,750)
채권처분손실(또는 이자비용) = ₩195

\# 만기금액 + 소구비용 = ₩31,500 + ₩90 = ₩31,590

15 받을어음의 할인

일 자	남녘(주)	북녘(주)
5. 1	외상매입금 600,000 지급어음 600,000	받을어음 600,000 외상매출금 600,000
5. 16	– 분개 없음 –	미수이자 2,500* 이자수익 2,500* 현 금 598,563** 채권처분손실 3,937 받을어음 600,000 미수이자 2,500
6. 30	지급어음 600,000 현 금 600,000 이자비용 10,000 현 금 10,000	* ₩600,000 × 0.1 × $\frac{15}{360}$ = ₩2,500 ** 현금수령액 : ₩610,000(만기금액) – ₩610,000 × 0.15 × 45/360(할인액) = ₩598,563

16 금융자산의 일부제거

일부제거의 회계처리를 위해서는 양도하는 부분(액면금액)과 계속 보유하는 부분(이자)의 상대적 공정가치에 비례하여 장부금액을 배분하고 처분손익을 계산해야 한다. 양도하는 원금의 비율은 70.7%(= ₩78,353/₩110,824)이다. 상대적 비율에 따라 액면금액에 배분된 장부금액은 ₩70,700(= ₩100,000 × 70.7%), 금융자산처분이익은 ₩7,653(= ₩78,353 – ₩70,700)이며 다음과 같이 일부제거에 대한 회계처리를 한다.

(차) 현 금	78,353	(대) AC금융자산	70,700
		금융자산처분이익	7,653

보-17 결제일회계처리방법 : 비현금 금융자산의 교환

〈20×2. 12. 29(매매일)〉

(차) FVPL금융자산(사채B)	1,010	(대) 채　　무	1,010

〈20×2. 12. 31(회계기말)〉

(차) 금융자산평가손실(PL)	1	(대) FVPL금융자산(사채B)	1

〈20×3. 1. 4(결제일)〉

(차) 채　　무	1,010	(대) AC금융자산(받을어음A)	1,000
금융자산평가손실(PL)	2	FVPL금융자산(사채B)	2
		AC금융자산처분이익(PL)	10

보-18 매매일 또는 결제일 : 매도에 따라 기록할 금액

1. 매매일회계처리방법

일 자	계 정	AC금융자산인 경우	FVPL금융자산인 경우
20×2.12.28 (매매일)	수 취 채 권 　금 융 자 산 　처 분 손 익(PL) 　평 가 손 익(PL)	1,010 　1,000 　10 	1,010 　1,000 　10
20×2.12.31 (기말)		- 분개 없음 -	- 분개 없음 -
20×3. 1. 4 (결제일)	현　　금 　수 취 채 권	1,010 　1,010	1,010 　1,010

2. 결제일회계처리방법

공정가치의 변동에 대한 매도자의 권리는 매매일에 중지되기 때문에 정형화된 방법으로 매도하는 거래에 결제일회계처리방법을 적용하더라도 매매일과 결제일 사이의 금융자산 공정가치의 변동은 재무제표에 기록하지 아니한다.

일 자	계 정	AC금융자산인 경우	FVPL금융자산인 경우
20×2.12.28 (매매일)	금 융 자 산 　평 가 손 익(PL)	- 분개 없음 -	10 　10
20×2.12.31 (기말)		- 분개 없음 -	- 분개 없음 -
20×3. 1. 4 (결제일)	현　　금 　금 융 자 산 　처 분 이 익(PL)	1,010 　1,000 　10	1,010 　1,010

제12장 금융자산 – 손상, 재분류 및 보고

연습문제

1 손상의 평가 – 원금과 이자

상각후원가로 측정하는 대여금에 대한 손상차손으로 인식할 금액은 대여금의 장부금액과 대여금에 대한 최초 유효이자율로 할인한 미래 원금지급액과 이자지급액의 현재가치의 차이이다. (1)과 (2)의 경우 모두 최초 유효이자율로 할인한 미래 원금지급액과 이자지급액의 현재가치는 당해 대여금의 장부금액보다 낮을 것이므로 손상차손을 인식한다.

2 기대손실모형 – 충당금설정률표사용법

1) 충당금설정률표 작성

연령구분	금 액	기대손실률	손상차손추산액
연체되지 않음	₩700,000	0.9%	₩6,300
30일 초과~60일 이내	130,000	4.0%	5,200
60일 초과~90일 이내	50,000	18.0%	9,000
90일 초과	20,000	25.0%	5,000
계	₩900,000		₩25,500

2) 손상차손회계처리

(차) 손 상 차 손 16,000* (대) 손실충당금 16,000

* 손실충당금추산액(₩25,500) − 손실충당금누계액(₩9,500) = ₩16,000

3 대여금의 손상차손

신용손실이 기대된다면 손상차손을 인식한다. 기대신용손실액은 12개월 또는 전체기간(신용위험이 유의적으로 증가한 경우) 총장부금액과 추정미래현금의 현재가치(최초 유효이자율로 할인)의 차이(또는 현금부족액의 현재가치)로 산출한다.

4 FVOCI금융자산의 손상차손(Ⅰ)

1) 20×1. 12. 31

〈이자수익 인식〉

(차) 현 금	500	(대) 이 자 수 익	810*
FVOCI금융자산	310		

* ₩8,106(총장부금액)×10%(유효이자율)=₩810

〈공정가치 변동 인식〉

(차) 금융자산평가손실(OCI)	1,270	(대) FVOCI금융자산	1,270*

* ₩7,146(공정가치)−₩8,416(재평가 전 장부금액=₩8,106+₩310)=−₩1,270

2) 20×2. 1. 1

〈손상의 회계처리〉

(차) 손 상 차 손(PL)	1,584	(대) FVOCI금융자산	2,572*
금융자산평가손실(OCI)	988**		

* 공정가치 변동액 : ₩4,574−₩7,146=−₩2,572

** 손상차손을 제외한 공정가치 변동액 : ₩2,572−₩1,584=₩988

또는 다음과 같이 공정가치 변동을 기타포괄손익으로 먼저 반영한 후 손상회계처리를 할 수 있다.

(차) 금융자산평가손실(OCI)	2,572	(대) FVOCI금융자산	2,572
(차) 손 상 차 손(PL)	1,584	(대) 금융자산평가손실(OCI)	1,584

3) 20×2. 12. 31

〈이자수익 인식〉

(차) FVOCI금융자산	546	(대) 이 자 수 익	546*

* ₩5,465# ×10%(유효이자율)=₩546

\# 미래현금흐름의 현재가치 : ₩5,465=₩8,000/$(1+0.1)^4$ (최초 유효이자율 사용)

〈공정가치 변동 인식〉

(차) FVOCI금융자산	141	(대) 금융자산평가손익(OCI)	141*

* ₩5,261(공정가치)−₩5,120(재평가 전 장부금액=₩4,574+₩546)=₩141

4) 20×3. 12. 31

〈이자수익 인식〉

(차) FVOCI금융자산	601	(대) 이 자 수 익	601*

* ₩6,011#(=₩5,465+₩546)×10%(유효이자율)=₩601

\# 미래현금흐름의 현재가치 : ₩6,011=₩8,000/$(1+0.1)^3$ (최초 유효이자율 사용)

〈공정가치 변동 인식〉

(차) 금융자산평가손실(OCI)	188	(대) FVOCI금융자산	188*

* ₩6,050(공정가치)−₩5,862(재평가 전 장부금액=₩5,261+₩601)=₩188

5) 20×4. 1. 1

〈손상 회복의 회계처리〉

(차) FVOCI금융자산 2,325* (대) 손상차손환입(PL) 1,084**
금융자산평가이익(OCI) 1,241***

* 공정가치 변동액 : ₩8,375 – ₩6,050 = ₩2,325
** 손상차손환입금액 : ₩1,584 – ₩500 = ₩1,084
*** 손상차손환입을 제외한 공정가치 변동액 : ₩2,325 – ₩1,084 = ₩1,241

또는 다음과 같이 공정가치 변동을 기타포괄손익으로 먼저 반영한 후 손상차손환입 회계처리를 할 수 있다.

(차) FVOCI금융자산 2,325 (대) 금융자산평가손익(OCI) 2,325
(차) 금융자산평가손익(OCI) 1,084 (대) 손상차손환입(PL) 1,084

6) 20×4. 12. 31

〈이자수익 인식〉

(차) 현 금 500 (대) 이 자 수 익 913*
FVOCI금융자산 413

* ₩9,132# × 10%(유효이자율) = ₩913
\# 미래현금흐름의 현재가치 : ₩9,132 = ₩500/(1 + 0.1) + 10,500/(1 + 0.1)^2 (최초 유효이자율 사용)

〈공정가치 변동 인식〉

(차) FVOCI금융자산 344* (대) 금융자산평가손익(OCI) 344

* ₩9,132(공정가치) – ₩8,788(= ₩8,375 + ₩413) = ₩344

5 AC금융자산과 FVOCI금융자산의 손상차손

일 자	유효이자	액면이자	상각액	장부금액
20×1년초				₩95,025
20×1년말	₩9,503	₩8,000	₩1,503	96,528
20×2년말	9,653	8,000	1,653	98,181
20×3년말	9,819	8,000	1,819	100,000

1. AC금융자산	2. FVOCI금융자산
1) 20×1년	
–사채취득	
(차) AC금융자산 95,025 (대) 현 금 95,025	(차) FVOCI금융자산 95,025 (대) 현 금 95,025
–이자수익 인식	
(차) 현 금 8,000 AC금융자산 1,503 (대) 이 자 수 익 9,503	(차) 현 금 8,000 FVOCI금융자산 1,503 (대) 이 자 수 익 9,503

—손상차손 인식

(차) 금융자산손상차손 48,261*	(차) 금융자산평가손실 49,903
(대) 금융자산손실충당금 48,261	(대) FVOCI금융자산 49,903**
	(차) 금융자산손상차손 48,261
	금융자산평가손익누계액 1,642
	(대) 금융자산평가손실 49,903

* 추정 미래현금흐름의 현재가치 : ₩50,000×0.8265+₩4,000×1.7355
=₩48,267(최초 유효이자율 10%를 적용)
금융자산손상차손액 : ₩48,267−₩96,528(총장부금액)=(₩48,261)
** 공정가치 : ₩50,000×0.7973+₩4,000×1.6901=₩46,625(현행 유효이자율 12%를 적용)
금융상품 조정금액 : ₩46,625−₩96,528(총장부금액)=(₩49,903)

2) 20×2년

—이자수익 인식

(차) 현 금 4,000	(차) 현 금 4,000
AC금융자산 826	FVOCI금융자산 826
(대) 이 자 수 익 4,826*	(대) 이 자 수 익 4,826

* ₩48,267(상각후원가)×0.1(최초이자율)

—손상차손 회복

(차) 금융자산손실충당금 29,090	(차) FVOCI금융자산 29,090
(대) 금융자산손상차손환입 29,090*	(대) 금융자산손상차손환입 29,090*

* 추정 미래현금흐름의 현재가치 : ₩86,000×0.9091=₩78,183(최초 유효이자율 10%를 적용)
금융자산손상차손환입액 : ₩78,183−₩49,903(=₩48,267+₩826)=₩29,090

6 FVOCI금융자산의 손상차손(Ⅱ)

일 자	이자수익(유효이자)	액면(현금)이자	상각액	장부금액
20×1년초				₩95,025
20×1년말	₩9,503	₩8,000	₩1,503	96,528
20×2년말	9,653	8,000	1,653	98,181
20×3년말	9,819	8,000	1,819	100,000

1) 20×1년

(차) FVOCI금융자산	95,025	(대) 현 금	95,025
(차) 현 금	8,000	(대) 이 자 수 익	9,503
FVOCI금융자산	1,503		
(차) 금융자산평가손익	528*	(대) FVOCI금융자산	528

* ₩96,000−₩96,528=(₩528)

2) 20×2년

(차) 현 금	8,000	(대) 이 자 수 익	9,653
FVOCI금융자산	1,653		
(차) 금융자산손상차손	20,000**	(대) FVOCI금융자산	21,392*
금융자산평가손익	1,392		

* 금융자산평가손익 : 공정가치 - 유효이자율표상 장부금액 = ₩76,789 - ₩98,181 = (₩21,392)
(주) 공정가치 : ₩86,000 × 0.8929 = ₩76,789(현행 유효이자율 12%를 적용)
** FVOCI금융자산 기대신용손실(손상차손) = ₩22,000(현금부족액)/1.1 = ₩20,000

7 금융상품 관련 수익과 비용의 구분

(1) 상환불능 우선주에게 지급한 배당금 : 자본(이익잉여금)에서 차감
(2) 보유자의 선택권에 따라 상환가능한 우선주에 지급된 배당금 : 보유자의 선택권에 따라 상환해야 한다면 이는 부채로 보아야 한다. 따라서 금융부채로 분류된 우선주에 대한 배당금은 이자비용의 성격으로 보아 당기손익에 반영해야 한다.
(3) 5년 만기 고정이자지급조건의 지급어음에서 발생한 이자지급액 : 이자비용으로 보아 당기손익에 반영해야 한다.
(4) 복합금융상품으로 구분된 전환사채에서 발생한 이자지급액 : 복합금융상품 중 금융부채로 구분된 부분에서 발생한 이자지급액은 비용으로 당기손익에 반영해야 한다.

8 금융자산의 재분류

일 자	이자수익(유효이자)	액면(현금)이자	상각액	장부금액
20×1년초				₩10,515
20×1년말	₩841	₩1,000	(₩159)	10,356
20×2년말	828	1,000	(172)	10,184
20×3년말	814	1,000	(184)	10,000

〈상황 1〉 20×1. 12. 31에 FVOCI금융자산에서 AC금융자산으로 재분류하는 경우
〈20×1. 12. 31〉

– 이자수익 인식

(차) 현 금	1,000	(대) 이 자 수 익	841
		FVOCI금융자산	159

– 공정가치 측정

(차) FVOCI금융자산	377	(대) 금융자산평가손익	377*

* ₩10,733 - ₩10,356 = ₩377

－재분류일(20×2. 1. 1)

(차) AC금융자산	10,356	(대) FVOCI금융자산	10,733
금융자산평가손익	377		

〈20×2. 12. 31〉

(차) 현　　금	1,000	(대) 이 자 수 익	828
		AC금융자산	172

* ₩10,356×8%＝₩828

〈상황 2〉 20×1. 12. 31에 AC금융자산에서 FVOCI금융자산으로 재분류하는 경우

〈20×1. 12. 31〉

－이자수익 인식

(차) 현　　금	1,000	(대) 이 자 수 익	841
		AC금융자산	159

－재분류 (20×2. 1. 1)

(차) FVOCI금융자산	10,733	(대) AC금융자산	10,356
		금융자산평가손익	377*

* ₩10,733－₩10,356＝₩377

〈20×2. 12. 31〉: 최초취득시점 이자율인 8%로 계산함

(차) 현　　금	1,000	(대) 이 자 수 익	828
		FVOCI금융자산	172
(차) 금융자산평가손익	239	(대) FVOCI금융자산	239*

* ₩10,800－(₩10,733－₩172)＝₩239

9 FVPL금융자산의 재분류

1. ₩468,296－₩460,000＝₩8,296(FVPL금융자산평가이익)

2. ①

재분류시점 :	(차) FVOCI금융자산	468,296	(대) FVPL금융자산	468,296
20×2. 12. 31 :	(차) 현　　금	40,000	(대) 이 자 수 익	46,830*
	FVOCI금융자산	6,830		

* ₩468,296×10%＝₩46,830

(차) 금융자산평가손실	7,674	(대) FVOCI금융자산	19,674*
금융자산손상차손	12,000		

* ₩455,452(공정가치)－₩475,126(＝₩468,296＋₩6,830)＝₩19,674

② 재분류시점 : (차) AC금융자산 468,296 (대) FVPL금융자산 468,296

20×2. 12. 31 : (차) 현 금 40,000 (대) 이 자 수 익 46,830*

AC금융자산 6,830

* ₩468,296×10%=₩46,830

(차) 금융자산손상차손 12,000 (대) 금융자산손실충당금 12,000

보-10 채무불이행확률접근법

보고기간말에 12개월 PD는 여전히 0.5%이다. 기홍(주)는 최초인식 후에 신용위험이 유의적으로 증가하지 않았다고 판단하였으므로 12개월 기대신용손실에 해당하는 금액으로 손실충당금을 측정한다.

이에 따라 손실충당금은 ₩1,250(=₩1,000,000×25%×0.5%)으로 산출된다.

보-11 손실률접근법

그룹	그룹 내 고객의 수 (A)	채무불이행의 경우 고객당 총장부금액 추정치 (B)	채무불이행의 경우 총장부금액 추정치 합계 (C=A×B)	채무 불이행 예상 (D)	채무불이행의 경우 총장부금액 합계액의 추정 (E=B×D)	관측된 손실의 현재가치 (F)	손실률 (G=F÷C)
A	1,000개	₩400	₩400,000	5개	₩2,000	₩1,760	0.44%
B	1,000개	₩600	₩600,000	3개	₩1,800	₩1,620	0.27%

총기대신용손실액=₩1,760+₩1,620=₩3,380

총손실률=₩3,380/₩1,000,000=0.338%

공인회계사 기출문제 응용(2020년 이후)

1 종합문제

1. 〈20×1. 1. 1 발행시점 회계처리〉

발행가 : ₩1,896,852(=₩120,000×2.5771+₩2,000,000×0.7938)

(차) FVPL금융자산 1,896,852 (대) 현 금 1,896,852

〈20×1. 12. 31〉

(차) 현 금 120,000 (대) 이 자 수 익 120,000

FVPL금융자산 3,148 금융자산평가이익 3,148

〈20×2. 12. 31〉

(차)	현 금	120,000	(대)	이 자 수 익	120,000
	금융자산평가손실	100,000		FVPL금융자산	100,000

2. 〈20×1. 1. 1 발행시점 회계처리〉

(차)	FVOCI금융자산	1,896,852	(대)	현 금	1,896,852

〈20×1. 12. 31〉

(차)	현 금	120,000	(대)	이 자 수 익	151,748
	FVOCI금융자산	31,748			
(차)	FVOCI금융자산평가손실(OCI)	28,600	(대)	FVOCI금융자산	28,600
	기대신용손실	20,000		FVOCI금융자산평가손실(OCI)	20,000

〈20×2. 12. 31〉

(차)	현 금	120,000	(대)	이 자 수 익	154,288
	FVOCI금융자산	34,288			
(차)	FVOCI금융자산평가손실(OCI)	96,852	(대)	FVOCI금융자산	96,852
	기대신용손실	50,000		FVOCI금융자산평가손실(OCI)	50,000

AC금융자산 기대 장부금액	₩1,928,600
공정가치	1,800,000
기대 FVOIC금융자산평가손실누계액	₩128,600
FVOCI금융자산평가손실누계액 잔액	31,748
FVOCI금융자산평가손실 증감액	₩96,852

당기 기대신용손실 인식액 : ₩50,000(= ₩70,000 − ₩20,000)

3. 〈20×1. 12. 31의 장부금액〉

FVOCI금융자산 장부금액	₩1,900,000
기대신용손실	20,000
FVOCI 재평가손실누계액	8,600

AC금융자산으로 변동하는 경우, 최초시점부터 AC금융자산을 취득한 것으로 회계처리한다.

〈20×2. 1. 1〉

(차)	AC금융자산	1,900,000	(대)	FVOCI금융자산	1,900,000
	AC금융자산	8,600		금융자산재평가손실누계액	8,600
	AC금융자산	20,000		AC금융자산 기대신용손실누계액	20,000

〈20×2. 12. 31〉

(차) 현 금	120,000	(대) 이 자 수 익	151,748
AC금융자산	31,748		
(차) 기대신용손실	50,000	(대) AC금융자산 기대신용손실누계액	50,000

2 종합문제

1. 〈20×1. 1. 1 발행시점 회계처리〉

발행가	₩883,276	(= ₩60,000 × 3.8896 + ₩1,000,000 × 0.6499)
20×1. 5. 1까지 발생이자	26,498	(= ₩883,276 × 9% × 4/12)
현금지급액	₩909,774	

(차) AC금융자산	889,774	(대) 현 금	909,774
미 수 이 자	20,000		

〈20×1. 12. 31〉

(차) 현 금	60,000	(대) 이 자 수 익	52,997
AC금융자산	12,997	미 수 이 자	20,000

〈20×1. 12. 31 손상 회계처리〉

장부금액	₩902,771	
예상현금흐름 현재가치	560,674	(= ₩20,000 × 3.2397 + ₩700,000 × 0.7084)
손상금액	₩342,097	

(차) 손 상 차 손	342,097	(대) AC금융자산(또는 손상차손누계액)	342,097

〈20×2. 12. 31〉

(차) 현 금	20,000	(대) 이 자 수 익	50,461
AC금융자산	30,461		

〈20×2. 12. 31 손상회복 회계처리〉

장부금액	₩591,135	
예상현금흐름 현재가치	719,012	(= ₩40,000 × 2.5313 + ₩800,000 × 0.7722)
손상환입금액	₩127,877	

(차) AC금융자산	127,877	(대) 손상차손환입	127,877

2.

20×2. 12. 31 장부금액	₩719,012	(= ₩40,000 × 2.5313 + ₩800,000 × 0.7722)
공정가치	758,012	(= ₩40,000 × 2.6243 + ₩800,000 × 0.8163)
평가이익(손실)	₩39,000	

회계처리는 다음과 같다.

(차) FVPL금융자산	719,012	(대) AC금융자산	719,012
(차) FVPL금융자산	39,000	(대) 금융자산평가이익	39,000

3. 〈20×1. 5. 1 사채 취득시점의 회계처리〉

(차) FVOCI금융자산	889,774	(대) 현 금	909,774
미 수 이 자	20,000		

〈20×1. 12. 31〉

(차) 현 금	60,000	(대) 이 자 수 익	52,997
AC금융자산	12,997	미 수 이 자	20,000

〈20×1. 12. 31 사채의 공정가치 및 손상〉

(차) 손 상 차 손	342,097	(대) FVOCI금융자산	402,771
금융자산재평가손실(OCI)	60,674		

(계산근거)

장부금액	₩902,771
사채의 예상현금흐름 현재가치	560,674(= ₩20,000×3.2397 + ₩700,000×0.7084)
손상금액	₩342,097
사채의 공정가치	₩500,000
재평가손실(OCI)	₩60,674

〈20×2. 12. 31 이자수취〉

(차) 현 금	20,000	(대) 이 자 수 익	50,461
FVOCI금융자산	30,461		

〈20×2. 12. 31 손상 관련 회계처리〉

(차) FVOCI금융자산	169,539	(대) 손상차손환입	127,877
		재평가손실(OCI)	41,662

(계산근거)

기존 예상현금흐름 현재가치	₩591,135
예상현금흐름 현재가치	719,012(= ₩40,000×2.5313 + ₩800,000×0.7722)
손상차손환입금액	₩127,877
손상환입 후 사채의 장부금액	₩719,012
사채의 공정가치	700,000
기대 재평가손실누계액(OCI) 잔액	₩19,012
현재 재평가손실누계액 잔액	₩60,674
재평가손실(OCI) 감소액	₩41,662

제13장 부 채

연습문제

1 부채의 구분

(1) 장기지급어음으로 보고한다.

(2) 1년 내에 만기가 도래하기 때문에 유동성장기부채(유동부채)로 보고한다. 만약, 비유동자산이나 비유동부채로 상환할 예정이거나 주식으로의 전환이 예정되고 그와 같은 능력이 있는 것으로 판단될 때에는 비유동부채로 보고한다.

(3) 단기차입금(유동부채)으로 보고한다. 그러나 현금관리목적상 공동으로 관리되는 경우 다른 은행의 당좌예금과 상계처리하며, 단기차입금으로 처리하지 않는다.

(4) 유동부채로 보고한다. 그러나 주문품의 인도 예정일이 1년 또는 한 영업주기 이후로 예상되는 경우에는 비유동부채로 보고한다.

(5) 사채의 평가계정으로 보고하며, 1년 내에 상각될 부분이라도 유동부채로 재분류하지 않는다. 유형자산에 대한 다음 연도의 감가상각비를 유동자산으로 재분류하지 않는 이치와 같다.

(6) 장기차입금으로 보고한다.

(7) ₩200,000(20×2. 6. 30 상환예정분)은 유동성장기부채(유동부채)로 보고하고 나머지는 비유동부채로 보고한다.

(8) 현금배당 예정인 부분은 유동부채로 보고한다. 만약, 주식배당에 따른 미교부주식배당금인 경우에는 자본의 부가계정(자본조정)으로 보고한다.

(9) 소득세예수금(유동부채)으로 보고한다.

2 공정가치로 평가하는 부채

20×1. 12. 31

(차) 금 융 부 채	25,000	(대) 금융부채평가이익(PL)	10,000
		금융부채평가이익(OCI)	15,000

3 매입채무와 단기차입금

1. 분　개

9. 1 :	(차) 매　　입	100,000	(대) 매 입 채 무	100,000
10. 1 :	(차) 매 입 채 무	100,000	(대) 지 급 어 음	100,000
10. 1 :	(차) 현　　금	200,000	(대) 어음차입금	250,000
	단기차입금할인차금	50,000		

2. 20×1. 12. 31 수정분개

(차) 이 자 비 용	2,500	(대) 미지급이자	2,500*

* ₩100,000 × 10% × 3/12

(차) 이 자 비 용	12,500	(대) 단기차입금할인차금	12,500*

* ₩50,000 × 3/12

3. 매입채무와 단기차입금의 순부채액(부채총액－부채의 차감계정)

지 급 어 음	₩100,000
미지급이자	2,500
어음차입금	250,000
차감 : 어음할인액(₩50,000－₩12,500)	(37,500)
순 부 채 액	₩315,000

4 유동부채

새로운 차입계약에 따라 유동부채 ₩6,000 중 외상매출금 평균잔액의 60%는 비유동부채로 재분류해야 한다.

〈부분재무상태표〉 유동부채 :

단기차입금	3,300
비유동부채 :	
장기차입금	2,700*

* (₩4,000＋₩5,000)/2 × 60%

5 사채의 할인발행과 할증발행

1) 할증발행　　2) 할인발행　　3) 액면발행

사채의 표시이자율과 시장이자율이 다른 경우 현재가치할인차금이 발생하게 되고, 양자가 같은 경우에는 사채는 액면발행된다. 사채의 표시이자율이 시장이자율(혹은 유효이자율)보다 낮은 경우에는 사채는 할인발행되고, 표시이자율이 시장이자율보다 높은 경우에는 할증발행된다.

사채가 할인발행된다는 것은 투자자들이 표시이자율 이상의 수익률을 요구한다는 것을 의미한다. 투자자로서는 동일한 위험을 갖는 다른 곳에 투자를 한다면 보다 높은 수익을 얻을 수 있을 때 표시이자율에 만족할 수 없으므로 시장이자율과 동일한 수익률을 보장해 줄 것을 요구하게 된다. 표시이자율은 사채의 권면에 표시된 이자율로서 이의 변경은 불가능하여 투자자들은 액면금액을 지급하지 않고 시장이자율을 확보해 주는 금액만큼만 해당 사채의 대가로 지급하게 되어 할인발행되게 된다. 할증발행되는 사채는 동일한 논리를 이용하여 표시이자율이 시장이자율보다 높은 경우에는 투자자들은 액면금액 이상을 지급하게 된다.

6 장기지급어음의 발행

1\. 1) (차) 토 지 200,000 (대) 장기미지급금 402,269
현재가치할인차금 202,269

2) (차) 설 비 71,536* (대) 장기미지급금 120,000
현재가치할인차금 48,464

* 액면의 현가 : ₩120,000 × 0.32690 = ₩39,228
이자의 현가 : ₩7,200 × 4.48732 = 32,308
₩71,536

2\. 1) (차) 이 자 비 용 30,000* (대) 현재가치할인차금 30,000
* ₩200,000 × 0.15

2) 현재가치할인차금상각
(차) 이 자 비 용 10,730 (대) 현 금 7,200
현재가치할인차금 3,530

연도	지급이자	유효이자	상각액	장부금액
0				₩71,536
1	₩7,200	10,730	3,530	75,066

7 사채의 회계처리(Ⅰ)

1) 〈20×1. 5. 1〉
(차) 현 금 884,000 (대) 사 채 850,000
미지급사채이자 34,000*

* ₩850,000 × 0.12 × 4/12
유효이자율 추산 : 발생이자가 ₩34,000이므로 액면금액의 4%에 해당하여 사채가 액면발행된 것을 알 수 있다. 따라서 본 사채는 실제 발행시 표시이자율과 유효이자율이 동일함을 알 수 있다.

2) 〈20×1. 12. 31〉
(차) 사채이자비용 68,000* (대) 미지급사채이자 68,000
* ₩850,000 × 12% × 8/12 = ₩68,000

3) 〈20×2. 1. 1〉

(차) 미지급사채이자	102,000	(대) 현 금	102,000

4) 〈20×2. 4. 1〉

(차) 사 채	510,000	(대) 현 금	520,200**
사채이자비용	15,300*	사채상환이익	5,100***

* ₩510,000×12%×3/12=₩15,300

** ₩510,000×1.02=₩520,200

*** 사채상환이익=₩510,000−(₩520,200−₩15,300)=₩5,100

5) 〈20×2. 12. 31〉

(차) 사채이자비용	40,800*	(대) 미지급사채이자	40,800

* (₩850,000−₩510,000)×12%=₩40,800

8 사채의 회계처리(Ⅱ)

[제1부]

1. 사채의 액면금액=장부금액+미상각잔액=₩190,393+₩9,607=₩200,000
   액면이자율=현금이자/액면금액=₩20,000/₩200,000=0.1(10%)
   유효이자율=사채이자/기초장부금액=₩22,847/₩190,393=0.12(12%)
   ⇒ (액면이자율 < 유효이자율)이므로 할인발행

2. (차) 현 금	190,393	(대) 사 채	200,000
사채할인발행차금	9,607		
3. (차) 사채이자비용	22,847	(대) 현 금	20,000
		사채할인발행차금	2,847
4. (차) 사채이자비용	23,189	(대) 현 금	20,000
		사채할인발행차금	3,189

[제2부]

발행금액 : 액면금액의 현재가치 (₩300,000×0.6274(6%, 8기간))	₩188,220
이자금액의 현재가치 (₩21,000×6.2098(6%, 8기간))	130,406
	₩318,626

〈사채할증발행차금상각표〉

일 자	액면이자	유효이자	상각액	장부금액	상환액	상환후금액
20×1. 6. 1				₩318,626		
20×1.12. 1	₩21,000	₩19,118	₩1,882	316,744		
20×2. 6. 1	21,000	19,005	1,995	314,749		
20×2. 9. 1	10,500*	9,442**	1,058	313,691	₩62,738#	₩250,953
20×2.12. 1	16,800	15,108	1,692	250,107##		
20×3. 6. 1	16,800	15,005	1,795	248,312		
20×3.12. 1	16,800	14,899	1,901	246,411		
20×4. 6. 1	16,800	14,785	2,015	244,396		

* ₩300,000 × 7% × 1/2
** ₩314,749 × 6% × 1/2
# ₩313,691 × 1/5
₩240,000 + (₩14,749 × 4/5 − ₩1,692)

〈20×1. 6. 1〉

(차) 현 금	318,626	(대) 사 채	300,000
		사채할증발행차금	18,626

〈20×1. 12. 1〉

(차) 사채이자비용	19,118	(대) 현 금	21,000
사채할증발행차금	1,882		

〈20×1. 12. 31〉

(차) 사채이자비용	3,167	(대) 미지급사채이자	3,500
사채할증발행차금	333*		

* ₩1,995 × 1/6

〈20×2. 6. 1〉

(차) 미지급사채이자	3,500	(대) 현 금	21,000
사채이자비용	15,838		
사채할증발행차금	1,662*		

* ₩1,995 × 5/6

〈20×2. 9. 1〉

상환부분의 사채이자계상 :

(차) 사채이자비용	1,888*	(대) 미지급이자	2,100**
사채할증발행차금	212		

* ₩314,749 × 6% × 1/2 × 1/5
** ₩60,000 × 7% × 1/2

(차) 사　　채	60,000	(대) 현　　금	63,000
사채할증발행차금	2,738*	사채상환이익	1,838**
미지급사채이자	2,100		

* (₩14,749 − ₩1,058)/5 = ₩2,738

** 사채상환손익

상환부분 장부금액	₩62,738
순수 상환가액 ₩63,000 − ₩2,100 =	60,900
상환이익	₩1,838

〈20×2. 12. 1〉

(차) 사채이자비용	15,108*	(대) 현　　금	16,800
사채할증발행차금	1,692**		

* ₩314,749 × 6% × (₩240,000/₩300,000) = ₩15,108

** ₩16,800 − ₩15,108 = ₩1,692

〈20×2. 12. 31〉

(차) 사채이자비용	2,501	(대) 미지급사채이자	2,800
사채할증발행차금	299*		

* ₩1,795 × 1/6

〈20×3. 6. 1〉

(차) 미지급사채이자	2,800	(대) 현　　금	16,800
사채이자비용	12,505		
사채할증발행차금	1,495*		

* ₩1,795 × 5/6

〈20×3. 12. 1〉

(차) 사채이자비용	14,899	(대) 현　　금	16,800
사채할증발행차금	1,901		

〈20×3. 12. 31〉

(차) 사채이자비용	2,465	(대) 미지급사채이자	2,800
사채할증발행차금	335*		

* ₩2,015 × 1/6

9 이자지급일 사이의 사채발행

1. 사채발행으로부터 받은 현금

20×1. 4. 1 사채의 발행금액	₩926,470
3개월간의 경과이자 (₩1,000,000 × 0.1 × 3/12)	25,000
	₩951,470

2. 20×1. 4. 1 사채할인발행차금잔액 : (₩1,000,000 − ₩926,470) = ₩73,530
   20×1. 12. 31 사채할인발행차금잔액 : ₩64,980

〈사채할인발행차금상각표〉

일 자	이자비용	현금이자	상각액	미상각사채할인발행차금	장부금액
20×1. 4. 1	−	−	−	₩73,530	₩926,470
20×1. 6. 30	₩27,794	₩25,000	₩2,794	70,736	929,264
20×1. 12. 31	55,756	50,000	5,756	64,980	935,020

10 사채의 발행과 차환

1. 〈20×1. 6. 30〉

(차) 현 금	990	(대) 사 채	1,000
사채할인발행차금	10		

〈20×1. 12. 31〉

(차) 사채이자비용	51*	(대) 현 금	50**
		사채할인발행차금	1

* ₩990 × 10.3% × 6/12 = ₩51
** ₩1,000 × 10% × 6/12 = ₩50

2.

사채상환 지급액(₩1,000 × 103%)		₩1,030
구사채의 장부금액		
액면금액	₩1,000	
미상각할인발행차금	(6)	994
사채상환손실		₩36

〈사채할인발행차금상각표〉

일 자	이자비용	현금이자	상각액	미상각사채할인발행차금	장부금액
20×1. 6. 30	−	−	−	₩10	₩990
20×2. 6. 30	₩102	₩100	₩2	8	992
20×3. 6. 30	102	100	2	6	994

3.

(차) 사 채	1,000	(대) 현 금	1,030
사채상환손실	36	사채할인발행차금	6
(차) 현 금	1,275*	(대) 사 채	1,250
		사채할증발행차금	25

* ₩1,250 × 1.02 = ₩1,275

11 사채의 발행과 투자

1. 사채의 발행자 입장

20×1. 1. 1 발행 → 시장이자율 8% 적용

1. 1 현재가치 = ₩1,000,000 × 0.6806 + ₩60,000 × 3.9927 = ₩920,162

∴ 20×1년 이자비용 = ₩920,162 × 8% = ₩73,613

20×1. 7. 1 발행 → 시장이자율 6% 적용

액면발행

∴ 20×1년 이자비용 = ₩1,000,000 × 6% × $\frac{6}{12}$ = ₩30,000

2. 사채의 투자자 입장

20×1년말 상각후원가 = ₩1,000,000

손상시점의 회수가능액 = ₩1,000,000 × 0.7921 + ₩20,000 × 3.4651 = ₩861,402

∴ 손상차손 = ₩1,000,000 − ₩861,402 = ₩138,598

3. 사채의 발행자 입장에서 채무의 조건변경

기존채무의 상각후원가 = ₩1,000,000

재조정 후 새로운 채무의 공정가치 = ₩1,000,000 × 0.7350 + ₩30,000 × 3.3121
= ₩834,363

채무조정이익 = ₩1,000,000 − ₩834,363 = ₩165,637

20×3년의 이자비용 = ₩834,363 × 8% = ₩66,749

∴ 20×3년의 당기손익효과 = ₩165,637 − ₩66,749 = ₩98,888(이익)

12 사채의 차환

〈사채상환손실의 계산〉

구사채의 장부금액 :		
액면금액	₩100,000	
미상각사채할인발행차금	(3,378)*	₩96,622
지급된 현금액(상환시 시가)		(101,759)
사채상환손실 :		(₩5,137)

* 미상각사채할인발행차금 : ₩4,802 − (₩95,198 × 0.12 − ₩10,000) = ₩3,378

〈신사채의 발행금액의 계산〉

원금의 현재가치(₩100,000 × 0.7722)	₩77,220
이자의 현재가치(₩8,000 × 2.5313)	20,250
신사채의 발행금액	₩97,470

1) 사채조기상환에 대한 분개

(차)	사 채	100,000	(대) 사채할인발행차금	3,378
	사채상환손실	5,137	현 금	101,759

2) 신사채의 발행에 대한 분개

(차)	현 금	97,470	(대) 사 채	100,000
	사채할인발행차금	2,530		

13 부담금부채

1) 법규에 명시된 의무발생사건은 지수(주)가 연차보고기간 종료일에 영업을 하는 것이므로, 20×1. 12. 31에 부채가 인식된다. 따라서 20×1. 12. 31이 속하는 중간보고기간에 모든 부채를 인식한다.

2) 법규에 명시된 의무발생사건은 수익이 임계치에 이르는 것이기 때문에, 첫 5천만원 수익과 관련된 부담금부채는 임계치를 충족하는 20×1. 7. 17에 인식한다. 임계치를 초과하여 창출한 수익과 관련된 부담금부채는 기업이 임계치를 초과하여 수익을 창출함에 따라 20×1. 7. 17과 20×1. 12. 31 사이에 인식한다. 부채로 계상되는 금액은 첫 5천만원 수익을 포함하여 그 시점까지 창출된 수익에 기초하여 산출한다.

14 예수보증금의 수익인식

맥주판매시 :

(차)	외상매출금-오치점	300,000	(대) 매 출	300,000
	현 금	50,000*	예수보증금	50,000

* 1,000kg/0.2kg = 5,000개
5,000개 × ₩10 = ₩50,000

월말 정산시 :

(차)	현 금	260,000*	(대) 외상매출금-오치점	300,000
	예수보증금	50,000	공 병 매 출	10,000

* ₩300,000 − ₩50,000 × 80% = ₩260,000

15 유동부채와 충당부채

(1)

(차)	선수구독료	400,000	(대) 잡지구독수익	400,000*

* ₩2,200,000 − (₩500,000 + ₩600,000 + ₩700,000) = ₩400,000

(2) 자가보험으로 절약된 금액 ₩50,000을 운송비로 기록할 수 없다. 그러나 회사는 이익잉여금의 처분을 통하여 손실적립금을 적립할 수는 있다. 이 경우의 분개는 미처분이익잉여금을 차기하고 손실적립금을 대기하면 된다.

(3) (차) 계약위반손실 550,000 (대) 손해배상충당부채 550,000*

* 인식조건(발생가능성이 매우 높고 금액을 신뢰성 있게 추정가능)이 충족되었기 때문에 충당부채를 인식한다. 만약 손해배상금액으로 지급해야 할 금액이 ₩400,000이 될 가능성이 50%이고 ₩700,000이 될 가능성이 50%라면 충당부채는 중간값([₩400,000 + ₩700,000]/2)으로 추정하는 것이 타당하다.

(4) 인식조건을 충족하지 않기 때문에 충당부채를 인식하지는 않지만 계류중인 소송사건에 대해서는 주석으로 그 내용과 추정불능사유 등을 공시해야 한다.

16 충당부채와 우발부채

[제1부]

유정굴착장치의 완공은 법적 의무를 발생시켰다. 왜냐하면, 계약조건에 따라서 그 유정굴착장치를 제거하고 그 시설물로 인한 해저의 손상부분을 원상복구시킬 의무가 있기 때문이다. 반면에 보고기간말 현재, 석유채굴로 인한 의무는 발생되지 않았다. 의무이행을 위한 자원의 유출가능성이 높으므로 유정굴착장치의 제거 및 이로 인한 해저의 원상복구에 지출될 금액에 대한 최선의 추정치(원상복구비의 90%)로 충당부채를 인식한다. 그리고 이 금액은 유정굴착장치의 취득원가에 포함시킨다. 그러나 석유의 채굴로 인하여 발생하는 나머지 10%의 복구비용은 석유를 채굴하는 때에 비용으로 기록하고 이를 충당부채로 인식한다.

[제2부]

〈충당부채의 현재가치 계산〉

	금 액
예상 노무비 지출액 :	₩131,250
장비 사용 및 간접비 :	105,000
정상이윤 :	47,250
인플레이션을 고려하기 전의 예상 현금유출액 :	₩283,500
향후 10년간 물가상승률 4%의 승수[$(1+0.04)^{10}$] :	1.4802
물가상승률을 반영한 후의 기대현금흐름 :	₩419,637
시장위험프리미엄(노무비, 원재료 수급변동 등을 고려 : 5%) :	20,982
시장위험프리미엄 조정후의 기대현금흐름 :	₩440,619
무위험이자율에 신용위험을 감안한 할인율 8.5%로 10년 기간에 할인한 현재가치 :	₩194,879*

* 무위험이자율은 6%이고 신용위험 프리미엄은 2.5%로 가정한다.

〈유효이자율법에 의한 충당부채 상각표〉

연도	기초충당부채	할인율	당기비용	기말충당부채
20×1	194,879	8.5%	16,565	211,444
20×2	211,444	8.5%	17,973	229,417
⋮	(이하 생략)	⋮	⋮	⋮
2010	406,100	8.5%	34,519	440,619

[제3부]

법규와 관계없이 정황상 오염된 토지에 대한 정화작업으로 인하여 자원의 유출이 거의 확실하며 이미 토지오염이 발생하였기 때문에 금액을 추정가능하다면 한국연료(주)는 오염된 토지정화작업과 관련된 충당부채를 추가로 인식해야 한다. 국제회계기준은 법률상의 의무뿐만 아니라 정황상 발생할 것이 확실하고 금액을 추정할 수 있다면 이를 의제의무(해석상 의무)로 보아 충당부채를 인식하도록 하고 있다.

17 제품보증충당부채

[제1부]

(차) 현　　금	1,500,000	(대) 매　　출	1,500,000
(차) 제품보증비	108,000*	(대) 제품보증충당부채	108,000

* ₩360 × 300대 = ₩108,000

(차) 제품보증충당부채	84,500	(대) 현　　금	84,500

[제2부]

제품보증충당부채설정액	₩1,200,000*
당기제품보증비발생액	(900,000)
기말제품보증충당부채잔액	₩300,000

* 80대 × ₩15,000 = ₩1,200,000

18 경품충당부채

(차) 경 품 재 고	6,400,000	(대) 현　　금	6,400,000
(차) 현　　금	300,000,000	(대) 매　　출	300,000,000
(차) 경　품　비	4,800,000*	(대) 경품충당부채	4,800,000

* (₩100,000/10) × 60% × ₩800 = ₩4,800,000

(차) 경품충당부채	3,200,000*	(대) 경 품 재 고	3,200,000

* (₩40,000/10) × ₩800 = ₩3,200,000

19 충당부채의 설정

(1) 회사가 얻을 수 있는 경제적 효익은 확정판매계약 ₩180,000이다. 따라서 회피불가능원가에 해당하는 ₩50,000을 충당부채로 계상해야 한다. 회피불가능원가는 계약을 이행하기 위하여 소요되는 원가 ₩50,000과 계약을 이행하지 못했을 때 지급해야 할 위약금 ₩55,000 중에서 작은 금액으로 측정한다.

(2) 경제적 효익을 좁게 해석한다면, 이는 손실부담계약에 해당할 것이다. 따라서 약정가격이 시장가격에 비하여 불리하게 변동하는 경우 현재가치인 ₩122,891의 충당부채를 계상해야 한다. 그러나 이를 넓게 해석한다면, 해당 재화를 사용하는 사업이 수익성이 있으므로 회사가 회피불가능한 원가가 반드시 경제적 효익을 초과한다고는 볼 수 없다.

(3) 향후 수익성이 기대되지 않는 사업으로 인한 미래 예상영업손실은 현재의무가 아니므로, 충당부채를 설정하지 않는다.

(4) 손실부담계약에 대한 충당부채를 인식하기 전에 당해 손실부담계약을 이행에 사용되는 자산에서 발생하는 손상차손을 먼저 인식해야 한다. 모니터 공급계약에서 회피불가능원가는 ₩10,000(=₩210×1,000개−₩200,000)이다. 따라서 사용될 장비로부터 발생한 손상차손(₩8,000)을 우선 인식하고, 추가로 충당부채 ₩10,000을 계상한다. 한편, 인도지연이나 취소에 따른 위약금 ₩50,000은 현재의무를 발생시키지 않는다.

공인회계사 기출문제 응용(2020년 이후)

1 회사채의 조건변경손익

조건변경 후 이자의 현가=₩1,000,000×4%×2.2832=₩91,328
조건변경 후 원금의 현가=₩1,000,000×0.6575=₩657,500
조건변경 후 부채의 현가=₩748,828
∴ 조정이익=조건변경 전 사채(부채)의 장부금액−조건변경 후 사채(부채)의 장부금액
=₩966,218−₩748,828=₩217,390

2 회사채 이자비용

[핵심포인트] 사채발행비가 있는 경우 시장이자율을 유효이자율로 환산해서 사용해야 함. 사채발행비를 차감하면 부채의 장부금액이 줄어들기 때문에 기업의 실질적인 이자부담(유효이자)이 증가함.

사채의 발행가=원금의 현가+이자의 현가

　　　　=₩5,000,000×0.7938+₩5,000,000×6%×2.5770

　　　　=₩3,969,000+₩773,100=₩4,742,100

사채의 순발행가=사채의 발행가−사채발행비=₩4,742,100−₩50,000=₩4,692,100

20×1년 이자비용=사채의 기말 장부금액−사채의 순발행가+현금이자비용

　　　　=₩4,814,389−₩4,692,100+₩300,000=₩422,289

20×1년 사채발행차금상각액=₩122,289

유효이자율=₩422,289/₩4,692,100=9%

∴ 20×2년 이자비용=₩4,814,389×9%(유효이자율)=₩433,295

3 회사채 발행가

₩3,000,000×(0.8163−0.7938)+₩3,000,000×6%×(2.6243−2.5770)

=₩67,500+₩8,514=₩76,014(권면상발행일과 실제발행일이 동일한 경우 8% 할인율과 7% 할인율의 발행가 차이)

(A)' 8% 할인율의 권면상발행일의 발행가

=₩3,000,000×0.7938+₩180,000×2.5770=₩2,381,400+₩463,860=₩2,845,260

(A) 실제발행일의 발행가(액면사채 발생이자 제외)

=권면상발행일의 발행가+2개월간 발생이자−액면사채 발생이자

=₩2,845,260+₩2,845,260×8%×2/12−(₩180,000×2/12)=₩2,853,197

(B)' 7% 할인율의 권면상발행일의 발행가

=₩3,000,000×0.8163+₩180,000×2.6243=₩2,448,900+₩472,374=₩2,921,274

(B) 실제발행일의 발행가(액면사채 발생이자 제외)

=권면상발행일의 발행가+2개월간 발생이자−액면사채 발생이자

=₩2,921,274+₩2,921,274×7%×2/12−(₩180,000×2/12)=₩2,925,356

(A)−(B)=₩2,853,197−₩2,925,356=−₩72,159

∴ (B)의 사채발행가가 (A)의 사채발행가보다 ₩72,159 더 많다.

4 사채 조기상환손실

발행가 (8% 유효이자율 이용)

=₩3,000,000×0.7938+₩3,000,000×6%×2.5770=₩2,381,400+₩463,860

=₩2,845,260

〈20×1. 3. 1 발행시 회계처리〉

(차) 현 금	2,883,197	(대) 회 사 채	2,853,197
		미지급이자	30,000

〈20×1. 12. 31 기말 회계처리〉

(차) 이 자 비 용	189,684*	(대) 현 금	180,000
미지급이자	30,000	회 사 채	39,684

* ₩2,845,260(권면상발행일의 발행가)×8%×10/12＝₩189,684

〈20×2. 12. 31 기말 회계처리〉

(차) 이 자 비 용	231,430*	(대) 현 금	180,000
		회 사 채	51,430

* (₩2,853,197＋₩39,684)×8%＝₩231,430

20×2. 12. 31 사채장부금액＝₩2,853,197＋₩39,684＋₩51,430＝₩2,944,311

〈20×3. 4. 1 조기상환액에 대한 발생이자 회계처리〉

(차) 이 자 비 용	58,886*	(대) 미지급이자	45,000**
		회 사 채	13,886

* ₩2,944,311×8%×3/12＝₩58,886
** ₩3,000,000×6%×3/12＝₩45,000

(차) 회 사 채	887,459*	(대) 현 금	915,000
미지급이자	13,500**		
조기상환손실	14,041		

* 조기상환사채의 상환일 장부금액＝(₩2,944,311＋₩13,886)×30%＝₩887,459
** ₩45,000×30%＝₩13,500

미지급이자 제외 상환대가＝₩915,000－₩13,500＝₩901,500

∴ 조기상환손실＝₩887,459－₩901,500＝(₩14,041)

5 상각후원가측정금융부채 : 유효이자율과 금융부채 조건변경

1. ① 사채발행시 적용된 유효이자율

발행금액＝액면금액의 현재가치＋이자의 정상연금의 현재가치

₩947,515＝₩1,000,000×PV(3, x%)＋₩50,000×PVA(3, x%)

시행착오법 적용 :

발행금액이 할인발행이므로 유효이자율은 5%보다 높을 것임.

따라서 임의로 7%를 1차 적용

₩1,000,000×0.8163＋₩50,000×2.6243＝₩816,300＋₩131,215＝₩947,515

∴ 사채발행시 적용된 유효이자율 : 7%

〈상각표〉

일 시	유효이자	현금이자	상각액	사채할인차금	장부금액
20×1. 1. 1				₩52,485	₩947,515
20×1.12.31	₩66,326	₩50,000	₩16,326	36,159	963,841
20×2.12.31	67,469	50,000	17,469	18,690	981,310
20×3.12.31	68,690	50,000	18,690	−	1,000,000
	₩202,485	₩150,000	₩52,485		

② 20×2년도 당기순이익에 미치는 영향

20×1년 이자비용 : ₩947,515×7%=₩66,326

20×1년 사채할인발행차금상각액 : ₩66,326−₩50,000=₩16,326

20×2년 이자비용 : (₩947,515+₩16,326)×7%=₩67,469

20×2년 사채할인발행차금상각액 : ₩67,469−₩50,000=₩17,469

20×1년에 잘못 반영된 이자비용 : 사채할인발행차금

(₩1,000,000−₩947,515=₩52,485); ₩52,485/3년=₩17,495

20×1년 이자비용 과대계상액 : 사채할인발행차금 오류 상각액

₩17,495−₩16,326=₩1,169

⇒20×2년 전기이월이익잉여금 과소계상액(주어진 정보와 일치함)

20×2년 이자비용 과대계상액 :

₩17,495−₩17,469=₩26(오류정정시 당기순이익 증가)

〈20×2년말 회계처리(오류 발견 전)〉

(차) 이 자 비 용	67,495	(대) 현 금	50,000
		사채할인발행차금	17,495

〈20×2년말 올바른 회계처리〉

(차) 이 자 비 용	67,469	(대) 현 금	50,000
		사채할인발행차금	17,469

〈20×2년말 장부마감 전 오류정정 회계처리〉

(차) 사채할인발행차금	1,169	(대) 전기이월이익잉여금	1,169
사채할인발행차금	26	이 자 비 용	26

∴ 20×2년도 당기순이익에 미치는 영향 : ₩26

2. 실질적 변경이 아니라고 판단한 경우의 회계처리

역사적 유효이자율이 알려지지 않았는데 주어진 자료로부터 이를 역산할 수 있음. 기존 사채의 20×2. 12. 31 현재의 장부금액 ₩954,555은 1년 후 만기가 도래하는 미래현금흐름(액면금액 ₩1,000,000과 현금이자 ₩50,000의 합)을 역사적 유

효이자율로 할인한 현재가치를 나타냄. 따라서 ₩1,050,000/₩954,555=1.1로부터 역사적 유효이자율이 10%라는 것을 알 수 있음.

기존 사채의 장부금액 조정액(사채조건변경이익)=기존 사채의 장부금액−기존 사채의 재측정액(10%할인율 적용)=₩954,555−₩698,551=₩256,004

거래원가 차감후 상각후원가=₩698,551−₩18,478=₩680,073(유효이자율 11%를 적용한 현재가치와 동일)

〈20×3. 1. 1 조건변경에 실질이 없다고 판단한 경우의 회계처리(중요한 오류)〉

(차)	사 채	256,004	(대) 금융부채조정이익	256,004
	사채할인차금	18,478	현 금	18,478

〈20×3. 12. 31 사채이자지급에 대한 회계처리〉

(차)	이 자 비 용	74,808*	(대) 현 금	9,000
			사채할인차금	65,808

* ₩680,073×11%(조건변경에 따른 새로운 유효이자율)=₩74,808

20×3. 12. 31 사채의 장부금액=₩954,555−₩256,004−₩18,478+₩65,808=₩745,881

〈20×3. 1. 1 실질적 변경이라고 판단한 경우의 회계처리〉

(차)	사 채(구)	1,000,000	(대) 사 채(신)	900,000
	사채할인차금(신)	237,763*	사채할인차금(구)	45,445
			현 금	18,478
			금융부채조정이익	273,840

* 조건변경 후 사채의 현재가치(12% 현행 시장이자율 적용 : ₩662,237)와 액면금액(₩900,000)의 차액

〈20×3. 12. 31 사채이자지급에 대한 회계처리〉

(차)	이 자 비 용	79,468*	(대) 현 금	9,000
			사채할인차금	70,468

* ₩662,237×12%(현행 시장이자율)=₩79,468

20×3. 12. 31 사채의 장부금액=₩900,000−₩237,763+₩70,468=₩732,705

항 목	수정전 금액	수정금액	수정후 금액
사채 장부금액	₩745,881	① (−)₩13,176	₩732,705
이자비용	74,808	② 4,660	79,468
금융부채조정이익	256,004	③ 17,836	273,840

6 연속상환사채, 자기사채

1. 사채발행금액과 할증발행차금 계산

	원금과 이자 현금흐름	현가계수(5%)	현재가치	할증차금
1년후 상환액	₩250,000 + ₩80,000 = ₩330,000	0.9524	₩314,292	
2년후 상환액	₩250,000 + ₩60,000 = ₩310,000	0.9070	281,170	
3년후 상환액	₩250,000 + ₩40,000 = ₩290,000	0.8638	250,502	
4년후 상환액	₩250,000 + ₩20,000 = ₩270,000	0.8227	222,129	
			₩1,068,093	₩68,093

〈상각표〉

일 자	이자비용	현금이자	할증차금 상각액	할증차금 잔액	기말 장부금액	차기초 장부금액
20×1. 1. 1				₩68,093		₩1,068,093
20×1.12.31	₩53,405	₩80,000	₩26,595	41,498	₩1,041,498	791,498
20×2.12.31	39,575	60,000	20,425	21,073	771,073	521,073
20×3.12.31	26,054	40,000	13,946	7,127	507,127	257,127
20×4.12.31	12,873	20,000	7,127	0	250,000	0
	₩131,907	₩200,000	₩68,093			

∴ 20×2년 이자비용 : ₩39,575

2. 20×3. 1. 1에 자기사채 매입 직전 사채장부금액 : ₩521,073(위 상각표 참조)
   20×3. 1. 1 현재 시장이자율 4%를 이용해 재취득한 사채의 현재가치 :
   ₩290,000 × 0.9615 + ₩270,000 × 0.9246 = ₩278,835 + ₩249,642 = ₩528,477
   자기사채의 취득은 사채의 상환으로 취급하며, 사채상환손익은 다음과 같다.
   사채상환손실 : ₩521,073 − ₩528,477 = (−)₩7,404
   ∴ 당기순이익에 미치는 영향 : (−)₩7,404

7 금융부채조정손익, 금융보증

1. ₩500,000 × 0.7938 + ₩500,000 × 4% × 2.5771 = ₩396,900 + ₩51,542 = ₩448,442
   조건변경시점(기존차입금의 만기시점) 기존 차입금의 장부금액 : ₩500,000(표시이자율과 역사적 유효이자율이 동일하므로 액면금액이 장부금액이 됨)
   10% 검증 : ₩448,442/₩500,000 = 89.7% ⇒ 조건변경이 실질적이어서 상환회계 적용
   조건변경시점의 현행 시장이자율(10%)로 할인한 새 차입금의 현재가치 :
   ₩500,000 × 0.7513 + ₩20,000 × 2.4869 = ₩375,650 + ₩49,738 = ₩425,388
   금융부채조정(상환)손익 : ₩500,000 − ₩425,388 − ₩7,000 = ₩67,612

〈20×1. 12. 31 금융부채의 조건변경에 대한 회계처리(상환회계 적용)〉

(차) 차 입 금(구)	500,000	(대) 차 입 금(신)	500,000
현재가치할인차금	74,612	현 금	7,000
		금융부채조정이익	67,612

〈20×2. 12. 31 이자지급에 대한 회계처리〉

(차) 이 자 비 용	42,539	(대) 현 금	20,000
		현재가치할인차금	22,539

〈차입금상각표〉

일 시	유효이자(10%)	현금이자(4%)	상각액	할인차금	장부금액
20×1.12.31				₩74,612	₩425,388
20×2.12.31	₩42,539	₩20,000	₩22,539	52,073	447,927
20×3.12.31	44,793	20,000	24,793	27,280	472,720
20×4.12.31	47,280	20,000	27,280	–	500,000
	₩134,612	₩60,000	₩74,612		

∴ 금융부채조정손익 : ₩67,612
차입금의 장부금액 : ₩447,927

2. 금융보증계약을 판매한 경우 이를 공정가치로 측정하고 금융부채로 기록한다.

〈20×2. 1. 1 (주)만세의 회계처리〉

(차) 현 금	6,000	(대) 금융보증부채	6,000

금융보증기간에 걸친 각 연도별 금융보증수익인식액 : ₩6,000/4년＝₩1,500
주어진 자료에 따르면 각 연도별 추정 (1) 손실충당금 잔액과 (2) 금융부채에서 수익누계액을 차감한 금액은 다음과 같다.

	20×2년말	20×3년말	20×4년말	20×5년말
(1) 손실충당금 잔액	₩1,000	₩3,500	₩3,700	₩3,700
(2) 금융부채－수익누계액	4,500	3,000	1,500	0
금융보증계약 장부금액 : (1)과 (2) 중 큰 금액	4,500	3,500	3,700	3,700
연도별 금융부채조정액	(－)1,500	(－)1,000	(＋)200	0

〈20×2년말 회계처리〉

(차) 금융보증부채	1,500*	(대) 금융보증수익	1,500

* 기말 금융보증부채 장부금액－기초 금융보증부채 장부금액＝₩4,500－₩6,000＝(－)₩1,500
⇒부채의 감소만큼 금융보증수익 인식

〈20×3년말 회계처리〉

(차) 금융보증부채 1,000* (대) 금융보증수익 1,000

* 기말 금융보증부채 장부금액－기초 금융보증부채 장부금액＝₩3,500－₩4,500＝(－)₩1,000
⇒부채의 추가감소를 금융보증수익 인식

〈20×4년말 회계처리〉

(차) 금융보증비용 200 (대) 금융보증부채 200

* 기말 금융보증부채 장부금액－기초 금융보증부채 장부금액＝₩3,700－₩3,500＝(＋)₩200
⇒부채의 증가만큼 금융보증비용 인식

〈20×5년말 회계처리〉

분개 없음

* 기말 금융보증부채 장부금액－기초 금융보증부채 장부금액＝₩3,700－₩3,700＝₩0⇒조정 불필요

∴ 20×3년 당기순이익에 미치는 영향 : ₩1,000
20×4년 당기순이익에 미치는 영향 : (－)₩200

8 금융부채조정손익, 금융보증

유동부채로 분류해야 한다. 그 이유는 K-IFRS 제1001호(재무제표의 표시) 문단 74에서 "보고기간말 이전에 장기차입약정을 위반했을 때 대여자가 즉시 상환을 요구할 수 있는 채무는 보고기간 후 재무제표 발행승인일 전에 채권자가 약정위반을 이유로 상환을 요구하지 않기로 합의하더라도 유동부채로 분류한다. 그 이유는 기업이 보고기간말 현재 그 시점으로부터 적어도 12개월 이상 결제를 연기할 수 있는 무조건적 권리를 가지고 있지 않기 때문이다"라고 규정하고 있기 때문이다.

윤리문제

1

재고자산의 외상매입은 그 자체적으로는 불법적이거나 비윤리적인 것이 아니다. 문제는 차입금약정 위반을 위하여 재고자산의 외상매입이라는 실질거래를 함으로써 회사에 두 가지 비용(추가적 재고자산의 구입에 따른 보관비용의 추가와 외상매입에 따른 자금조달비용)을 부담시키는 거래가 발생한다는 점이다. 이 경우에 회사가 취할 수 있는 대안은 두 가지가 있다고 본다. 첫째 대안은 회계담당임원이 제안한 것처럼 재고자산을 외상으로 구입하여 유동비율을 0.9 이상으로 유지하는 것이다. 이 경우에는 언급한 것처럼 차입금약정은 위반하지 않지만 추가적인 비용이 발생한다. 다른 대안은 실질적인 거래를 하지 않고 유동비율을 위반하고 은행

과 재협상을 하는 것이다. 은행과의 재협상에서 추가로 부담하는 이자비용 등의 손실이 재고자산의 외상매입에 따른 손실(보관비용, 진부화 및 감모손실, 외상매입에 따른 추가자금조달비용 등)에 비하여 어느 것이 더 회사에 유리한지를 따져야 할 것이다. 첫째 대안에 따르면 회사의 진실이 재무정보이용자, 특히 은행과 기타 투자자들에게 알려지지 않을 가능성이 있다. 따라서 채권자와 투자자 등의 재무정보이용자가 피해를 볼 가능성이 있다. 둘째 대안에 따르면 당장 회사가 차입금약정을 준수하지 못함에 따라 차입금 및 자금조달 시장에서 회사가 불리한 조건에 처할 가능성이 있다. 더욱 심각하게는 회사의 유동성에 대한 의문이 제기되어 부도에 이르는 문제점도 있다. 이 경우 회사 자체를 포함하여 모든 이해관계자들이 피해를 볼 가능성이 있지만, 정보를 진실되게 보고한다는 점에서 또 이해관계자들이 합리적인 판단을 하게 하는 장점도 있다.

2

1. 아니오. 만약 당초 제품보증비 추정액이 합리적인 금액이라면 이를 수정하는 것은 옳지 않다.

2. 제품보증비 추정액을 줄이면 최고경영자가 특별보너스를 받을 수 있는 수준의 당기순이익이 달성되기 때문에 최고경영자는 혜택을 입게 된다. 그러나 회사의 이익이 과대계상되고, 부채(제품보증충당부채)가 과소계상되기 때문에 재무정보이용자들에게 왜곡된 정보가 제공된다. 특히 최고경영자는 혜택을 보지만, 회사의 과세소득과 법인세부담이 증가하여 현금흐름이 감소하며, 형식적으로 주주의 이익이 증가한 것처럼 보이지만 실제로는 주주가 손해를 보게 된다.

3. 그렇다. 최고경영자는 자신의 특별보너스를 위하여 부하인 재무담당이사에게 비윤리적인 회계처리를 요구하고 있다. 최고경영자는 회사와 주주에게 피해를 주면서 자신의 이익만을 추구하기 위하여 비윤리적인 회계처리를 하려고 한다.

제14장 자 본

연습문제

1 금융부채와 지분상품의 구분

K-IFRS(제1039호 금융상품 : 인식과 측정)에서 금융상품의 발행자는 계약의 실질과 금융부채 및 지분상품의 정의에 따라 최초인식시점에 금융상품이나 금융상품의 구성요소를 금융부채 또는 지분상품으로 분류하도록 요구하고 있다. 외형상으로 동일한 금융상품이 성격에 따라 금융부채로 분류되기도 하고 지분상품으로 분류되기도 한다.

K-IFRS에서는 다음 두 가지 조건이 모두 충족되는 경우에만 지분상품으로 분류하고, 그렇지 않은 경우에는 금융부채로 분류하고 있다.

① 거래상대방에게 현금 또는 기타금융자산을 인도하기로 하거나, 잠재적으로 불리한 조건으로 거래상대방과 금융자산이나 금융부채를 교환하는 계약상의 의무를 포함하지 아니함(계약상 의무 검증, contractual obligation test).

② 자기지분상품으로 결제하거나 결제할 수 있는 계약으로서 ㉠ 확정되지 않은 수량의 자기지분상품을 인도할 계약상의 의무가 없는 비파생상품 또는 ㉡ 확정수량의 자기지분상품에 대하여 확정금액의 현금 등 금융자산의 교환을 통해서만 결제할 파생상품임(자본위험 검증, equity risk test).

이에 근거하여 평가해 보면,

(1) 항상 ₩100,000의 가치를 갖게 되므로 발행자가 자본위험을 부담한다. 따라서 이를 금융부채로 분류함이 타당하다.

(2) 10,000주의 보통주를 갖게 되므로 발행자가 자본위험을 부담하지 않는다. 또한 계약상의 의무를 지니고 있다고 볼 수도 없다. 따라서 이를 자본으로 분류함이 타당하다.

2 자본의 구분

1-C (당기순이익은 이익잉여금을 증가시킴)

2-D (신주청약증거금은 신주의 발행 전까지 자본조정항목으로 보고)

3-A (보통주와 우선주 모두 액면금액을 기준으로 자본금으로 보고)

4-C (처분이익잉여금의 한 종류)

5-해당 없음 (감채기금은 자산으로 보고하며, 자본항목이 아님)

6-D (자기주식은 자본의 차감계정으로서 자본조정으로 보고)

7-D (주식할인발행차금은 자본조정으로 보고한 후 이익잉여금의 처분으로 상각시킴)

8-D (미교부주식배당금은 자본조정으로 보고한 후 주식이 교부된 시점에 자본금(액면금액법을 적용하는 경우)과 주식발행초과금(시가법을 적용하는 경우 자본금과 주식발행초과금이 함께 증가)으로 대체함)

3 우선주에 대한 배당금 결정

1. ₩200,000의 배당금 배분

주식의 종류	1차 배분	잔여배당금의 배분	소 계
[4% 우선주] 누적적, 부분참가적	₩200,000×4%×5년 =₩40,000	₩200,000×(12%−4%) =₩16,000	₩56,000
보통주	₩400,000×4%* =₩16,000	₩144,000−₩16,000 =₩128,000	₩144,000
합 계	₩56,000	₩144,000**	₩200,000

* 우선주에 참가액을 배분하기 전에 보통주에도 참가적 우선주 배당률만큼 배분한다.

** 잔여배당금은 총배당금 ₩200,000에서 1차 배분 ₩56,000을 차감한 ₩144,000이다. 잔여배당금이 ₩48,000[=₩600,000(보통주자본금+4% 부분참가적 우선주자본금)×(12%−4%)] 이하인 경우에는 4% 우선주와 보통주 각각의 총액면금액에 비례하여 배분한다.

2. 4% 누적적 우선주가 완전참가적일 경우의 배당금 배분

① 1차 배분은 위의 계산과 동일.

② 잔여배당금의 배분 : (각각의 총액면금액에 따라 배분한다)

4% 우선주 : ₩144,000×[₩200,000/(₩400,000+₩200,000)]=₩48,000

보 통 주 : ₩144,000×[₩400,000/(₩400,000+₩200,000)]=₩96,000

따라서 4% 우선주 배당금(=₩40,000+₩48,000)	₩88,000
보통주 배당금(=₩16,000+₩96,000)	112,000
합 계	₩200,000

4 콜옵션과 상환가능우선주

1. 주식선택권의 매도에 의한 주식발행

이 거래는 파생상품(옵션)이 행사될 경우 정해진 금액을 받고 정해진 수량의 주식이 발행될 것이라는 것이다. 따라서 이 거래는 금융부채거래가 아니라 파생상품의 형태를 취한 주식발행으로 보아야 한다.

각 시점에 다음과 같은 분개를 한다.

〈콜옵션의 발행시〉

(차) 현 금	5,000	(대) 보 통 주	5,000

〈회계기말 콜옵션의 공정가치 변경시〉

－회계처리 불필요－

콜옵션의 공정가치변화로 나중에 발행될 주식수량에 변동이 없기 때문에 매도 콜옵션의 공정가치변동에 대해 분개가 불필요함.

〈콜옵션의 매수자의 옵션 행사로 ₩100,000을 받고 100주의 보통주를 발행함〉

(차) 현 금	100,000	(대) 보 통 주	100,000

2. 풋가능권리가 없는 상환가능우선주

비록 발행자인 동재(주)가 상환선택권을 행사할 가능성은 있지만, 상환해야 하는 의무가 있는 것은 아니므로 지분상품으로 분류해야 한다. 환언하면 우선주의 소유자가 상환을 요구할 권리(풋가능권리)가 없기 때문에 동재(주)는 금융부채로 인식하지 않고 지분상품으로 보아야 한다.

5 주식의 발행

1. 주식의 할증발행(20×1. 1. 1)

(차) 현 금	1,200,000	(대) 보통주자본금	500,000
		주식발행초과금	200,000
		우선주자본금	500,000

2. 비현금거래에 의한 주식의 발행

(차) 토 지	12,000,000	(대) 자본금-보통주	5,000,000
		주식발행초과금	7,000,000

6 상환우선주

1. 상환우선주가 부채로 분류되는 상황

① 발행금액의 계산 : ₩80,000 × 2.4869 + ₩1,000,000 × 0.7513 = ₩950,260

② 이자비용 : ₩950,260 × 10% = ₩95,026

〈상환우선주 발행시〉

(차) 현 금	950,260	(대) 금 융 부 채	1,000,000
현재가치할인차금	49,740		

〈20×1. 12. 31 이자비용과 배당지급〉

(차) 이 자 비 용	95,026	(대) 현재가치할인차금	95,026
(차) 이 자 비 용	80,000	(대) 현 금	80,000

2. 상환우선주가 자본으로 분류되는 상황

〈상환우선주 발행시〉

(차) 현 금	950,260	(대) 우 선 주	800,000
		주식발행초과금	150,260

〈20×1. 12. 31 배당지급〉

(차) 이익잉여금	80,000	(대) 현 금	80,000

7 잉여금의 자본전입

(차) 주식발행초과금	1,000,000*	(대) 보통주자본금	1,000,000*

* 1,000주 × 0.2 × ₩5,000 = ₩1,000,000

8 자기주식의 회계처리

원 가 법		액면금액법	
취 득 시 :			
(차) 자 기 주 식	2,000,000	(차) 자 기 주 식	500,000
(대) 현 금	2,000,000	주식발행초과금	1,000,000
		감 자 차 손	500,000
		(대) 현 금	2,000,000
소 각 시 :			
(차) 자 본 금	500,000	(차) 자 본 금	500,000
감 자 차 손	1,500,000	(대) 자 기 주 식	500,000
(대) 자 기 주 식	2,000,000		

9 주식배당과 주식분할

1\.

(차) 이익잉여금	1,040,000**	(대) 현 금	320,000*
		보통주자본금	200,000
		주식발행초과금	520,000

* ₩4,000,000 × 8% = ₩320,000

** 800주 × 5% × ₩18,000(시가를 적용) + ₩320,000 = ₩1,040,000

2\. 분개 없음(비망기록). 단, 액면금액을 ₩2,500으로 조정한다(물론 발행주식수는 1,600주가 된다).

10 배당의 선언 및 지급

1. 1/ 4 : (차) 이익잉여금 80,000 (대) 미지급배당금 120,000
   자본잉여금 40,000*
   * 이는 청산배당에 해당한다.

   2/10 : (차) 미지급배당금 120,000 (대) 현 금 120,000

2.

	액면금액법		시 가 법	
1/1 :	이익잉여금	14,000*	이익잉여금	19,200**
	미지급배당금	4,000	미지급배당금	4,000
	미교부주식배당금	10,000	미교부주식배당금	15,200
	* 200주×₩20+200주×₩500×0.1		** 200주×₩20+200주×₩760×0.1	
5/1 :	미지급배당금	4,000	미지급배당금	4,000
	현 금	4,000	현 금	4,000
	미교부주식배당금	10,000	미교부주식배당금	15,200
	보통주자본금	10,000	보통주자본금	10,000
			주식발행초과금	5,200

3. 청산배당

   (차) (미처분)이익잉여금 300,000 (대) 미지급배당금 600,000
   자본잉여금 300,000*

   * 배당금이 미처분이익잉여금을 다 소진하고도 부족하기 때문에 이 금액이 청산배당에 해당하기 때문에 자본잉여금을 감액시킨다.

11 자본관련 분개

1. (1) (차) 이월이익잉여금 50,000 (대) 법인세추징적립금 50,000
   (2) (차) 이월이익잉여금 85,440* (대) 우발손실적립금 85,440
   * (₩300,000−토지재평가손실 ₩15,200)×30%=₩85,440
   (3) (차) 재고자산평가손실적립금 241,000 (대) 이월이익잉여금 241,000
   (4) (차) 토지평가손실 15,200* (대) 투자자산-토지 15,200
   * ₩76,000×20%=₩15,200(당기의 영업손익에 반영한다)
   (5) (차) 이월이익잉여금 388,144 (대) 시설확장적립금 388,144*
   * [₩580,000−₩50,000−₩85,440+₩241,000+(₩300,000−₩15,200)]×0.4=₩388,144
   (6) (차) 이월이익잉여금 60,000* (대) 보통주자본금 60,000
   * 120주×10%×₩5,000=₩60,000

2. 차기이월미처분이익잉여금(단, 상법에서 정한 이익준비금은 별도로 고려하지 않았다) :

₩580,000 − ₩50,000 − ₩85,440 + ₩241,000 − ₩388,144 − ₩60,000
\+ ₩284,800(토지평가손실 반영 후 당기순이익) = ₩522,216

12 자본종합(Ⅰ)

1. 현물출자거래

〈현물출자의 회계처리〉

일자	차변	금액	대변	금액
20×3. 1. 15	(차) 토 지	1,200,000	(대) 자 본 금	1,500,000*
	주식발행초과금	300,000		
	* 3,000주 × ₩500 = ₩1,500,000			

① 자본금 : ₩6,000,000 + ₩1,500,000 = ₩7,500,000

② 자본잉여금 : ₩46,000,000 − ₩300,000 = ₩45,700,000

(주) 현물출자로 발행하는 주식의 발행금액은 현물출자받은 자산의 공정가치인 ₩1,200,000으로 인식하는 것이 타당하다. 따라서 이 경우에는 공정가치 ₩1,800,000의 주식을 ₩1,200,000에 액면금액 이하로 발행한 것으로 인식해야 한다.

2. 자기주식거래

〈일련의 회계처리〉

일자	차변	금액	대변	금액
20×3. 3. 5	(차) 자 본 금	50,000*	(대) 자 기 주 식	700,000**
	감 자 차 익	300,000		
	감 자 차 손	350,000		
주주총회일	(차) 미처분이익잉여금	350,000	(대) 감 자 차 손	350,000
	* 100주 × ₩500 = ₩50,000 ** 100주 × ₩7,000 = ₩700,000			
20×3. 3. 15	(차) 현 금	1,600,000*	(대) 자 기 주 식	1,400,000**
			자기주식처분이익	200,000
	* 200주 × ₩8,000 = ₩1,600,000 ** 200주 × ₩7,000 = ₩1,400,000			

① 자본잉여금효과 : (−)₩300,000 + ₩200,000 = (−)₩100,000

② 이익잉여금효과 : (−)₩350,000

3. 현금배당의 배분

(1) 우선주의 기본배당 : ₩1,000,000 × 5% = ₩50,000

(2) 유통보통주의 자본금 : (10,000주 − 500주) × ₩500 = ₩4,750,000

〈배당금의 배분〉

구 분	배당금의 배분 누적분	당기분	합 계
우선주배당	₩100,000*	₩104,348**	① ₩204,348
보통주배당	—	495,652	② 495,652
합 계	₩100,000	₩600,000	₩700,000

* 전기분 누적배당 : ₩50,000×2회＝₩100,000

** Min[₩600,000×₩1,000,000÷(₩1,000,000＋₩4,750,000)＝₩104,348, ₩1,000,000×12% ＝₩120,000]＝₩104,348

(주) 만약, 자기주식의 취득시점을 20×3. 1. 1로 가정하는 경우에는 배당가능이익의 배분은 다음과 같다.

구 분	배당금의 배분 누적분	당기분	합 계
우선주배당	₩100,000*	₩100,000**	₩200,000
보통주배당	—	500,000	500,000
합 계	₩100,000	₩600,000	₩700,000

* 전기분 누적배당 : ₩50,000×2회＝₩100,000

** Min[₩600,000×₩1,000,000÷(₩1,000,000＋₩5,000,000)＝₩100,000, ₩1,000,000×12%＝₩120,000]＝₩100,000

4. 신주의 청약

〈일련의 회계처리〉

청약일	(차) 현 금	7,200,000 1)	(대) 신주청약증거금	7,200,000
발행일	(차) 현 금	13,440,000 2)	(대) 자 본 금	800,000 4)
	신주청약증거금	5,760,000 3)	주식발행초과금	18,400,000
	(차) 신주청약증거금	1,440,000 5)	(대) 자 본 금	60,000 6)
			주식발행초과금	1,380,000
	1) 2,000주×₩12,000×30%＝₩7,200,000 2) 1,600주×₩12,000×70%＝₩13,440,000 3) 1,600주×₩12,000×30%＝₩5,760,000 4) 1,600주×₩500＝₩800,000 5) 400주×₩12,000×30%＝₩1,440,000 6) ₩1,440,000÷₩12,000＝120주 → 120주×₩500＝₩60,000			

① 청약으로 인해 증가한 자본 : ₩7,200,000＋₩13,440,000＝₩20,640,000

② 청약으로 인해 발행한 주식수 : 1,600주＋120주＝1,720주

5. 상환우선주의 금융부채 분류조건

① 우선주의 발행자가 보유자에게 확정되었거나 결정가능한 미래의 시점에 확정되었거나 결정가능한 금액을 의무적으로 상환해야 하거나,

② 우선주의 보유자가 발행자에게 특정일이나 그 이후에 확정되었거나 결정가능한 금액의 상환을 청구할 수 있는 권리를 보유하고 있는 경우

13 자본종합(Ⅱ)

〈기중거래의 분개〉

〈20×0. 5. 1〉

(차) 현 금	660,000	(대) 자 본 금	600,000
		주식발행초과금	60,000

〈20×0. 12. 31〉

(차) 집합손익(당기순이익)	69,000	(대) 이월이익잉여금	69,000

〈20×1. 6. 13〉

(차) 현 금	875,000	(대) 자 본 금	250,000
		주식발행초과금	625,000

〈20×1. 10. 2∼20×1. 12. 31〉

(차) 이익잉여금	85,000 *	(대) 자 본 금	85,000

* 1,700주 × ₩500 × 0.1 = ₩85,000

(차) 집합손익(당기순이익)	88,500	(대) 이익잉여금	88,500

〈20×2. 2. 15〉

(차) 자기주식	60,000	(대) 현 금	60,000

〈20×2. 6. 15〉

(차) 현 금	27,000	(대) 자기주식	18,000
		자기주식자본잉여금 (자기주식처분이익)	9,000 *

* 45주 × (₩600 − ₩400) = ₩9,000

〈20×2. 12. 15〉

(차) 이익잉여금	8,825	(대) 미지급배당금	8,825 *

* (1,200주 + 500주 + 170주 − 150주 + 45주) × ₩5 = ₩8,825

〈20×2. 12. 31〉

(차) 자 본 금	37,500 *1)	(대) 자기주식	30,000 *2)
		감자차익	7,500

*1) 75주 × ₩500(액면금액) = ₩37,500
*2) 75주 × ₩400(취득금액) = ₩30,000

(차) 집합손익(당기순이익)	96,000	(대) 이익잉여금	96,000

① 자본금 : 1,200주 × ₩500 + ₩250,000 + ₩85,000 + (₩37,500) = ₩897,500
② 자본잉여금 : ₩60,000 + ₩625,000 + ₩9,000 + ₩7,500 = ₩701,500
③ 자기주식 : ₩60,000 + (₩18,000) + (₩30,000) = ₩12,000
④ 이익잉여금 : ₩69,000 + (₩85,000) + ₩88,500 + (₩8,825) + ₩96,000 = ₩159,675

14 자본변동표 작성

자본변동표

제×기 20×2. 1. 1 ~ 20×2. 12. 31
제×기 20×3. 1. 1 ~ 20×3. 12. 31

은정(주)

구 분	자본금	자본 잉여금	자본조정	기타포괄 손익누계액	이익 잉여금	총 계
20×2. 1. 1(보고금액)	₩1,000,000	₩210,000	–	₩40,000	₩260,000[1)]	₩1,510,000
회계정책변경누적효과					24,000	24,000
전기오류수정손익					120,000	120,000
수정된 금액(수정후 이월이익잉여금)					₩404,000[2)]	₩1,654,000
전기분 배당					(40,000)	(40,000)
당기순이익(손실)					104,400*	104,400
자기주식 취득			(12,000)			(12,000)
해외사업환산손익				(25,000)		(25,000)
20×2. 12. 31	₩1,000,000	₩210,000	(₩12,000)	₩15,000	₩468,400	₩1,681,400
20×3. 1. 1(보고금액)	1,000,000	210,000	(12,000)	15,000	370,000[1)]	1,583,000
회계정책변경누적효과					18,400	18,400
전기오류수정손익					80,000	80,000
수정된 금액(수정후 이월이익잉여금)					₩468,400[2)]	₩1,681,400
전기분 배당					(50,000)	(50,000)
유상증자	500,000	350,000				850,000
당기순이익(손실)					180,000	180,000
해외사업환산손익				15,000		15,000
20×3. 12. 31	₩1,500,000	₩560,000	(₩12,000)	₩30,000	₩598,400	₩2,676,400

1) 20×1년말과 20×2년말 재무상태표에 보고된 이익잉여금(적립잉여금과 미처분이익잉여금의 합)
2) 20×1년말과 20×2년말 수정 이익잉여금
* 수정된 당기순이익 : ₩150,000(20×2년 보고 당기순이익) − ₩40,000(전기오류수정손익) − ₩5,600(회계정책 변경효과) = ₩104,400

제15장 복합금융상품

연습문제

1 전환사채

전환사채의 전환을 회계처리하기 위해서는 시가법이든 장부금액법이든 간에 전환일 현재 전환사채의 장부금액, 즉 전환일 현재 장부상의 관련 전환사채와 사채할인발행차금(그리고 상환할증금이 있다면 이 금액도 포함)을 장부에서 제거해야 한다. 두 방법간의 주요 차이점은 이익(손실)을 인식하는가 여부이다.

장부금액법을 사용하면 전환으로 인한 이익(손실)을 기록하지 않는다. 자본에 기록되는 금액은 전환일 현재 전환사채의 장부금액이 되고, 따라서 주식발행초과금에는 전환사채의 장부금액과 발행되는 주식의 액면금액의 차액을 기록한다. 장부금액법의 이론적인 근거는 전환을 단순히 사채의 발행으로 시작된 거래를 완결하는 것으로 보아야 한다는 것이다. 이는 주주와의 거래로 보아야 하므로 이로부터 손익을 인식하여서는 안 된다.

시가법을 사용하면 사채나 발행되는 주식의 시가(둘 중 보다 신뢰할 수 있는 것)와 전환시점 전환사채의 장부금액이 손익으로 인식된다. 주식발행초과금은 손익의 결정에 사용된 시가와 발행되는 주식의 액면금액의 차액으로 기록된다. 시가법의 이론적 근거는 전환사채는 부채이지 주식이 아니라는 것이다. 따라서 전환은 손익을 초래하는 이익창출거래의 완결을 나타내는 중요사건(critical event)으로 보아야 한다는 것이다.

2 전환사채 : 상환할증금이 없는 경우

1) 전환권대가의 계산

① 발행금액 : ₩1,000,000

② 일반사채의 현재가치 :

이자현가 : (₩1,000,000 × 7%) × 2.2832(이자율 15%, 기간 3, 연금현가)	=	₩159,800
원금현가 : ₩1,000,000 × 0.6575(이자율 15%, 기간 3, 현가)	=	657,500
합 계		₩817,300

∴ 전환권의 대가 : ①－②＝₩182,700

2) 만기상환을 가정한 사채발행차금상각표

구 분		20×1년	20×2년	20×3년
기초장부금액(A)		₩817,300	₩869,900	₩930,400
사채이자비용(B=A×15%)		122,600	130,500	139,600
현금이자(C)		70,000	70,000	70,000
사채할인발행차금	상각액(B−C)	52,600	60,500	69,600
	잔액	130,100	69,600	0
기말장부금액		₩869,900	₩930,400	₩1,000,000

[회계처리]

① 20×1. 1. 1 (발행)

(차) 현 금	1,000,000	(대) 전 환 사 채	1,000,000
(차) 사채할인발행차금	182,700	(대) 전환권대가	182,700

② 20×1. 12. 31 (이자지급)

(차) 이 자 비 용	122,600	(대) 현 금	70,000
		사채할인발행차금	52,600

〈20×1. 12. 31 현재 재무상태표〉

전 환 사 채	₩1,000,000
사채할인발행차금	(130,100)
잔 액	₩869,900
전환권대가(기타자본잉여금)	₩182,700

③ 20×2. 12. 31 (이자지급)

(차) 이 자 비 용	130,500	(대) 현 금	70,000
		사채할인발행차금	60,500

〈20×2. 12. 31 현재 재무상태표〉

전 환 사 채	₩1,000,000
사채할인발행차금	(69,600)
잔 액	₩930,400
전환권대가(기타자본잉여금)	₩182,700

④ 20×3. 1. 1 (전환청구로 신주발행)

(차) 전환권대가	91,350	(대) 주식발행초과금	91,350*

* 전환권대가의 주식발행초과금 대체 : ₩182,700×500,000/1,000,000=₩91,350

(차) 전 환 사 채	500,000	(대) 사채할인발행차금	34,800*
		자 본 금	125,000**
		주식발행초과금	340,200

* 사채할인발행차금 제거 : ₩69,600×500,000/1,000,000=₩34,800
** 발행주식수 : ₩500,000÷₩20,000=25주
자 본 금 : 25주×₩5,000/주=₩125,000

〈20×3. 1. 1 전환 이후의 재무상태표〉

전 환 사 채	₩500,000
사채할인발행차금	(34,800)
잔 액	₩465,200
전환권대가(기타자본잉여금)	₩91,350

⑤ 20×3. 12. 31 (이자지급)

(차) 이 자 비 용	69,800	(대) 현 금	35,000
		사채할인발행차금	34,800

〈20×3. 12. 31 이자지급 후 상환 전 재무상태표〉

전 환 사 채	₩500,000
사채할인발행차금	(0)
잔 액	₩500,000
전환권대가(기타자본잉여금)	₩91,350

⑥ 20×3. 12. 31 (만기상환)

(차) 전 환 사 채	500,000	(대) 현 금	500,000

3 전환사채 : 조기전환과 조건변경

1. 매입가격(₩500,000)의 배분 :
 - 사채 : ₩1,000,000×0.7513(10%, 3기간 현가)
 ＋₩1,000,000×2%×2.4869(10%, 3기간 연금현가)
 ＝₩751,300＋₩49,700＝₩801,000
 ⇒ ₩801,000×60%＝₩480,600
 - 전환권대가 : ₩500,000－₩480,600＝₩19,400

[회계처리]

1) (차) 전 환 사 채	600,000	(대) 현 금	480,600
		사채할인발행차금	36,000
		사채상환이익	83,400

(주) 전환사채의 사채의 60%가 상환됨.

2) (차) 전환권대가 19,400 (대) 현 금 19,400

(주) 상환된 전환사채에 해당하는 전환권대가(₩80,000×60%=₩48,000) 중에서 소멸하지 않은 잔액 ₩28,600(=₩48,000−₩19,400)은 장부상에 남아 있게 된다.

2. (차) 전환조건변경손실 230,000* (대) 전환권대가 230,000

* (₩1,000,000/₩2,000−₩1,000,000/₩2,500)×₩2,300=₩230,000

4 전환사채 : 상환할증금이 있는 경우(Ⅰ)

[회계처리]

〈20×1. 1. 1 : 발행시점〉: 보장수익률과 전환권이 없는 일반사채의 유효이자율이 동일하므로 전환권대가는 "0"으로 나타난다.

(차) 현 금	1,000,000	(대) 전 환 사 채	1,000,000
사채할인발행차금	168,700	사채상환할증금	168,700

〈20×1. 12. 31 : 이자지급시점〉

(차) 이 자 비 용	120,000*	(대) 현 금	70,000
		사채할인발행차금	50,000*

* 이자비용 등의 계산

① 유효이자율의 계산

$1{,}000{,}000 = \frac{70{,}000}{(1+r)} + \frac{70{,}000}{(1+r)^2} + \frac{70{,}000}{(1+r)^3} + \frac{1{,}000{,}000}{(1+r)^3} + \frac{168{,}700}{(1+r)^3}$ 에서 이를 만족시키는 r은 12%이며, 이자비용은 12%를 유효이자율로 하여 계산됨.

② 만기상환을 가정한 이자비용/장기미지급이자 계산표

구 분	20×1년	20×2년	20×3년
기초장부금액(A)	₩1,000,000	₩1,050,000	₩1,106,000
총이자비용(B=A×12%)	120,000	126,000	132,700
현금이자지급액(C)	70,000	70,000	70,000
사채할인발행차금상각액(D)	50,000	56,000	62,700
기말장부금액(E=A+D)	₩1,050,000	₩1,106,000	₩1,168,700

〈20×1. 12. 31 : 재무상태표 표시〉

○ 전 환 사 채	₩1,000,000
○ 사채상환할증금	168,700
○ 사채할인발행차금	(118,700)
합 계	₩1,050,000

〈20×2. 12. 31 : 이자지급시점〉

(차) 이 자 비 용	126,000	(대) 현 금	70,000
		사채할인발행차금	56,000

〈20×2. 12. 31 : 재무상태표 표시〉

○ 전 환 사 채	₩1,000,000
○ 사채상환할증금	168,700
○ 사채할인발행차금	(62,700)
합 계	₩1,106,000

〈20×3. 1. 1 : 전환청구로 신주식 발행시점〉

(차) 전 환 사 채	500,000	(대) 자 본 금	125,000*
사채상환할증금	84,350	주식발행초과금	428,000**
		사채할인발행차금	31,350

* 발행주식수 : ₩500,000 ÷ ₩20,000 = 25주
자 본 금 : 25주 × ₩5,000 = ₩125,000
** ₩500,000 + ₩53,000 − ₩125,000(신주식발행에 따른 자본금 계상액)

〈20×3. 1. 1 : 전환후 재무상태표 표시〉

○ 전 환 사 채	₩500,000
○ 사채상환할증금	84,350
○ 사채할인발행차금	(31,350)
합 계	₩553,000

〈20×3. 12. 31 : 이자지급시점〉

(차) 이 자 비 용	66,350	(대) 현 금	35,000
		사채할인발행차금	31,350*

* 전환후 잔존 전환사채에 대한 장기미지급이자 계산

구 분	20×3년
기초장부금액(A)	₩553,000
총이자비용(B = A × 12%)	66,350
현금이자지급액(C)	35,000
사채할인발행차금상각액(D = B − C)	31,350
기말장부금액(E = A + D)	₩584,350

〈20×3. 12. 31 : 이자지급 후 상환 전 재무상태표 표시〉

○ 전 환 사 채	₩500,000
○ 사채상환할증금	84,350
합 계	₩584,350

〈20×3. 12. 31 : 액면 ₩500,000의 만기상환시점〉

(차) 전 환 사 채	500,000	(대) 현 금	584,350*
사채상환할증금	84,350		

* 현금상환액 : ₩500,000 × 116.87% = ₩584,350

5 전환사채 : 상환할증금이 있는 경우(Ⅱ)

1. 상환할증금 : ₩30,000 × (8% − 5%) × $(1 + 1.08 + 1.08^2)$ = ₩2,922
   부채요소의 가치 : (₩30,000 + ₩2,922) × 0.7513 + ₩1,500 × 2.4868 = ₩28,464
   전환권대가 : ₩30,000 − ₩28,464 = ₩1,536

2. 상환할증금 : ₩30,000 × (8% − 5%) × $(1 + 1.08 + 1.08^2)$ = ₩2,922
   부채요소의 가치 : (₩30,000 + ₩2,922) × 0.7513 + ₩1,500 × 2.4868 = ₩28,464
   총이자비용 = 전환사채의 미래현금흐름 − 전환사채의 발행일 금액
   = (₩30,000 + ₩2,922 + ₩1,500 × 3) − ₩28,464 = ₩8,958

3. 상환할증금 : ₩30,000 × (8% − 5%) × $(1 + 1.08 + 1.08^2)$ = ₩2,922
   부채요소의 가치 : (₩30,000 + ₩2,922) × 0.7513 + ₩1,500 × 2.4868 = ₩28,464
   전환권대가 : ₩1,536
   전환권대가로 배분할 거래비용 : ₩1,000 × (₩1,536/₩30,000) = ₩51

6 전환사채와 신주인수권부사채

1. 상환할증금의 계산과 상각표
   (1) 사채상환할증금의 계산 : ₩1,000,000 × (8% − 5%) × $(1.08^2 + 1.08^1 + 1.08^0)$ = ₩97,392
   (2) 현재가치의 배분

총현금유입액	₩1,150,000
액면사채현가	(831,872)*
상환할증금현가	(69,322)**
전환권대가	₩248,806

* 현재가치 = ₩50,000 × 2.40183 + ₩1,000,000 × 0.71178 = ₩831,872
** ₩97,392 × 0.71178 = ₩69,322

(3) 액면사채상각표

날 짜	유효이자(12%)	액면이자(5%)	상각액	장부금액
20×1. 1. 1				₩831,872
20×1. 12. 31	₩99,825	(₩50,000)	₩49,825	881,697
20×2. 12. 31	105,804	(50,000)	55,804	937,501
20×3. 12. 31	112,499	(50,000)	62,499	1,000,000
	₩318,128	(₩150,000)	₩168,128	

(4) 상환할증금상각표

날 짜	유효이자(12%)	액면이자(5%)	상각액	장부금액
20×1. 1. 1				₩69,322
20×1. 12. 31	₩8,319	−	₩8,319	77,641
20×2. 12. 31	9,317	−	9,317	86,958
20×3. 12. 31	10,435	−	10,435	97,392
	₩28,071	−	₩28,071	

* 전환사채의 액면이자는 전액 사채 부분에서 차감한다.

2. 전환사채의 회계처리

(1) 권리행사시 주식의 발행금액 : ₩937,501(액면사채상각표) + ₩86,958(상환할증금상각표) + ₩248,806(전환권대가) = ₩1,273,265

(2) 관련된 회계처리

일자	차변	금액	대변	금액
20×1. 1. 1	(차) 현 금	901,194	(대) 사 채	1,000,000
	사채할인발행차금	196,198	상환할증금	97,392
	(차) 현 금	248,806	(대) 전환권대가	248,806
20×1. 12. 31	(차) 이 자 비 용	99,825	(대) 현 금	50,000
			사채할인발행차금	49,825
	(차) 이 자 비 용	8,319	(대) 사채할인발행차금	8,319
20×2. 12. 31	(차) 이 자 비 용	105,804	(대) 현 금	50,000
			사채할인발행차금	55,804
	(차) 이 자 비 용	9,317	(대) 사채할인발행차금	9,317
20×3. 1. 1	(차) 사 채	1,000,000	(대) 자 본 금	250,000*
	상환할증금	97,392	주식발행초과금	1,023,265
	전환권대가	248,806	사채할인발행차금	72,933**
20×3. 12. 31	회계처리 없음			

* 발행주식수 : ₩1,000,000 ÷ ₩20,000 = 50주; 자본금 : 50주 × ₩5,000 = ₩250,000

** 20×3. 1. 1 사채할인발행차금 잔액 = ₩1,097,392 − ₩1,024,459 = ₩72,933

3. 신주인수권부사채의 회계처리

(1) 권리행사시 주식의 발행금액 : ₩1,000,000(행사금액) + ₩86,958(상환할증금상각표) + ₩248,806(신주인수권대가) = ₩1,335,764

(2) 관련된 회계처리

일자	차변	금액	대변	금액
20×1. 1. 1	(차) 현 금	901,194	(대) 사 채	1,000,000
	사채할인발행차금	196,198	상환할증금	97,392
	(차) 현 금	248,806	(대) 신주인수권대가	248,806
20×1. 12. 31	(차) 이 자 비 용	99,825	(대) 현 금	50,000
			사채할인발행차금	49,825
	(차) 이 자 비 용	8,319	(대) 사채할인발행차금	8,319
20×2. 12. 31	(차) 이 자 비 용	105,804	(대) 현 금	50,000
			사채할인발행차금	55,804
	(차) 이 자 비 용	9,317	(대) 사채할인발행차금	9,317
20×3. 1. 1	(차) 현 금	1,000,000	(대) 자 본 금	250,000
	상환할증금	97,392	주식발행초과금	1,085,764
	신주인수권대가	248,806	사채할인발행차금	10,434
20×3. 12. 31	(차) 이 자 비 용	112,499	(대) 현 금	50,000
			사채할인발행차금	62,499
	(차) 사 채	1,000,000	(대) 현 금	1,000,000

7 전환사채의 재매입

1. A사의 재무제표에 이 사채의 발행시 장부금액은 다음과 같이 배분된다.

부채요소	
₩50,000 × 5.6502 (기간 10년 정상연금, 할인율 12%)	₩282,511
₩1,000,000 × 0.3220 (기간 10년 단일금액, 할인율 12%)	321,973
	₩604,484
자본요소(전환권대가)	
(₩1,000,000 − ₩604,484)	395,516
총발행금액	₩1,000,000

2. 20×5. 1. 1 전환사채의 재매입에 대한 회계자료는 다음과 같다.

	장부금액 (12% 할인율)	공정가치 (8% 할인율)	차 이
부채요소			
5회 남아 있는, ₩50,000씩 지급하는 이자금액을 12%와 8%로 각각 할인한 현재가치	₩180,239	₩199,636	
5년 후인 만기시점에 지급하는 ₩1,000,000의 원금을 12%와 8%로 각각 할인한 현재가치	567,427	680,583	
	₩747,666	₩880,219	(₩132,553)
자본요소	395,516*	419,781	(24,265)
합계금액	₩1,143,182	₩1,300,000	(₩156,818)

* 위 자본요소 참조.

〈일반사채상각표〉

날 짜	유효이자(12%)	액면이자(5%)	상각액	장부금액
20×0. 1. 1				₩604,484
20×0. 12. 31	₩72,538	(₩50,000)	₩22,538	627,023
20×1. 12. 31	75,243	(50,000)	25,243	652,265
20×2. 12. 31	78,272	(50,000)	28,272	680,537
20×3. 12. 31	81,664	(50,000)	31,664	712,202
20×4. 12. 31	85,464	(50,000)	35,464	747,666
20×5. 12. 31	89,720	(50,000)	39,720	787,386
20×6. 12. 31	94,486	(50,000)	44,486	831,872
20×7. 12. 31	99,825	(50,000)	49,825	881,696
20×8. 12. 31	105,804	(50,000)	55,804	937,500
20×9. 12. 31	112,500	(50,000)	62,500	1,000,000

A사는 전환사채 재매입을 다음과 같이 인식한다.

(차)	전 환 사 채	1,000,000	(대)	현 금	880,219
	사채상환손실	132,553		사채할인발행차금	252,334
(차)	전환권대가	395,516	(대)	현 금	419,781
	전환사채상환손실	24,265			

위 두 분개를 아래와 같이 통합하여도 된다.

(차)	전 환 사 채	1,000,000	(대)	현 금	1,300,000
	전환권대가	395,516		사채할인발행차금	252,334
	사채상환손실	156,818			

8 신주인수권부사채

1. 신주인수권대가(신주인수권 가치)의 계산

발행금액	₩1,000,000
동일조건 일반사채의 현재가치	(905,700)
신주인수권대가	₩94,300

2. 만기상환을 가정한 사채발행차금상각표

$₩905,700 = ₩90,000/(1+r) + ₩90,000/(1+r)^2 + ₩90,000/(1+r)^3 + ₩1,000,000/(1+r)^3$

∴ r (유효이자율)은 13%로 산출됨.

구 분		20×5년	20×6년	20×7년
기초장부금액(A)		₩905,700	₩933,400	₩964,700
사채이자비용(B=A×13%)		117,700	121,300	125,300
현금이자(C)		90,000	90,000	90,000
사채발행차금	상각액(B−C)	27,700	31,300	35,300
	잔 액(D)	66,600	35,300	0
기말장부금액(₩1,000,000−D)		₩933,400	₩964,700	₩1,000,000

[회계처리]

(1) 20×5. 1. 1(발행)

(차) 현 금	1,000,000	(대) 신주인수권부사채	1,000,000
(차) 사채발행차금	94,300	(대) 신주인수권대가	94,300

(2) 20×5. 12. 31(이자지급)

(차) 이 자 비 용	117,700	(대) 현 금	90,000
		사채발행차금	27,700

〈20×5. 12. 31 현재의 재무상태표 표시〉

신주인수권부사채	₩1,000,000
사채발행차금	(66,600)
잔 액	₩933,400
신주인수권대가(기타자본잉여금)	₩94,300

(3) 20×6. 12. 31

① 이자지급

(차) 이 자 비 용	121,300	(대) 현 금	90,000
		사채발행차금	31,300

〈20×6. 12. 31 현재의 재무상태표 표시〉

신주인수권부사채	₩1,000,000
사채발행차금	(35,300)
잔 액	₩964,700
신주인수권대가(기타자본잉여금)	₩94,300

② 신주인수권 행사로 신주식 발행

(차) 신주인수권대가	56,600	(대) 주식발행초과금	56,600*

* ₩94,300×(₩600,000/₩1,000,000)=₩56,600

(차) 현 금	600,000	(대) 자 본 금	200,000*
		주식발행초과금	400,000

* 40주(=₩600,000÷₩15,000)×₩5,000=₩200,000

〈20×6. 12. 31 신주인수권 행사 이후의 재무상태표 표시〉

신주인수권부사채	₩1,000,000
사채발행차금	(35,300)
잔 액	₩964,700
신주인수권대가(기타자본잉여금)	₩37,700

(4) 20×7. 12. 31

① 이자지급

(차) 이 자 비 용	125,300	(대) 현 금	90,000
		사채발행차금	35,300

〈20×7. 12. 31 이자지급 이후 상환 이전의 재무상태표 표시〉

신주인수권부사채	₩1,000,000
사채발행차금	(0)
잔 액	₩1,000,000
신주인수권대가(기타자본잉여금)	₩37,700

② 만기상환

(차) 신주인수권부사채	1,000,000	(대) 현 금	1,000,000

9 신주인수권부사채 : 상환할증금이 있는 경우(Ⅰ)

1. 만기상환을 가정한 사채할인발행차금상각표 (단위 : 백만원)

일 자	실질이자(13%)	액면이자(9%)	사채할인발행차금		장부금액
			당기상각	잔 액	
20×1. 1. 1				₩1,360	₩10,000
20×1.12.31	₩1,300	₩900	₩400	960	10,400
20×2.12.31	1,350	900	450	510	10,850
20×3.12.31	1,410	900	510		11,360
계	₩4,060	₩2,700	₩1,360		

(주) 상환할증금으로 인해 시장이자율을 보장해 주고 있으므로 전환권대가의 가치는 ₩0으로 산출된다.

2. 회계처리 (단위 : 백만원)

일 자	회계처리
20×1. 1. 1	(차) 현 금 10,000 (대) 신주인수권부사채 10,000 사채할인발행차금 1,360 사채상환할증금 1,360
20×1.12.31	(차) 이 자 비 용 1,300 (대) 현 금 900 사채할인발행차금 400
20×2.12.31	(차) 이 자 비 용 1,350 (대) 현 금 900 사채할인발행차금 450 (차) 현 금 6,000 (대) 자 본 금 2,000* 사채상환할증금 816** 주식발행초과금 4,722 사채할인발행차금 94# * ₩6,000 ÷ ₩15,000 × 5,000 = ₩2,000 ** ₩1,360 × 60% = ₩816 # ₩816 − ₩816/1.13 = ₩94
20×3.12.31	(차) 이 자 비 용 1,316* (대) 현 금 900 사채할인발행차금 416** (차) 신주인수권부사채 10,000 (대) 현 금 10,544# 사채할인발행차금 544 * (₩10,850 − ₩816 + ₩94) × 0.13 = ₩1,316 ** ₩1,360 − (₩400 + ₩450 + ₩94) = ₩416 # ₩6,000 + ₩4,000 × 113.6% = ₩10,544

3. 재무상태표 표시 (단위 : 백만원)

계 정	20×1. 1. 1	20×1. 12. 31	20×2. 12. 31 (행사전)	20×2. 12. 31 (행사후)	20×3. 12. 31 (이자지급후상환전)
신주인수권부사채	₩10,000	₩10,000	₩10,000	₩10,000	₩10,000
사채상환할증금	1,360	1,360	1,360	544	544
사채할인발행차금	(1,360)	(960)	(510)	(416)	(0)
계	₩10,000	₩10,400	₩10,850	₩10,128	₩10,544

10 신주인수권부사채 : 상환할증금이 있는 경우(Ⅱ)

1. ₩100,000 + ₩100,000 × 5% × (1 − 30%) = ₩103,500

2. 부채요소의 공정가치 : (₩100,000 + ₩5,000) × 0.7513 + ₩3,000 × 2.4868 = ₩86,347
   신주인수권대가 : ₩100,000 − ₩86,347 = ₩13,653
   회계처리는 다음과 같다.

(차) 현　　금	30,000 *	(대) 자 본 금	9,000 ****
신주인수권대가	4,096 **	주식발행초과금	26,336
신주인수권조정	1,240 ***		

* 발행금액 : ₩100,000 × 30% = ₩30,000
** 신주인수권대가 : ₩13,653 × 30% = ₩4,096
*** 신주인수권조정 : ₩5,000 × 0.8264 × 30% = ₩1,240
**** 자본금 : (₩100,000/₩5,000) × ₩1,500 × 30% = ₩9,000

∴ 신주인수권행사로 인식할 주식발행초과금 : ₩26,336

11 신주인수권부사채 : 발행금액과 액면금액이 상이한 경우

1. 〈20×1. 1. 1(신주인수권부사채 발행시)〉

(차) 현　　금	931,400 *	(대) 신주인수권부사채	1,000,000
사채할인발행차금	328,000	사채상환할증금	254,000
		신주인수권대가	5,400 **

* 발행금액 : ₩10,000 × 100 × 0.5194 + ₩10,000 × 12% × 100 × 3.4331 = ₩931,400
** 발행금액 − 현재가치 : ₩931,400 − [(₩1,000,000 + ₩254,000) × 0.5194 + ₩1,000,000 × 0.08 × 3.4331] = ₩5,400

2. 〈20×1. 12. 31(결산일)〉

(차) 이 자 비 용	129,640	(대) 현　　금	80,000
		사채할인발행차금	49,640

[상각표]

일 자	사채이자비용		사채할인발행차금 상각액(=(A)−(B))		신주인수권부사채 관련부채(E)
	유효이자(A) (전기(E) × 14%)	액면이자(B) (액면금액 × 8%)	당기상각	잔 액	
20×1. 1. 1				328,000	926,000*
20×1. 12. 31	129,640	80,000	49,640	278,360	975,640

* 액면금액 − 사채할인발행차금 + 상환할증금 = ₩1,000,000 − ₩328,000 + ₩254,000 = ₩926,000
(주) 신주인수권부사채 관련 부채 = 액면금액 − 사채할인발행차금 + 상환할증금

3. 〈20×2. 1. 1(신주인수권 행사시점)〉

(차) 현　　금	640,000 *	(대) 사채할인발행차금	82,900 #
사채상환할증금	203,200 **	보통주자본금	400,000
		주식발행초과금	360,300

* 80매 × ₩8,000 = ₩640,000
** ₩254,000 × 8/10 = ₩203,200
\# ₩203,200 − ₩203,200/$(1.14)^4$ = ₩82,900

(차) 신주인수권대가	4,320	(대) 주식발행초과금	4,320

* ₩5,400 × 8/10 = ₩4,320

4. 〈20×5. 12. 31(신주인수권사채 만기상환)〉

(차) 신주인수권부사채	1,000,000	(대) 현 금	1,050,800*
사채상환할증금	50,800		

* ₩1,000,000 × 80% + ₩1,000,000 × 20% × 1.254 = ₩1,050,800

12 신주인수권

(차) 현 금	3,500,000*	(대) 자 본 금	3,125,000**
		주식발행초과금	375,000

* 625주(= 5,000/8) × ₩5,600 = ₩3,500,000
** 625주 × ₩5,000 = ₩3,125,000

13 복합금융상품 – 종합(Ⅰ)

전환사채의 공정가치(발행금액)	₩2,841,017
(−)전환권이 없지만 동일조건인 일반사채의 현재가치*	(2,765,725)
전환권가치(전환권대가)	₩75,292

* 사채발행일 현재 발행회사의 전환권이 없는 일반사채의 시장이자율로 할인함

사채상환할증금 ₩94,575
= [₩30,000(= ₩3,000,000 × (5% − 4%)) × 1.05^2 + ₩30,000 × 1.05 + ₩30,000]

발행금액 ₩2,841,017
= [₩3,000,000 × 0.8163(7%, 3기 현가율) + ₩94,575 × 0.8163
+ ₩120,000 × 2.6243(7%, 3기 정상연금현가율)]

전환권 없는 일반사채의 현재가치 ₩2,765,725
= [₩3,000,000 × 0.7938(8%, 3기 현가율) + ₩94,575 × 0.7938
+ ₩120,000 × 2.5771(8%, 3기 정상연금현가율)]

〈20×1. 1. 1〉

(차) 현 금	2,841,017	(대) 전환사채	3,000,000
사채할인발행차금	328,850	사채상환할증금	94,575
		전환권대가	75,292

〈20×1. 12. 31〉

(차) 이 자 비 용	221,258*	(대) 현 금	120,000
		사채할인발행차금	101,258

* (₩3,000,000 + ₩94,575 − ₩328,850) × 8%(일반사채의 유효이자율) = ₩221,258

〈20×2. 1. 1〉

(차) 전 환 사 채	1,200,000*	(대) 사채할인발행차금	91,037*
사채상환할증금	37,830*	자 본 금	1,000,000**
전환권대가	30,117*	주식발행초과금	176,910

* 전환사채 40% 보통주 200주로 전환(= ₩1,200,000/₩6,000);
사채할인발행차금 감소액 = (₩328,850 − ₩101,258) × 40% = ₩91,037;
사채상환할증금 감소액 = ₩94,575 × 40% = ₩37,830;
전환권대가 감소액 = ₩75,292 × 40% = ₩30,117
** 200주 × ₩5,000 = ₩1,000,000

〈20×2. 12. 31〉

(차) 이 자 비 용	137,615*	(대) 현 금	72,000
		사채할인발행차금	65,615

* (₩3,000,000 − ₩1,200,000 + ₩94,575 − ₩37,830 − ₩328,850 + ₩101,258 + ₩91,037) = ₩1,720,190;
₩1,720,190 × 8% = ₩137,615

〈20×3. 12. 31〉

(차) 이 자 비 용	142,864*	(대) 현 금	72,000
		사채할인발행차금	70,864

* (₩1,720,190 + ₩65,615) × 8% = ₩142,864

(차) 전 환 사 채	1,800,000	(대) 현 금	1,856,745
상환할증금	56,745*		

* ₩94,575 − ₩37,830 = ₩56,745

14 복합금융상품 – 종합(Ⅱ)

신주인수권사채의 공정가치(발행금액)	₩1,000,000
(−)신주인수권이 없지만 동일조건인 일반사채의 현재가치	(972,193)
신주인수권가치(전환권대가)	₩27,807

사채상환할증금 = ₩20,000 × 1.04^2 + ₩20,000 × 1.04 + ₩20,000 = ₩62,432

* ₩1,000,000 × (4% − 2%) = ₩20,000

신주인수권 없는 일반사채의 현재가치 ₩972,193

= [₩1,000,000 × 0.8638(5%, 3기 현가율) + ₩62,432 × 0.8638

+ ₩20,000 × 2.7232(5%, 3기 정상연금현가율)]

1. 〈20×1. 1. 1〉

(차)		(대)	
현금	1,000,000	사채	1,000,000
사채할인발행차금	90,239	상환할증금	62,432
		신주인수권대가	27,807

〈20×1. 12. 31〉

(차)		(대)	
이자비용	48,610*	현금	20,000
		사채할인발행차금	28,610

* (₩1,000,000 + ₩62,432 − ₩90,239) × 5% = ₩48,610

2. 〈20×2. 1. 1〉

(차)		(대)	
신주인수권대가	13,904*	사채할인발행차금	2,902**
상환할증금	31,216*	자본금	250,000
현금	500,000	주식발행초과금	292,218

* 최초 신주인수권과 상환할증금은 50% 행사에 비례하며 감액

** 소멸된 사채상환할증금에 관련된 디상각 사채할인발행차금 : 장부금액 − 현재가치 = ₩31,216 − ₩31,216/1.05^2 = ₩2,902

〈20×2. 12. 31〉

(차)		(대)	
이자비용	48,624*	현금	20,000
		사채할인발행차금	28,624

* (₩1,000,000 + ₩62,432 − ₩31,216 − ₩90,239 + ₩28,610 + ₩2,902) × 5% = ₩48,624

3. 〈20×1. 1. 1〉

(차)		(대)	
현금	1,000,000	사채	1,000,000
사채할인발행차금	90,239	상환할증금	62,432
		전환권대가	27,807

〈20×1. 12. 31〉

(차)		(대)	
이자비용	48,610	현금	20,000
		사채할인발행차금	28,610

〈20×2. 1. 1〉

(차)		(대)	
전환권대가	13,904*	사채할인발행차금	30,815**
상환할증금	31,216*	자본금	250,000
사채	500,000	주식발행초과금	264,305

* 최초인식 전환권과 상환할증금은 50% 행사에 비례하며 감액

** 사채할인발행차금 잔액의 50% = (₩90,239 − ₩28,610)/2 = ₩30,815

4. 〈20×2. 1. 1〉

(차)		(대)	
사채	1,000,000	사채할인발행차금	61,629*
상환할증금	62,432	현금	1,000,000
		사채상환이익	803**

* 사채할인발행차금 잔액 = ₩90,239 − ₩28,610 = ₩61,629
** 사채상환이익 = 사채의 장부금액 − 상환지급액
= (₩1,000,000 + ₩62,432 − ₩61,629) − ₩1,000,000 = ₩803

공인회계사 기출문제 응용(2020년 이후)

1 상환우선주의 이자비용

상환우선주는 부채로 분류되며 그에 대한 배당금은 이자비용으로 인식해야 한다.

상환우선주의 발행금액(부채로 인식할 금액) = [200 × ₩600(의무상환금액) × 0.8900]
+ [200 × ₩500 × 3% × 1.8334]
= ₩106,800 + ₩5,500 = ₩112,300

20×1년 이자비용 = ₩112,300 × 6% = ₩6,738

2 전환사채 : 조기상환

〈20×1. 1. 1 전환사채의 발행〉

부채요소의 현재가치 : ₩3,000,000 × 0.7118 + ₩300,000 × 2.4019 = ₩2,855,970

자본요소의 공정가치 전환권대가 = ₩3,000,000 − ₩2,855,970 = ₩144,030

[20×1년 회계처리]

〈20×1. 1. 1 발행시〉

(차)	현 금	3,000,000	(대) 전 환 사 채	3,000,000
	사채할인차금	144,030	전환권대가	144,030

〈20×1. 12. 31 기말〉

(차)	이 자 비 용	342,716*	(대) 현 금	300,000
			사채할인차금	42,716

* (₩3,000,000 − ₩144,030) × 12% = ₩342,716

20×2년초 조기상환시점 전환사채의 장부금액 = (₩3,000,000 − ₩144,030) + ₩42,716
= ₩2,898,686

현금상환액을 부채요소와 자본요소에 배분

20×2년초 재매입시점 전환사채의 공정가치	₩3,100,000
부채요소의 공정가치(15% 적용) ₩3,000,000 × 0.7561 + ₩300,000 × 1.6257 =	2,756,010
자본요소의 공정가치	₩343,990

상환손익의 계산

구 분	장부금액(12%)	상환금액(15%)	관련손익
부채요소(일반사채)	₩2,898,686	₩2,756,010	₩142,676
자본요소(전환권)	144,030	343,990	(199,960)
합 계	₩3,042,716	₩3,100,000	(₩57,284)

〈20×2. 1. 1 조기상환 관련 회계처리〉

(차) 전 환 사 채	3,000,000	(대)	사채할인차금	101,314
			현 금	2,756,010
			사채상환이익	142,676
(차) 전환권대가	144,030	(대)	현 금	343,990
전환권청산손실(감자차손)	199,960			

전환권청산손실(감자차손)은 자본거래의 결과이므로 당기순이익에 포함할 수 없으며 기타자본잉여금에서 차감할 금액이다.

3 전환사채의 전환과 조기상환

1. 미전환시 지급하는 상환할증금이 있는 경우 만기금액＝₩1,000,000×1.086＝₩1,086,000

전환사채의 현재가치＝₩1,086,000×0.7938＋₩1,000,000×4%×2.5770

＝₩862,067＋₩103,080＝₩965,147

사채의 발행가＝₩1,000,000(주어짐)

전환사채의 부채부분(일반사채 현재가치＋상환할증금 현재가치)

＝₩896,880＋₩68,267＝₩965,147

전환권대가＝₩1,000,000－₩965,147＝₩34,853

사채할인차금＝₩1,086,000－₩965,147＝₩120,853

〈20×1. 1. 1 전환사채 발행시 회계처리〉

(차) 현 금	1,000,000	(대)	전 환 사 채	1,000,000
사채할인차금	120,853		상환할증금	86,000
			전환권대가	34,853

일 자	이자비용	액면이자	할인차금상각	할인차금잔액	장부금액
20×1. 1. 1				₩120,853	₩965,147
20×1.12.31	₩77,212	₩40,000	₩37,212	83,641	1,002,359
20×2.12.31	80,188	40,000	40,188	43,453	1,045,812

〈20×1. 12. 31 기말 회계처리〉

(차) 이 자 비 용	77,212*	(대)	현 금	40,000**
			사채할인차금	37,212

* 이자비용＝기초장부금액×유효이자율＝₩965,147×8%＝₩77,212
** 현금이자지급액＝액면금액×표시이자율＝₩1,000,000×4%＝₩40,000
(주의) 전환권대가는 발행시점의 공정가치(현재가치) 개념 자본으로 기록했기 때문에 나머지 기간에 공정가치 조정을 할 필요가 없음.

〈20×2. 1. 1 전환사채 액면금액의 40% 전환에 대한 회계처리〉

(차) 전 환 사 채	400,000	(대) 사채할인차금	33,456
상환할증금	34,400	자 본 금	240,000**
전환권대가	13,941*	주식발행초과금	174,885***

* 전환권대가 감소액＝₩34,853×40%＝₩13,941
** 자본금증가액＝(₩1,000,000/₩5,000)×₩3,000×40%＝₩240,000
*** 주식발행초과금 증가액＝₩400,944＋₩13,941－₩240,000＝₩174,885

주식의 발행금액＝₩400,000＋₩34,400－₩33,456＝₩400,944(자본증가액)

2. (주)대한은 20×2. 12. 31에 남아 있는 60%의 전환사채에 대해 다음과 같이 회계처리를 하였을 것이다.

(차) 이 자 비 용	48,113*	(대) 현 금	24,000**
		사채할인차금	24,113

* 이자비용＝기초장부금액×유효이자율＝₩1,002,359×60%×8%＝₩48,113
** 현금이자지급액＝잔여 액면금액×표시이자율＝₩600,000×4%＝₩24,000

20×3. 1. 1 조기상환시의 전환사채의 장부금액＝₩601,415＋₩24,113＝₩625,528
상환시점에 잔여 전환사채의 현재가치(10% 할인율 적용)＝{₩600,000(액면금액)＋₩51,600(상환할증금 기초 대비 60%)＋₩24,000(이자)}×0.9091＝₩614,188
전환손익＝전환사채의 장부금액－전환사채 상환지급액(잔여현금흐름을 상환시점의 시장이자율로 할인한 금액)＝₩625,528－₩614,188＝₩11,340(이익)

4 전환사채와 신주인수권부사채

1. 상환할증금의 계산(할인율로 보장수익률 5% 적용) :
₩1,000,000×0.8638＋상환할증금×0.8638＋₩1,000,000×4%×2.7232＝₩1,000,000
상환할증금×0.8638＝₩1,000,000－₩863,800－₩108,928＝₩27,272
상환할증금＝₩31,572
일반사채의 할인율 6%로 계산한 전환권이 없는 사채의 발행가격 :
(₩1,000,000＋₩31,572)×0.8396＋₩40,000×2.6730＝₩866,108＋₩106,920
＝₩973,028
사채할인발행차금＝만기금액－전환권이 없는 일반사채의 현재가치
＝₩1,031,572－₩973,028＝₩58,544
전환권대가＝발행가격－일반사채의 발행가격＝₩1,000,000－₩973,028＝₩26,972

〈20×1. 1. 1 전환사채 발행시 회계처리〉

(차)	현 금	1,000,000	(대) 전 환 사 채	1,000,000
	사채할인차금	58,544	상환할증금	31,572
			전환권대가	26,972

전환사채의 장부금액 계산

일 자	유효이자	현금이자	할인차금상각	할인차금잔액	장부금액
20×1. 1. 1				₩58,544	₩973,028
20×1. 12. 31	₩58,382	₩40,000	₩18,382	40,162	991,410
20×2. 12. 31	59,485	40,000	19,485	20,677	1,010,895
20×3. 12. 31	60,677	40,000	20,677	—	1,031,572
	₩178,544	₩120,000	₩58,544		

〈20×2. 1. 1 전환사채 액면금액의 40%가 전환청구〉

전환될 전환사채의 장부금액 : ₩991,410×40%＝₩396,564(＝전환사채 ₩400,000＋상환할증금 ₩12,629－할인발행차금 ₩16,065)

전환권대가의 감소액 : ₩26,972×40%＝₩10,789(자본 내에서의 계정간 대체에 해당하므로 자본에 영향을 미치지 않음)

주식발행수 : (₩1,000,000/₩10,000)×40%＝40주

자본금 증가액 : 40주×₩5,000＝₩200,000

주식발행초과금 증가액 : ₩396,564－₩200,000＝₩196,564

〈전환에 대한 회계처리〉

(차)	전 환 사 채	400,000	(대) 사채할인차금	16,065
	상환할증금	12,629	자 본 금	200,000
			주식발행초과금	196,564
(차)	전환권대가	10,789	(대) 주식발행초과금	10,789

〈전환권 청구 직전 재무상태〉

자산총계 ₩15,000,000, 부채총계 ₩5,000,000 ⇒ 자본총계 ₩10,000,000

〈전환 직후 재무상태〉

자산총계 : ₩15,000,000

부채총계 : ₩5,000,000－₩396,564＝₩4,603,436

자본총계 : ₩10,000,000＋₩396,564＝₩10,396,564

전환 직후 부채비율(%) :

(부채총계/자본총계)×100＝(₩4,603,436/₩10,396,564)×100＝44.3%

2. 전환권대가를 제외하고는 사채할인발행차금, 상환할증금 등 요구사항 1의 계산과 동일하다.
전환권대가＝발행가격－일반사채의 발행가격＝₩985,000－₩973,028＝₩11,972

〈20×2. 1. 1 60%의 전환권 행사〉
전환될 전환사채의 장부금액 : ₩991,410×60%＝₩594,846(＝전환사채 ₩600,000 ＋상환할증금 ₩18,943－할인발행차금 ₩24,097)
전환권대가의 감소액 : ₩26,972×60%＝₩16,183(자본 내에서의 계정간 대체)
주식발행수 : (₩1,000,000/₩10,000)×60%＝60주
자본금 증가액 : 60주×₩5,000＝₩300,000
주식발행초과금 증가액 : ₩594,846－₩300,000＝₩294,846

〈전환에 대한 회계처리〉

(차)	전 환 사 채	600,000	(대) 사채할인차금	24,097
	상환할증금	18,943	자 본 금	300,000
			주식발행초과금	294,846
(차)	전환권대가	16,183	(대) 주식발행초과금	16,183

① 전환권 행사시 주식발행초과금 증가분 : ₩294,846＋₩7,183＝₩302,029
② 전환권 행사 직후 전환사채의 장부금액 : ₩991,410×40%＝₩396,564

3. (물음 1)
〈20×1. 1. 1 신주인수권부사채 발행시 회계처리〉

(차)	현 금	1,000,000	(대) 신주인수권부사채	1,000,000
	사채할인차금	58,544	상환할증금	31,572
			신주인수권대가	26,972

일반사채의 공정가치 : ₩1,000,000×0.8396＋₩40,000×2.6730＝₩946,520
일반사채 할인차금 : ₩1,000,000－₩946,520＝₩53,480
상환할증금의 공정가치 : ₩31,572×0.8396＝₩26,508
상환할증금 할인차금 : ₩31,572－₩26,508＝₩5,064
총사채할인차금 : ₩53,480＋₩5,064＝₩58,544

〈신주인수권부사채의 상각표(아래 A와 B 상각표의 합계) 참고〉

일 자	유효이자(6%)	현금이자	할인차금상각	장부금액
20×1. 1. 1				₩973,028
20×1. 12. 31	₩58,382	₩40,000	₩18,382	991,410
20×2. 12. 31	59,485	40,000	19,485	1,010,895
20×3. 12. 31	60,677	40,000	20,677	1,031,572
	₩178,544	₩120,000	₩58,544	

〈일반사채의 상각표(A)〉

일 자	유효이자(6%)	현금이자	할인차금상각	장부금액
20×1. 1. 1				₩946,520
20×1. 12. 31	₩56,791	₩40,000	₩16,791	963,311
20×2. 12. 31	57,799	40,000	17,799	981,110
20×3. 12. 31	58,890	40,000	18,890	1,000,000
	₩173,480	₩120,000	₩53,480	

〈상환할증금 상각표(B)〉

일 자	유효이자(6%)	현금이자	할인차금상각	장부금액
20×1. 1. 1				₩26,508
20×1. 12. 31	₩1,591	—	₩1,591	28,099
20×2. 12. 31	1,686	—	1,686	29,785
20×3. 12. 31	1,787	—	1,787	31,572
	₩5,064	—	₩5,064	

20×2. 4. 1 신주인수권 80%가 행사되었으며 행사금액은 사채액면금액의 100%
신주인수권 행사로 발행된 주식수 : (₩1,000,000/₩10,000)×80%=80주
행사금액 : 80주×₩10,000=₩800,000(현금유입액)
자본금 증가액 : 80주×₩5,000=₩400,000
신주인수권 행사 후에도 사채는 계속 존재하기 때문에 신주인수권 행사로 인한 일반사채 이자비용(일반사채 할인차금상각액 포함)은 변화 없음. 그러나 신주인수권 행사로 인해 상환할증금에 대한 상각후원가는 감액시켜야 함.
사채상환할증금의 80% 제거. ₩31,572×80%=₩25,257
사채상환할증금의 사채할인차금(현재가치할인차금) 계산

발행일의 현재가치 :	₩31,572×0.8396=	₩26,508
20×1년 상각액 :	₩26.508×0.06=	1,590
20×2. 4. 1까지의 상각액 :	₩1,590×1.06×3/12=	421
		₩28,519

신주인수권 행사로 없어질 상환할증금에 대한 사채할인차금 :
₩25,257－₩28,519×80%=₩2,441
주식발행초과금으로 대체될 신주인수권대가 : ₩26,972×80%=₩21,578

〈신주인수권 행사에 대한 회계처리〉

(차) 현 금	800,000	(대) 자 본 금	400,000
상환할증금	25,257	주식발행초과금	422,816
		사채할인차금	2,441
(차) 신주인수권대가	21,578	(대) 주식발행초과금	21,578

주식할인발행초과금 증가액 : ₩422,816 + ₩21,578 = ₩444,394

20×2. 4. 1 신주인수권 행사 직후 신주인수권부사채의 장부금액 :

20×1. 1. 1 장부금액	₩1,000,000 + ₩31,572 − ₩58,544 =	₩973,028
20×1. 12. 31까지 상각액	₩973,028 × 0.06 − ₩40,000 =	18,382
20×2. 4. 1까지 상각액	(₩973,028 + ₩18,382) × 0.06 × 3/12 − ₩10,000 =	4,871
신주행사권 행사로 감소한 상환할증금의 현재가치	₩28,519 × 80% =	22,815
		₩973,466

(물음 2)

20×2년 이자비용

= 일반사채에 대한 연간 이자비용 + 미행사 신주인수권 상환할증금 연간 상각액 − 행사 신주인수권의 3개월 상환할증금 상각액

= ₩57,799(위 상각표 A) + 20% × ₩1,686(위 상각표 B) + 80% × ₩1,686(위 상각표 B) × 3/12

= ₩57,799 + ₩337 + ₩337 = ₩58,473

4. 전환조건을 당초 사채 액면 ₩10,000당 1주에서 1.2주로 변경

전환시 발행될 주식수 증가 : (₩1,000,000/₩10,000) × (1.2 − 1) = 20주(100주에서 120주로 증가)

전환유도손실 : 20주 × 7,000(주당 공정가치) = (−)₩140,000

〈전환조건변경손실에 대한 회계처리〉

(차) 전환조건변경손실	140,000	(대) 전환권대가	140,000

5 신주인수권부사채

1. 신주인수권부사채의 이자비용

상환할증금 계산 :

₩1,000,000 × 0.8548 + ₩1,000,000 × 0.02 × 3.6299 + 상환할증금 × 0.8548 = ₩1,000,000

상환할증금 = ₩84,934

상환할증금을 제외한 일반사채의 현재가치(5% 시장이자율 적용) :

₩20,000 × 3.5459 + ₩1,000,000 × 0.8227 = ₩893,618

상환할증금의 현재가치 : ₩84,934 × 0.8227 = ₩69,875

부채요소의 총공정가치 : ₩893,618 + ₩69,875 = ₩963,493

신주인수권대가의 공정가치 : ₩1,000,000 − ₩963,493 = ₩36,507

〈사채발행시의 회계처리〉

(차)	현 금	1,000,000	(대) 신주인수권부사채	1,000,000
	사채할인차금	121,441	사채상환할증금	84,934
			신주인수권대가	36,507

20×1년 이자비용 : ₩963,493(= ₩1,000,000 + ₩84,934 − ₩121,441) × 5% = ₩48,175

2. ① 신주인수권 행사시 주식발행초과금 증가분

〈상환할증금을 제외한 일반사채의 상각표〉

일 자	유효이자(5%)	액면이자(2%)	상각액	장부금액
20×1. 1. 1				₩893,618
20×1. 12. 31	₩44,681	₩20,000	₩24,681	918,299
20×2. 12. 31	45,915	20,000	25,915	944,214
20×3. 12. 31	47,211	20,000	27,211	971,425
20×4. 12. 31	48,575	20,000	28,575	1,000,000
	₩186,382	₩80,000	₩106,382	

〈상환할증금의 상각표〉

일 자	유효이자(5%)	액면이자	상각액	장부금액
20×1. 1. 1				₩69,875
20×1. 12. 31	₩3,494		₩3,494	73,366
20×2. 12. 31	3,668		3,668	77,034
20×3. 12. 31	3,852		3,852	80,886
20×4. 12. 31	4,044		4,044	84,930
	₩15,058		₩15,058	

신주인수권 행사일(20×2. 7. 1) 상환할증금의 장부금액 :

₩73,366 + ₩73,366 × 5% × 6/12 = ₩75,200

〈20×2. 7. 1에 100% 행사를 가정한 회계처리〉

(차)	현 금	1,000,000	(대) 자 본 금	500,000
	상환할증금	84,934	주식발행초과금	611,710
	신주인수권대가	36,507	사채할인차금	9,731

50% 신주인수권 행사로 증가한 주식발행초과금 증가 : ₩611,710 × 50% = ₩305,855

〈20×2. 7. 1에 50% 행사를 가정한 회계처리〉

(차)	현 금	500,000	(대) 자 본 금	250,000
	상환할증금	42,467	주식발행초과금	305,855
	신주인수권대가	18,253	사채할인차금	4,865

② 신주인수권 행사 직후 신주인수권부사채의 장부금액

권리행사일 일반사채의 장부금액 :

₩918,299 + ₩918,299 × 5% × 6/12 − ₩20,000 × 6/12 = ₩931,256

권리행사일 상환할증금의 장부금액 :

(₩73,366 + ₩73,366 × 5% × 6/12) × 50% = ₩37,600

권리행사일 직후 신주인수권부사채의 장부금액 : ₩931,256 + ₩37,600 = ₩968,856

③ 20×2년 이자비용

일반사채이자비용 : ₩918,299 × 5% = ₩45,915

상환할증금이자비용 :

₩73,366 × 50% × 5% × 6/12 + ₩73,366 × 50% × 5% × 12/12 = ₩2,751

20×2년 이자비용 : ₩45,915 + ₩2,751 = ₩48,666

제16장 종업원급여

연습문제

1 단기유급휴가

이 경우 180명의 유급휴가는 20×2년에 부여된 유급휴가를 사용할 것이므로 20×1년에 부여된 유급휴가는 사용하지 않고 소멸될 것이다. 그러나 20명은 평균 7일의 유급휴가를 사용하므로 20×1. 12. 31 현재 누적된 미사용유급휴가로 인해 추가로 30일(=1.5일×20명)분의 휴가급여를 지급해야 할 것으로 예상된다. 따라서 기업은 30일분의 유급휴가에 상응하는 부채를 인식해야 한다.

(차) 단기종업원급여	30,000	(대) 미지급급여	30,000*

* 30일의 유급휴가 비용=₩1,000×30=₩30,000

2 해고급여

해고에 대한 대가로 제공하는 급여를 해고급여로 처리하고 근무용역에 대한 대가로 제공하는 급여를 단기종업원급여로 회계처리한다.

(1) 해고급여

종업원이 지점의 폐쇄시점까지 남아서 근무용역을 제공하거나 지점폐쇄 전에 퇴사하느냐에 상관없이 해고로 인해 기업이 지급해야 할 금액은 ₩15,000이기 때문에 해고급여는 ₩15,000이다. 따라서 기업은 해고계획이 발표된 시점과 지점폐쇄와 관련된 구조조정원가를 인식하는 시점 중 이른 날에 종업원급여제도에 따라 제공되는 해고급여인 ₩750,000(=50명×₩15,000)을 부채로 인식한다.

(차) 해 고 급 여	750,000	(대) 해고급여부채	750,000

(2) 단기종업원급여

6개월 동안 근무용역을 제공하는 경우 종업원이 수취할 증분급여는 단기종업원급여로 회계처리한다. 따라서 ₩100,000(=40명×(₩30,000−₩15,000)÷6)을 6개월의 근무용역제공기간에 걸쳐 각 1개월의 비용으로 인식하며, 동 금액만큼 부채의 장부금액을 증가시킨다.

(차) 단기종업원급여	100,000	(대) 미지급급여	100,000

3 확정급여채무의 예측단위적립방식(Ⅰ)

(단위 : 원)

	1년	2년	3년	4년	5년
귀속 급여					
과거연도	–	1,263	2,526	3,789	5,052
해당연도 급여(퇴직전 최종임금의 1%)	1,263#	1,263	1,263	1,263	1,263
당해연도와 과거연도	1,263	2,526	3,789	5,052	6,315
기초 확정급여채무	–	863	1,898	3,132	4,593
이자원가(할인율=10%)	–	86##	190	313	459
당기근무원가	863*	949**	1,044	1,148	1,263
기말 확정급여채무	863	1,898	3,132	4,593	6,315

5차년도말(기말 현재 4년후)의 최종임금 ₩100,000×$(1.06)^4$=₩126,247
5차년도말 퇴직전 최종임금의 1% : ₩126,247×1%=₩1,263
* 당기근무원가의 현재가치 : ₩1,263×$(1+0.1)^{-4}$=₩863
** 당기근무원가의 현재가치 : ₩1,263×$(1+0.1)^{-3}$=₩949
₩863×10%=₩86

4 확정급여채무의 예측단위적립방식(Ⅱ)

(단위 : 원)

	1년	2년	3년	4년	5년
귀속 급여					
과거연도	–	131	262	393	524
당해연도(퇴직전 최종임금의 1%)	131#	131	131	131	131
당해연도와 과거연도	131	262	393	524	655
기초 확정급여채무1)	–	89	196	324	476
이자원가(할인율=10%)	–	9	20	33	48
당기근무원가2)	89*	98**	108	119	131
기말 확정급여채무3)	89	196	324	476	655

5차년도말의 최종임금 : ₩10,000×$(1.07)^4$=₩13,100
5차년도말 최종임금의 1% : ₩13,100×0.01=₩131
* 당해연도 귀속 급여의 현재가치 : ₩131×$(1+0.1)^{-4}$=₩89
** 당해연도 귀속 급여의 현재가치 : ₩131×$(1+0.1)^{-3}$=₩98

주1) 기초 확정급여채무는 과거연도에 귀속되는 급여의 현재가치를 말한다.
2) 당기근무원가는 당해연도에 귀속되는 급여의 현재가치를 말한다.
3) 기말 확정급여채무는 당해연도와 과거연도에 귀속되는 급여의 현재가치로서, 퇴직급여를 지급받을 때까지 남은 기간의 현재가치에 근무연수를 곱한 금액이다.

퇴직전 최종임금의 1%가 퇴직시의 일시불급여이므로 1차년도말에 계산될 퇴직급여는 ₩10,000×$(1+0.07)^4$×1%=₩131이다. 이는 5차년도말에 지급될 금액이므로 지급일까지 4년이 남았으므로 현재가치로 환산하면 ₩131×$(1+0.1)^{-4}$=₩89이다. 이 금액이 당기근무원가이고 또한 당기에 인식할 확정급여채무이다.

2차년말에는 퇴직급여의 지급시까지 3년이 남았으므로 당기근무원가는 ₩131 × $(1+0.1)^{-3}$ = ₩98이다. 2차년도말의 확정급여채무는 1차년도말(2차년도초)의 확정급여채무 ₩89에 이 채무의 1년간 이자원가인 ₩9(= ₩89 × 10%)과 2차년도의 근무원가인 ₩98을 가산한 ₩196이다. 3차년도부터 5차년도까지의 확정급여채무와 당기근무원가의 계산도 동일하다.

한편, 기말확정급여채무를 구하는 다른 방식은 퇴직급여의 지급시까지 남은 기간에 대해 현재가치를 계산하여 근무연수를 곱하여 구한다. 즉, 3차년도말의 확정급여채무는 3년 근무연수에 퇴직급여지급까지 2년이 남아 있기 때문에 3 × ₩131 × $(1+0.1)^{-2}$ = ₩324이 되며, 4차년도말에는 4년 근무연수에 만기까지 1년이 남아 있기 때문에 4 × ₩131 × $(1+0.1)^{-1}$ = ₩476이 되며, 5차년도말에는 5 × ₩131 × $(1+0.1)^{-0}$ = ₩655이 된다. 당기근무원가는 확정급여채무의 현재가치의 증가액으로 계산하면 된다.

첫 2년간의 퇴직급여에 대한 분개를 하면 다음과 같다.

〈1차년도말〉

(차) 퇴직급여(근무원가)	89	(대) 확정급여채무	89

〈2차년도말〉

(차) 퇴직급여(이자원가)	9*	(대) 확정급여채무	9
(차) 퇴직급여(근무원가)	98	(대) 확정급여채무	98

* ₩89 × 0.1 = ₩9

5 퇴직급여원가

1. 퇴직급여원가 = 근무원가 + 순이자원가 ± 재측정요소
   = ₩32,000 + (₩24,000 − ₩18,000) + ₩3,000 − (₩22,000 − ₩18,000)
   = ₩37,000

2. 당기손익에 반영될 퇴직급여원가 = 근무원가 + 순이자원가
   = ₩32,000 + ₩6,000
   = ₩38,000

   기타포괄손익에 반영될 퇴직급여원가 = 보험수리적손실 − 재측정요소
   = ₩3,000 − ₩4,000
   = ₩1,000(대변)

6 사외적립자산의 수익

사외적립자산의 장부금액 = ₩16,800 + ₩1,200 − ₩2,000
= ₩16,000

사외적립자산의 수익 = 공정가치 − 장부금액
= ₩20,000 − ₩16,000
= ₩4,000

7 순확정급여부채(자산)

20×1. 12. 31 확정급여채무의 현재가치
= 기초 확정급여채무 + 근무원가 + 이자원가 − 퇴직급여지급액
= ₩25,000 + ₩2,800 + ₩2,500 − ₩1,700
= ₩28,600

20×1. 12. 31 사외적립자산의 공정가치
= 기초 사외적립자산 + 이자수익 + 기여금 − 퇴직급여지급액
= ₩25,000 + ₩2,500 + ₩2,000 − ₩1,700
= ₩27,800

20×1. 12. 31 순확정급여부채(자산)
= 확정급여채무의 현재가치 − 사외적립자산의 공정가치
= ₩28,600 − ₩27,800
= ₩800(순확정급여부채)

8 순이자원가와 재측정요소

- 순이자원가 = 순확정급여채무(₩300)* × 10% = ₩30

  * 순확정급여부채(자산) = 확정급여채무(₩1,000) − 사외적립자산(₩700) = ₩300

또는 확정급여채무의 이자원가 :	₩1,000 × 10% =	₩100
사외적립자산의 이자수익 :	₩700 × 10% =	(70)
순이자원가		₩30

- 사외적립자산의 재측정요소 = 실제수익(₩150) − 사외적립자산의 이자수익(₩70) = ₩80

9 확정급여제도 - 퇴직급여원가와 재측정손익

손익계산서 :

당기근무원가	₩112,000
과거근무원가	80,000
총근무원가	₩192,000

순이자수익＝(₩900,000－₩850,000)×6%＝₩3,000
퇴직급여원가＝₩192,000－₩3,000＝₩189,000
포괄손익계산서 :
사외적립자산 재측정이익(OCI)＝(11%－6%)×₩900,000＝₩45,000

10 확정급여제도 – 퇴직급여원가와 분개(I)

사외적립자산		확정급여채무	
기초 공정가치	₩320,000	기초 현재가치	₩350,000
＋ 기여금 출연	95,000	＋ 근무원가(당기, 과거)	90,000
＋ 이자수익*	32,000	＋ 이자원가**	38,000
－ 퇴직급여의 지급	(40,000)	－ 퇴직급여의 지급	(40,000)
장부금액(A)	407,000	장부금액(C)	438,000
기말 공정가치(B)	397,000	기말 현재가치(D)	440,000
재측정요소(B－A)	(10,000)	보험수리적손실	(2,000)

* ₩320,000×10%
** (₩350,000＋₩30,000)×10%

1. 퇴직급여원가＝근무원가(당기, 과거)＋순이자원가±재측정요소
   ＝(₩60,000＋₩30,000)＋(₩38,000－₩32,000)＋(₩2,000＋₩10,000)
   ＝₩108,000

   당기손익에 포함될 퇴직급여원가＝근무원가＋순이자원가
   ＝₩90,000＋₩6,000
   ＝₩96,000

   기타포괄손익에 포함될 퇴직급여원가＝₩12,000(차변)

2. 20×1년 퇴직급여와 관련된 분개

〈근무원가〉

(차) 퇴직급여원가	90,000	(대) 확정급여채무	90,000

〈이자원가〉

(차) 퇴직급여원가	38,000	(대) 확정급여채무	38,000

〈이자수익〉

(차) 사외적립자산	32,000	(대) 퇴직급여원가	32,000

〈기여금 출연〉

(차) 사외적립자산	95,000	(대) 현　　금	95,000

〈퇴직급여의 지급〉

(차) 확정급여채무	40,000	(대) 사외적립자산	40,000

〈재측정요소〉

(차) 재측정요소(보험수리적손실)	2,000	(대) 확정급여채무	2,000
(차) 재측정요소	10,000	(대) 사외적립자산	10,000

11 사외적립자산 – 실제수익과 재측정요소

1. 사외적립자산의 기말 장부금액(이자수익조정전)
   =기초 공정가치+기여금출연액－퇴직급여지급액
   =₩230,000+₩25,000－₩35,000
   =₩220,000

   사외적립자산의 실제수익=기말 공정가치－기말 장부금액
   =₩273,000－₩220,000
   =₩53,000

2. 사외적립자산에서 발생한 재측정요소=실제수익－이자수익
   =₩53,000－₩230,000×10%
   =₩30,000

12 퇴직급여원가 및 재무제표 보고

퇴직급여 관련 항목의 계산 :

사외적립자산			확정급여채무		
	기초 공정가치	₩600,000		기초 현재가치	₩850,000
+	기여금 출연	87,000	+	근무원가(당기, 과거)	185,000
+	이자수익*	60,000	+	이자원가**	98,000
－	퇴직급여의 지급	(80,000)	－	퇴직급여의 지급	(80,000)
	장부금액	667,000		장부금액(A)	1,053,000
	기말 공정가치****	661,000		기말 현재가치(B)	1,133,000
	재측정요소***	(6,000)		보험수리적손실(B－A)	(80,000)

* ₩600,000×10%

** (₩850,000+₩130,000)×10%

*** 실제수익－이자수익=₩54,000－₩60,000=－₩6,000

**** 장부금액－재측정요소=₩667,000－₩6,000=₩661,000

1. 퇴직급여원가=근무원가+순이자원가±재측정요소
   =₩185,000+(₩98,000－₩60,000)+(₩80,000+₩6,000)=₩309,000

2. 손익계산서에 포함될 퇴직급여원가=근무원가+순이자원가
   =₩185,000+₩38,000=₩223,000

3. 재무상태표에 보고할 항목 및 금액

순확정급여부채

=확정급여채무의 기말 현재가치−사외적립자산의 기말 공정가치

=₩1,133,000−₩661,000=₩472,000

기타포괄손익누계액에 보고할 확정급여제도의 재측정요소

=확정급여채무의 보험수리적손실+사외적립자산의 재측정요소(손실)

=₩80,000+₩6,000

=₩86,000(차변)

13 확정급여제도 - 퇴직급여원가와 분개(Ⅱ)

1. 20×1년 퇴직급여원가

손익계산서 :

당기근무원가	₩60,000
과거근무원가	12,000
총근무원가	₩72,000

순이자원가=(₩360,000* −₩240,000)×7.5%=₩9,000

* 연말에 제도변경으로 과거근무원가가 발생하였으므로 이자원가계산에 과거근무원가를 가산하지 아니함.

퇴직급여원가=₩72,000+₩9,000=₩81,000

포괄손익계산서 :

재측정요소(이익)=사외적립자산 실제수익−사외적립자산 이자수익

=₩27,000−(₩240,000×7.5%)=₩9,000

2. 분개

〈퇴직급여원가〉

(차)	퇴직급여원가	72,000	(대) 확정급여채무(당기근무원가)	60,000
			확정급여채무(전기근무원가)	12,000

〈순이자원가〉

(차)	순이자원가	9,000	(대) 확정급여채무	27,000
	사외적립자산	18,000		

〈재측정이익〉

(차)	사외적립자산	9,000	(대) 재측정요소(OCI)	9,000

〈기여금의 출연〉

(차)	사외적립자산	60,000	(대) 현 금	60,000

〈퇴직급여의 지급〉

(차) 확정급여채무	37,000	(대) 사외적립자산	37,000

14 확정급여제도 – 퇴직급여원가, 분개 및 재무제표 보고

퇴직급여 관련 항목의 계산(20×1년) :

사외적립자산		확정급여채무	
기초 공정가치	₩39,000	기초 현재가치	₩38,000
+ 기여금 출연	11,000	+ 근무원가	9,000
+ 이자수익	3,900	+ 이자원가	3,800
− 퇴직급여의 지급	(8,000)	− 퇴직급여의 지급	(8,000)
장부금액	45,900	장부금액	42,800
기말 공정가치	48,000	기말 현재가치	45,000
재측정요소	2,100	보험수리적손실	(2,200)

퇴직급여 관련 항목의 계산(20×2년) :

사외적립자산		확정급여채무	
기초 공정가치	₩48,000	기초 현재가치	₩45,000
+ 기여금 출연	14,000	+ 근무원가	12,000
+ 이자수익	4,800	+ 이자원가	4,500
− 퇴직급여의 지급	(12,000)	− 퇴직급여의 지급	(12,000)
장부금액	54,800	장부금액	49,500
기말 공정가치	53,000	기말 현재가치	59,000
재측정요소	(1,800)	보험수리적손실	(9,500)

1. 분개

〈퇴직급여원가〉

(차) 퇴직급여원가	9,000	(대) 확정급여채무	9,000

〈기여금 출연〉

(차) 사외적립자산	11,000	(대) 현　　금	11,000

〈퇴직급여의 지급〉

(차) 확정급여채무	8,000	(대) 사외적립자산	8,000

〈확정급여채무에 대한 이자원가〉

(차) 퇴직급여원가	3,800	(대) 확정급여채무	3,800

〈사외적립자산의 이자수익〉

(차) 사외적립자산	3,900	(대) 퇴직급여원가	3,900

〈재측정요소〉

(차) 재측정요소	2,200	(대) 확정급여채무	2,200
(차) 사외적립자산	2,100	(대) 재측정요소	2,100

2. 퇴직급여원가의 구분

당기손익으로 보고될 퇴직급여원가＝근무원가＋순이자원가

20×1년 : ₩9,000＋(₩3,800－₩3,900)＝₩8,900

20×2년 : ₩12,000＋(₩4,500－₩4,800)＝₩11,700

기타포괄손익으로 보고될 퇴직급여원가＝보험수리적손실±재측정요소

20×1년 : －₩2,200＋₩2,100＝－₩100(차변)

20×2년 : －₩9,500－₩1,800＝－₩11,300(차변)

15 자산인식상한효과

1. (1) 20×1년의 재무제표효과

① 순확정급여자산 : ₩810,000－₩675,000＝₩135,000

한도 : ₩108,000, 따라서 재무제표에 인식할 사외적립자산의 장부금액은 ₩108,000

② 자산인식상한효과에 따른 사외적립자산의 감소 : ₩135,000－₩108,000＝₩27,000

③ 관련된 회계처리(직전 보고기간말에는 자산인식상한효과가 없다고 가정)

(차) 재측정손실(기타포괄손익)	27,000	(대) 사외적립자산	27,000

⇒ 재무제표효과

재무상태표 : 순확정급여자산 ₩108,000

기타포괄손익누계액 (－)₩27,000

포괄손익계산서 : 퇴직급여원가 (－)₩100,000

기타포괄손실 (－)₩27,000

(2) 20×2년의 재무제표효과

재무상태표 : 순확정급여자산 ₩143,800

기타포괄손익누계액 (－)₩44,300*

* 20×1년분 (－)₩27,000＋20×2년분 (－)₩17,300＝(－)₩44,300

포괄손익계산서 : 퇴직급여원가 (－)₩169,200

기타포괄손익 (－)₩17,300

〈참조〉

①	(차) 사외적립자산	225,000	(대) 현　　금	225,000
	확정급여채무	135,000	사외적립자산	135,000

② (차) 퇴직급여원가 180,000 (대) 확정급여채무 180,000
퇴직급여원가 67,500* 확정급여채무 67,500
사외적립자산 78,300** 퇴직급여원가 78,300

* 확정급여채무 ₩675,000×10%=₩67,500
** (₩810,000−₩27,000)×10%=₩78,300

③ 보험수리적손익 없음

④ 확정급여채무 장부금액=₩675,000+₩180,000+₩67,500−₩135,000=₩787,500
사외적립자산 장부금액=₩810,000+₩225,000−₩135,000+₩78,300=₩978,300
순확정급여자산=₩978,300−₩787,500=₩190,800
자산인식상한효과=₩190,800−자산인식상한 ₩143,800=₩47,000
자산인식상한효과의 변동=₩47,000−₩27,000=₩20,000
자산인식상한효과로 재측정요소로 인식할 부분
=자산인식상한효과의 변동−기초의 자산인식상한효과×할인율
=₩20,000−₩27,000×0.1=₩17,300

2. 20×2년의 재무제표효과
재무상태표 : 순확정급여자산 ₩93,800
기타포괄손익누계액 (−)₩97,000*
* 20×1년분 (−)₩27,000+20×2년분 (−)₩70,000=(−)₩97,000
포괄손익계산서 : 퇴직급여원가 (−)₩169,200
기타포괄손익 (−)₩70,000

〈참조〉

20×2. 1. 1	사외적립자산	**783,000***	확정급여채무	**675,000**
기여금납입	사외적립자산	225,000	현 금	225,000
퇴직급여지급	사외적립자산	(135,000)	확정급여채무	(135,000)
이자원가	퇴직급여원가	67,500	확정급여채무	67,500
당기근무원가	퇴직급여원가	180,000	확정급여채무	180,000
재측정손익	재측정손실	100,000	확정급여채무(역산)	100,000
이자수익	사외적립자산	78,300	퇴직급여원가	78,300
재측정손익	사외적립자산(역산)	50,000	재측정이익(손실)	50,000
자산인식상한	재측정손실	20,000	사외적립자산	20,000
20×2. 12. 31	**사외적립자산**	**981,300****	**확정급여채무**	**887,500**
	퇴직급여원가(당기손익)	169,200		
	재측정손실	70,000		

* ₩810,000(사외적립자산 공정가치)−₩27,000(자산인식상한효과)=₩783,000
** ₩1,031,000(사외적립자산 공정가치)−₩49,700(자산인식상한효과)#=₩981,300
# 자산인식상한효과=₩143,500(=₩1,031,000−₩887,500)−₩93,800(자산인식상한)=₩49,700

〈참고〉

1. 확정급여와 관련하여 당기손익으로 인식되는 금액은 ① 당기 및 과거 근무원가, ② 정산으로 인한 손익, ③ 순확정급여부채(자산)의 순이자이다.
2. 순확정급여부채(자산)의 순이자는 ① 사외적립자산에 대한 이자수익, ② 확정급여채무에 대한 이자원가, ③ 자산인식상한효과에 대한 이자로 구성되는 것으로 볼 수 있다.
3. 확정급여와 관련하여 기타포괄손익으로 인식되는 금액은 순확정급여부채(자산)의 재측정요소이다. 재측정요소는 ① 확정급여채무의 보험수리적손익, ② 사외적립자산의 이자수익을 제외한 사외적립자산의 수익, ③ 순확정급여부채(자산)의 순이자에 포함된 금액을 제외한 자산인식상한효과의 변동이다.
4. 확정급여자산의 미래경제적 효익은 미래 기여금의 감소나 현금환급 등을 나타낸다. 따라서 자산인식상한은 제도로부터 받을 것으로 기대되는 환급액과 초과적립액이 있기 때문에 기대되는 미래기여금절감액의 현재가치로 측정된다.

16 확정급여제도의 축소

축소로 인한 손익은 다음과 같이 확정급여채무의 현재가치 변경, 사외적립자산의 공정가치 변경 및 재측정요소의 변경으로 계산된다.

	축소 전	축소 후	변경액(이익)
확정급여채무의 현재가치	₩5,000	₩4,700	(₩300)
사외적립자산의 공정가치	(4,600)	(4,600)	0
	400	100	(300)
재측정요소(보험수리적손익)	300	280	(20)
순확정급여부채	₩700	₩380	(₩320)

순확정급여부채의 감소는 축소로 인한 이익을 의미한다. 따라서 확정퇴직급여의 축소로 인한 이익은 ₩320이다.

17 확정급여제도 - 종합

1. 20×1년 퇴직급여원가

손익계산서 :

당기근무원가	₩75,000
과거근무원가	12,000
총근무원가	₩87,000

순이자원가＝(₩480,000* − ₩300,000)×10%＝₩18,000

* 기말에 확정급여제도의 변경으로 인한 과거근무원가는 순이자원가의 계산에 포함하지 않는다. 만약 기초에 제도의 변경이 있었다면 이를 기초확정급여채무에 가산하여 순이자원가를 계산해야 한다.

포괄손익계산서 :

확정퇴직급여 가정변경에 따른 보험수리적이익(OCI)	₩22,000
사외적립자산 재측정손실(OCI)	(10,000)*
재측정요소 순손익	(₩12,000)

* 사외적립자산 실제이익 − 기초사외적립자산 × 할인율 = ₩20,000 − ₩300,000 × 10% = (₩10,000)

2. 분개

(차)	퇴직급여원가	87,000	(대) 확정급여채무(당기근무원가)	75,000
			확정급여채무(과거근무원가)	12,000
(차)	순이자원가	18,000	(대) 확정급여채무	48,000
	사외적립자산	30,000		
(차)	재측정손실(OCI)	10,000	(대) 사외적립자산	10,000
(차)	확정급여채무	22,000	(대) 재측정이익(OCI)	22,000
(차)	사외적립자산	60,000	(대) 현　　금	60,000
(차)	확정급여채무	36,000	(대) 사외적립자산	36,000

3. 재무상태표 보고

확정급여채무 및 사외적립자산의 업데이트(기말 장부금액의 계산) :

확정급여채무의 기말잔액

= 기초잔액 + 당기근무원가 + 과거근무원가 + 이자원가 − 보험수리적이익 − 퇴직급여의 지급액

= ₩480,000 + ₩75,000 + ₩12,000 + ₩48,000* − ₩22,000 − ₩36,000

= ₩557,000

* ₩480,000 × 10% = ₩48,000

사외적립자산의 기말잔액

= 기초잔액 + 실제수익 + 회사 당기기여금 − 퇴직급여의 지급액

= ₩300,000 + ₩20,000 + ₩60,000 − ₩36,000

= ₩344,000

재무상태표 보고액 = ₩557,000 − ₩344,000 = ₩213,000(순확정급여부채로 보고)

18 확정기여제도의 퇴직급여

퇴직급여비용	(₩600,000)
선납액	1,000,000
선납금에 대한 이자수익	100,000
납부할 퇴직급여비용	(₩500,000)

(차) 선급퇴직급여	1,000,000	(대) 현　　금	1,000,000
(차) 선급퇴직급여	100,000	(대) 이 자 수 익	100,000
(차) 퇴 직 급 여	600,000	(대) 선급퇴직급여	600,000

선급퇴직급여(자산) = ₩1,000,000 + ₩100,000 − ₩600,000 = ₩500,000

공인회계사 기출문제 응용(2020년 이후)

1 확정급여채무와 사외적립자산

확정급여채무 관련 계산 :

기초잔액	₩500,000	
이자비용	30,000	
퇴직금 지급	(40,000)	
당기근무원가	650,000	
	₩1,140,000	
± 보험수리적손익	+10,000	← 손실
기말잔액	₩1,150,000	

사외적립자산 관련 계산 :

기초잔액	₩460,000	
이자수익	27,600	
퇴직금 지급	(40,000)	
기여금	380,000	
	₩827,600	
재측정요소	+22,400	← 이익
기말잔액(공정가치)	₩850,000	

확정급여채무가 미친 영향 :

비용 ₩30,000 + ₩650,000 + 보험수리적손실 ₩10,000 = ₩690,000

사외적립자산이 미친 영향 :

수익 ₩27,600 + 재측정요소 ₩22,400 = 50,000

비용 ₩640,000

2 확정급여채무와 사외적립자산의 자산인식상한

확정급여채무 관련 계산 :

기초잔액	₩1,000,000	
이자비용	80,000	
당기근무원가	900,000	
퇴직금 지급	(100,000)	
	₩1,880,000	
재측정요소	+ 220,000	← 손실
기말잔액(현재가치)	₩2,100,000	

사외적립자산 관련 계산 :

기초잔액	₩1,100,000	
이자수익	88,000	
기여금	1,000,000	
퇴직금 지급	(100,000)	
	₩2,088,000	
재측정요소	+ 212,000	← 이익
기말잔액(공정가치)	₩2,300,000	

기초 자산인식상한효과 :

확정급여자산 : 사외적립자산 ₩1,100,000 − 확정급여채무 ₩1,000,000 = ₩100,000

자산인식상한효과 : ₩100,000 − 자산인식상한(20×1년말) ₩60,000 = ₩40,000

기말 확정급여자산 : ₩2,300,000 − ₩2,100,000 = ₩200,000

자산인식상한효과 : ₩200,000 − ₩150,000 = ₩50,000

자산인식상한효과의 변동 :

(₩50,000 − ₩40,000) − (₩40,000 × 8%) = ₩6,800(재측정요소) ← 손실

20×2년 기타포괄손익에 미치는 영향 : ₩220,000 − ₩212,000 + ₩6,800 = ₩14,800

3 확정급여제도 - 종합

1. 확정급여채무 관련 계산 :

20×2년	기초잔액	₩80,000	
	이자비용	7,950*	
	당기근무원가	75,000	
	퇴직금 지급	(1,000)	(6/30)
		₩161,950	
	재측정요소	+ 3,050	← 손실
	기말잔액(현재가치)	₩165,000	

* ₩80,000 × 0.1 − ₩1,000 × 0.1 × $\frac{6}{12}$ = ₩8,000 − ₩50 = ₩7,950

사외적립자산 관련 계산 :

20×2년	기초잔액	₩79,000	
	이자수익	9,200*	
	기여금	81,000	(11/1)
	퇴직금 지급	(1,000)	(6/30)
		₩168,200	
	재측정요소	+ 3,500	← 이익
	기말잔액(공정가치)	₩171,700	

* (₩79,000 × 0.1) + (₩81,000 × 0.1 × $\frac{2}{12}$) − (₩1,000 × 0.1 × $\frac{6}{12}$) = ₩9,200

20×2년말 초과적립액 : ₩171,700 − ₩165,000 = ₩6,700

자산인식상한효과 : ₩6,700 − 자산인식상한 ₩5,000 = ₩1,700 ← 손실(OCI)

① 20×2년말 순확정급여자산 장부금액 : ₩6,700 − ₩1,700 = ₩5,000

② 20×2년 기타포괄손익에 미치는 영향 : − ₩3,050 + ₩3,500 − ₩1,700 = − ₩1,250

③ 20×2년 당기순이익에 미치는 영향 : − ₩7,950 − ₩75,000 + ₩9,200 = − ₩73,750

2. 확정급여채무 관련 계산 :

20×3년	기초잔액	₩165,000	
	이자비용	16,500	
	당기근무원가	110,000	
	퇴직금 지급	(2,000)	
	정산	(80,000)	
		₩209,500	
	재측정요소	+ 5,500	← 손실
	기말잔액(현재가치)	₩215,000	

사외적립자산 관련 계산 :

20×3년	기초잔액	₩171,700	
	이자수익	17,170	
	퇴직금 지급	(2,000)	
	기여금	80,000	
	정산	(60,000)	
		₩206,870	
	재측정요소	+ 13,130	← 이익
	기말잔액(공정가치)	₩220,000	

20×3년 초과적립액 : ₩220,000 − ₩215,000 = ₩5,000

자산인식상한금액 : ₩3,500

자산인식상한효과 : (₩5,000 − ₩3,500) − ₩1,700(기초) − ₩1,700 × 0.1 = − ₩370 ← 이익

① 20×3년 순확정급여자산 장부금액 : ₩3,500(자산인식상한)

② 기타포괄손익누계액에 미친 영향 :

− ₩1,250(20×2년말) − ₩5,500 + ₩13,130 + ₩370 = ₩6,750

③ 당기순이익에 미친 영향 :

− ₩16,500 − ₩110,000 + ₩17,170 − ₩170 − ₩5,000(= 정산손실 ₩85,000 − ₩80,000)

= − ₩114,500

제17장 주식기준보상

연습문제

1 주식선택권

1. ① 기존 주주에게 지분비율에 따라 신주인수권을 발행하는 이유는 자본을 신규로 조달하기 위해서이다. 이 방법으로 신규자본을 조달하는 이유는 기존 주주들에게 주어진 주식선매권 때문이기도 하고, 대중상대판매(public offering)보다 저렴하게 자금을 조달할 수 있기 때문이기도 하다.

   ② 회사가 주요 임직원들에게 주식선택권을 발행하는 이유는 임직원들이 기업의 장기적 성장과 이익에 관심을 갖도록 하고, 또한 능력 있는 경영진을 유치하기 위해서이다. 또한 주식선택권(stock option)의 계획에 따라 주요 임직원들에게 발행되는 주식선택권은 기업이 채택하고 있는 임원보상계획의 한 방법으로 널리 이용되고 있다. 비록 이것이 주주지분의 희석화를 초래하기는 하지만, 주요 임직원들이 기업을 효율적으로 운영하려는 추가적인 동기를 부여한다.

   ③ 회사의 보통주를 매입할 수 있는 주식매입권이 그들의 사채를 구입하는 사람들에게 발행되기도 하는데, 이는 투자자들의 투기적 동기를 증대시켜 사채의 판매를 촉진시키거나 구매력손실을 우려하여 장기적인 사채에 투자하기를 꺼리는 투자자들을 유인하기 위해서이다. 또한 사채에 주식매입권을 첨부하면 낮은 이자를 지급하는 조건으로 사채를 판매할 수도 있게 된다.

2. ① 기존 주주에게 신주인수권을 발행하는 목적은 신규자본을 조달하기 위한 것이므로 신주인수권에 제시된 가격은 당해 신주인수권이 합리적으로 행사될 수 있도록 현재의 시가에 비하여 상당히 낮아야 한다. 이러한 신주인수권의 성공여부는 전적으로 현행시가와 당해 신주인수권의 행사가격의 관계에서 결정되므로 당해 신주인수권이 행사될 수 있는 기간은 비교적 짧은데, 대개는 60일 정도이다.

   ② 주요 임직원들에게 부여되는 주식선택권은 동기부여 측면에서 부여되는 경우를 제외하고는 부여되는 시점의 주식의 시가보다 높거나, 같거나 아니면 낮을 수 있다. 만일 주식선택권이 강한 동기부여를 하기 위해서는 주식선택권을 부여하는 즉시 행사할 수 있고 부여일의 시가와 같거나 유사한 행사가격으로 통상 2~3년 내에 만기가 도래해야 한다. 한편, 부여된 이후 수년 동안

행사할 수 없는 주식선택권이나 행사가능한 후 수년 동안 만기가 도래하지 않는 주식선택권은 부여일의 시가보다 다소 높은 행사가격을 제시하더라도 동기부여라는 특성을 잃지 않게 된다. 이는 주식선택권의 주요 목적을 훼손하지 않고 주요 임직원들이 기업의 장기적 성공에 관심을 가지도록 유도할 것이다.

③ 행사가격은 회사 주식의 현행시가보다 높거나, 같거나 낮을 수 있다. 그러나 주식매입권을 행사할 수 있는 기간이 길다면 행사가격은 높다고 하더라도 증대된 투기동기 때문에 사채의 판매를 촉진시킬 것이다. 따라서 주식매입권을 행사할 수 있는 기간의 중요성은 주로 행사가격에 달려 있다. 짧은 행사기간과 연계된 낮은 행사가격은 긴 행사기간과 연계된 높은 행사가격과 마찬가지로 동일하게 성공적일 수 있다.

3. ① 회사의 기존 주주들에게 주어진 현재의 신주인수권에 관련된 재무제표정보에는 신주인수권이 제시되었다는 내용, 행사가격, 신주인수권이 행사되는 기간, 그리고 1주의 보통주를 취득하기 위하여 필요한 신주인수권의 수 등이 포함된다.

② 회사의 주요 임직원들에 주어진 현재의 주식선택권에 관련된 재무제표정보에는 다음 사항이 포함된다.

제시되는 각 기간말 현재 주식선택권하의 주식수를 포함한 주식선택권 계획의 현재상황, 행사된 주식수와 행사하지 못하게 된 주식수, 당해 연도 동안에 부여된 주식선택권의 가중평균공정가치, 현존하는 주식선택권의 가중평균잔여행사기간

③ 회사의 사채를 구입한 투자자들에게 부여된 현재의 주식매입권에 관련된 재무제표정보에는 행사될 수 있는 가격, 행사될 수 있는 기간, 사채보유자가 구매할 수 있는 총주식수가 포함된다.

2 시장조건인 성과조건

해당 주식기준보상거래를 분석하면 다음과 같다.

가득기간 : 미래 용역제공기간(3년간) − 시장조건은 가득기간에 영향을 주지 않음.
측정기준일(주당금액) : 부여일(1차년도초)
거래금액 : 측정기준일에 부여한 지분상품의 공정가치
=발행할 주식수(변경될 수 있음*)×주식선택권의 단위당 공정가치(변경되지 않음)
* 여기에는 비시장조건(3년 근무)이 있다.
인식시점 : 가득기간에 걸쳐 배분

시장조건이 달성되는지 여부와 관계없이 다른 모든 가득조건(예를 들면, 정해진 기간

(3년) 동안 계속 근무)을 충족하는 거래상대방에게서 제공받는 용역을 인식해야 한다. 이때 주가목표 달성여부는 중요하지 않다. 주가목표가 달성되지 못할 가능성은 부여일에 주식선택권의 공정가치를 추정할 때 이미 고려되었기 때문이다.

임원이 3년의 근무기간을 채울 것으로 예상되고 이 임원이 실제로 그렇게 하였다면, 섭이(주)가 회계연도에 인식할 금액은 다음과 같다.

연도	계 산	당기보상원가	누적보상원가
1	1,000개 × ₩240 × 1/3	₩80,000	₩80,000
2	(1,000개 × ₩240 × 2/3) − ₩80,000	₩80,000	₩160,000
3	(1,000개 × ₩240 × 3/3) − ₩160,000	₩80,000	₩240,000

금액은 각 연도말에 시장조건이 달성되었는지 여부에 관계없이 인식된다.

3 비시장조건인 성과조건이 부과된 경우(Ⅰ)

20×1년말 총보상원가 : ₩250 × 90명 × 10개 = ₩225,000

20×2년말 총보상원가 : ₩250 × 85명 × 10개 = ₩212,500

20×2년 주식보상비용 : ₩212,500 × 2/3 − ₩225,000 × 1/3 = ₩66,667

4 비시장조건인 성과조건이 부과된 경우(Ⅱ)

연도	계 산	당기보상비용	누적보상비용
1	440명 × 100주 × ₩30 × 1/2	₩660,000	₩660,000
2	(417명 × 100주 × ₩30 × 2/3) − ₩660,000	₩174,000	₩834,000
3	(419명 × 100주 × ₩30 × 3/3) − ₩834,000	₩423,000	₩1,257,000

5 비시장조건인 성과조건이 부과된 경우(Ⅲ)

시장조건이 아닌 성과조건의 달성여부가 행사가격을 좌우하므로 이러한 성과조건의 효과(즉, 행사가격이 ₩40이 될 가능성과 ₩30이 될 가능성)는 부여일에 주식선택권의 공정가치를 추정할 때 고려하지 않는다. 대신에 기업은 각 경우(행사가격이 ₩40이 되는 경우와 ₩30이 되는 경우)에 주식선택권의 부여일 현재 공정가치를 추정하고 궁극적으로 아래에서 예시하는 것과 같이 성과조건의 결과를 반영하여 거래금액을 수정한다.

연도	계 산	당기보상비용	누적보상비용
1	10,000개 × ₩16 × 1/3	₩53,333	₩53,333
2	(10,000개 × ₩16 × 2/3) − ₩53,333	₩53,334	₩106,667
3	(10,000개 × ₩12 × 3/3) − ₩106,667	₩13,333	₩120,000

6 부여한 주식선택권의 행사가격이 후속적으로 조정되는 경우

2차년도에 행사가격의 조정으로 인한 주식선택권 단위당 증분공정가치는 ₩30(=₩150－₩120)이다. 이 금액은 최초 주식선택권의 공정가치 ₩150에 기초한 주식보상비용에 추가하여 2년의 잔여 가득기간에 걸쳐 인식한다. 이에 따라 기업이 1차년도부터 3차년도까지 인식할 금액은 다음과 같다.

연도	계 산	당기보상비용	누적보상비용
1	(500명－110명)×10개×₩150×1/3	₩195,000	₩195,000
2	(500명－105명)×10개×(₩150×2/3 ＋₩30×1/2)－₩195,000	₩259,250	₩454,250
3	397명×10개×(₩150＋₩30)－₩454,250	₩260,350	₩714,600

7 주식기준보상의 조건변경

1. 부여시점의 주식선택권 공정가치는 (10명－2명)×100주×₩25＝₩20,000으로 계산된다. 해당 주식기준보상은 예상 용역제공기간인 3년에 걸쳐 비용으로 인식된다. 주식선택권의 공정가치 변동은 후속측정에 반영되지 않으나 퇴사자 수에 따라 주식선택권 총액은 변동할 수 있다.

〈20×1. 12. 31〉

(차) 주식보상비용 6,667* (대) 주식선택권 6,667

* ₩20,000×(1/3년)＝6,667

1명의 임원의 퇴사는 예상범위 내에 있으므로 주식선택권의 후속측정에 영향을 미치지 않는다.

〈20×2. 12. 31〉

(차) 주식보상비용 6,666* (대) 주식선택권 6,666

* 당해 연도 주식보상비용 ₩6,666은 ₩13,333(＝₩20,000×(2/3년))－₩6,667(20×1년에 인식한 주식보상비용)으로 계산된다. 임원 1명의 추가 퇴사는 예상 임원 퇴사자 수 내에 있으므로 주식선택권 총액은 영향받지 않는다.

〈20×3. 12. 31〉

(차) 주식보상비용 4,167* (대) 주식선택권 4,167

* 임원 1명의 추가 퇴사로 인하여 주식기준보상의 가득가능한 임원은 7명으로 예상보다 1명 감소하였다. 주식기준보상 총액은 ₩17,500(＝7명×100주×₩25)으로 조정된다. 20×3. 12. 31에 인식해야 하는 누적주식기준보상 총액은 ₩17,500이며 20×1년과 20×2년에 인식한 ₩13,333을 차감하면 당해 연도에 인식해야 하는 주식기준보상비용은 ₩4,167이다.

2. 20×2. 1. 1에 주식기준보상조건을 종업원에게 유리하게 변경하였다. 종업원에게 유리한 주식기준보상은 추가적인 주식기준보상으로 인식하고 기존의 주식기준보상은 변경하지 않는다.

추가적인 주식기준보상의 공정가치는 ₩4,000(=(10명−2명)×100주×₩5(증분공정가치))이며, 향후 2년에 걸쳐 가득된다.

〈20×2. 12. 31〉

기존의 주식기준보상 인식

(차) 주식보상비용	6,666*	(대) 주식선택권	6,666

* ₩13,333(=₩20,000×(2/3년))−₩6,667(20×1년에 인식한 주식보상비용)으로 계산된다. 임원 1명의 추가 퇴사는 예상 임원 퇴사자 수 내에 있으므로 주식선택권 총액은 영향받지 않는다.

조건변경에 따른 추가적인 주식기준보상 인식

(차) 주식보상비용	2,000*	(대) 주식선택권	2,000

* ₩4,000×(1/2년)=₩2,000

8 현금결제형 주식기준보상(Ⅰ)

1. 20×1년말 총보상원가 : ₩200×600개=₩120,000
   20×2년말 총보상원가 : ₩600×600개=₩360,000
   20×2년 주식보상비용 : ₩360,000×2/3−₩120,000×1/3=₩200,000

2. 20×3년 기초 장기미지급비용 : ₩600×600개×2/3=₩240,000
   20×3년 기말 장기미지급비용 : ₩1,200×(600개−150개)=₩540,000
   현금지급액 : (₩1,800−₩1,000)×150개=₩120,000
   회계처리는 아래와 같다.

(차) 주식보상비용	420,000	(대) 현 금	120,000
		장기미지급비용	300,000

그러므로 20×3년도에 인식할 주식보상비용은 ₩420,000이다.

9 현금결제형 주식기준보상(Ⅱ)

연도	계 산	비용	부채
1	(500명 − 95명) × 100개 × ₩14.40 × 1/3	₩194,400	₩194,400
2	(500명 − 100명) × 100개 × ₩15.50 × 2/3 − ₩194,400	₩218,933	₩413,333
3	(500명 − 97명 − 150명) × 100개 × ₩18.20 − ₩413,333 + 150명 × 100개 × ₩15.00 합 계	₩47,127 225,000 ₩272,127	₩460,460
4	(253명 − 140명) × 100개 × ₩21.40 − ₩460,460 + 140명 × 100개 × ₩20.00 합 계	(₩218,640) 280,000 ₩61,360	₩241,820
5	₩0 − ₩241,820 + 113명 × 100개 × ₩25.00 합 계	(₩241,820) 282,500 ₩40,680	₩0
	총 계	₩787,500	

10 선택형 주식기준보상약정(Ⅰ)

1. 복합금융상품의 가치 : MAX[₩50 × 1,000주, ₩45 × 1,200주] = ₩54,000
   부채요소의 가치 : ₩50 × 1,000주 = ₩50,000
   자본요소의 가치 : ₩54,000 − ₩50,000 = ₩4,000
   20×1년말 총보상원가 : ₩55 × 1,000주 + ₩4,000 = ₩59,000
   20×2년말 총보상원가 : ₩57 × 1,000주 + ₩4,000 = ₩61,000
   20×2년 주식보상비용 : ₩61,000 × 2/3 − ₩59,000 × 1/3 = ₩21,000

2. 기업에게 선택권이 있고 현금지급의무가 있는 경우에는 현금결제형 주식기준보상 회계처리를 해야 한다.
   20×1년말 총보상원가 : ₩55 × 1,000주 = ₩55,000
   20×2년말 총보상원가 : ₩57 × 1,000주 = ₩57,000
   20×2년 주식보상비용 : ₩57,000 × 2/3 − ₩55,000 × 1/3 = ₩19,667

11 선택형 주식기준보상약정(Ⅱ)

각 결제방식은 부여일 이후 주가가 변동함에 따라 서로 다른 가치를 갖게 된다. 따라서 최고경영자는 행사시점의 주가에 기초하여 각 결제방식의 상대적인 가치를 평가함으로써 보다 유리한 결제방식을 선택할 것이다. 행사시점에 선택되는 결제방식별로 공정가치는 행사시점의 주가(S)에 따라 다음과 같이 결정된다.

결제방식	현금결제	주식결제
행사시점의 공정가치	1,000주×S	3,000주×(S－₩300)

(주) 이 경우 만일 행사시점의 주가가 ₩400이라면 가상주식 1,000주의 공정가치(1,000주×₩400＝₩400,000)가 주식선택권 3,000개의 공정가치(3,000개×(₩400－₩300)＝₩300,000)를 초과하므로 최고경영자는 현금결제방식을 선택할 것이다. 반면, 행사시점의 주가가 ₩500이라면 가상주식 1,000주의 공정가치(1,000주×₩500＝₩500,000)가 주식선택권 3,000개의 공정가치(3,000개×(₩500－₩300)＝₩600,000)에 미달하므로 최고경영자는 주식결제방식을 선택할 것이다.

주식결제의 공정가치(3,000주×(S－₩300))는 다음과 같이 표현될 수 있다.

3,000개×(S－₩300)＝1,000주×S＋2,000개×(S－₩450)

따라서 '가상주식 1,000주와 행사가격이 ₩300인 주식선택권 3,000개 중 하나를 선택할 수 있는 권리'는 '가상주식 1,000주와 행사가격이 ₩450인 주식선택권 2,000개를 모두 행사할 수 있는 권리'와 사실상 동일함을 알 수 있다. 즉 동 권리는 부채요소(가상주식 1,000주)와 자본요소(행사가격이 ₩450인 주식선택권 2,000개)로 구성된 복합금융상품이라고 볼 수 있다.

행사가격이 ₩450인 주식선택권의 부여일 현재 공정가치가 ₩10이라고 했으므로 부여일 현재 복합금융상품의 공정가치는 다음과 같다.

① 부채요소의 공정가치(1,000주×₩300)	₩300,000
② 자본요소의 공정가치(2,000개×₩10)	20,000
복합금융상품의 공정가치(①＋②)	₩320,000

수미(주)가 매 회계연도에 인식할 보상원가, 자본조정(주식선택권) 및 부채(장기미지급비용)는 다음과 같다.

연도		계산근거	보상원가	자본조정	부채
20×5		부채요소 : (1,000주×₩350×1/3)	116,667		116,667
		자본요소 : (₩20,000×1/3)	6,667	6,667	
20×6		부채요소 : (1,000주×₩400×2/3)－116,667	150,000		150,000
		자본요소 : (₩20,000×1/3)	6,667	6,667	
20×7	(상황 1)	부채요소 : (1,000주×₩420)－266,667	153,333		153,333
		자본요소 : (₩20,000×1/3)	6,666	6,666	
	(상황 2)	부채요소 : (1,000주×₩480)－266,667	213,333		213,333
		자본요소 : (₩20,000×1/3)	6,666	6,666	

* 보상원가는 주식보상비용의 과목으로 하여 그 성격에 따라 제조원가, 판매비와관리비 또는 개발비 등으로 처리하며, 주식보상비용(차변)의 상대계정으로는 자본조정(주식선택권, 대변)과 부채(장기미지급비용)를 인식한다.

20×8. 1. 1에 최고경영자가 권리를 행사할 때 회계처리는 다음과 같다.

[상황 1] 주가가 ₩420이었으므로 현금결제방식을 선택

(차) 부채(장기미지급비용) 420,000 (대) 현 금 420,000*

* 1,000개 × ₩420 = ₩420,000

(차) 자본조정(주식선택권) 20,000 (대) 기타자본잉여금 20,000

(주) 현금결제방식을 선택함에 따라 주식선택권은 더 이상 행사할 수 없으므로 가득일 이후 상실된 경우와 같이 자본조정을 기타자본잉여금으로 대체한다.

[상황 2] 주가가 ₩480이었으므로 주식결제방식을 선택

(차) 부채(장기미지급비용) 480,000 (대) 자 본 금 300,000**

현 금 900,000* 주식발행초과금 1,100,000

자본조정(주식선택권) 20,000

* 주식선택권 행사대금, 3,000개 × ₩300 = ₩900,000

** 3,000주 × ₩100(주당 액면) = ₩300,000

12 부여한 주식에 현금결제선택권이 후속적으로 추가된 경우

명순(주)가 지분상품을 부여한 당시의 조건을 변경하는지, 부여한 지분상품을 취소하거나 중도청산하는지 여부와 관계없이 제공받는 근무용역은 최소한 지분상품의 부여일 당시의 공정가치에 따라 인식해야 한다. 다만, 지정된 가득조건(시장조건 제외)이 충족되지 않아 지분상품이 가득되지 못하는 경우에는 그러하지 아니하다. 따라서 기업은 3년에 걸쳐 제공받는 근무용역을 부여일 당시 주식의 공정가치에 따라 인식한다.

명순(주)는 2차년도말에 현금결제선택권이 추가되어 현금으로 결제할 의무를 부담하게 되었다. 기업은 조건변경일 현재 주식의 공정가치와 당초 특정된 근무용역을 제공받은 정도에 기초하여 조건변경일에 현금으로 결제될 부채를 인식한다. 또한 기업은 각 보고일과 결제일에 부채의 공정가치를 재측정하고 그 공정가치 변동을 그 기간의 당기손익으로 인식한다. 따라서 기업이 인식할 금액은 다음과 같다.

연도	계 산	비용	자본	부채
1	당기보상비용 : 10,000주 × ₩33 × 1/3	₩110,000	₩110,000	
2	당기보상비용 : (10,000주 × ₩33 × 2/3) − ₩110,000	₩110,000	₩110,000	
	자본에서 부채로 재분류 : 10,000주 × ₩25 × 2/3		(166,667)	₩166,667
3	당기보상비용 : (10,000주 × ₩33 × 3/3) − ₩220,000	₩110,000	₩26,667	₩83,333
	부채를 결제일 공정가치로 조정 : (₩166,667 + ₩83,333) − (₩22 × 10,000주)	(30,000)		(30,000)
	합 계	₩300,000	₩80,000	₩220,000

13 주식기준보상 - 종합문제

1. 현금결제형 주가차액보상권

① 4차년도말의 금융부채 표시금액 :
(100명 − 20명 − 20명) × 100개 × ₩180 = ₩1,080,000

② 5차년도말의 주식보상비용(주가차액보상권 행사 전) :
(100명 − 20명 − 20명) × 100개 × ₩200 − ₩1,080,000 = ₩120,000

2. 현금결제형에서 주식결제형으로 분류변경시의 회계처리

주식기준보상이 조건변경으로 현금결제형에서 주식결제형으로 변동되는 경우에는 조건변경일에 부여된 지분상품의 공정가치에 기초하여 측정한 주식결제형 주식기준보상 중에서 재화나 용역을 제공받은 만큼은 자본으로 인식하고, 현금결제형 주식기준보상 관련 부채는 제거하며, 그 차이 금액은 즉시 당기손익으로 인식한다.

조건변경이 가득기간 후에 발생하더라도 동일한 회계처리를 한다. 만약 조건변경의 결과로 가득기간이 연장되거나 축소된다면 변경된 가득기간을 반영한다.

공인회계사 기출문제 응용(2020년 이후)

1 현금결제형 주식기준보상

주식보상 조건변경

20×1년 주식보상비용 : 30명 × 30개 × ₩100 × 1/5 = ₩18,000

20×2년 주식보상비용 : 30명 × 30개 × ₩110 × 2/5 − ₩18,000 = ₩21,600

20×2년말 조건변경으로 인식할 추가비용 : ₩28,800 − ₩21,600 = ₩7,200

20×2년말 주식선택권의 누적금액 : ₩18,000 + ₩21,600 + ₩7,200 = ₩46,800

20×2년말 주식선택권 개당 공정가치(x) 계산 : 30명 × 30개 × x × 2/5 = ₩46,800

x = ₩130

2 주식기준보상 - 종합문제

(물음 1) 주식결제형 주식기준보상

1. 주식보상비용의 계산(시장기준이므로 주식선택권 공정가치 ₩300이 변하지 않음)

20×1년 : (50명 − 3명 − 2명) × 10개 × ₩300 × 1/3 = ₩45,000

20×2년 : (50명 − 3명 − 2명 − 25명) × 10개 × ₩300 × 2/3 − ₩45,000 = − ₩5,000

20×3년 : (50명 − 3명 − 2명 − 5명) × 10개 × ₩300 − ₩40,000 = ₩80,000

2. 20×1년 : (50명 − 3명 − 2명) × 10개 × ₩300 × 1/3 = ₩45,000
   20×2년 조건변경으로 주식선택권 공정가치 ₩10 증가
   20×2년 증분비용 : (50명 − 3명 − 2명 − 25명) × 10개 × ₩10 × 1/2 = ₩1,000
   따라서 요구사항 1.에서 인식한 − ₩5,000에서 보상비용환입이 − ₩4,000으로 감소한다.
   − ₩5,000 + ₩1,000 = − ₩4,000
   20×3년 증분비용 영향 :
   (50명 − 3명 − 2명 − 5명) × 10개 × ₩10 − ₩1,000(20×2년 인식분) = ₩3,000
   따라서 20×3년의 주식보상비용은 요구사항 1.에서 인식한 ₩80,000 + ₩3,000 = ₩83,000

(물음 2) 현금결제형 주식기준보상
   주식보상비용의 계산
   20×1년 : (50명 − 3명 − 2명) × 10개 × ₩100 × 1/3 = ₩15,000
   20×2년 : (50명 − 3명 − 3명 − 2명) × 10개 × ₩150 × 2/3 − ₩15,000 = ₩27,000
   20×2년 조건변경으로 인식할 주식보상원가 :
   (50명 − 3명 − 3명 − 2명) × 8개 × ₩130 × 2/4 = ₩21,840
   20×1년과 20×2년에 인식한 미지급비용(주식보상비용) : ₩15,000 + ₩27,000 = ₩42,000
   20×2년에 환입할 금액(미지급비용 취소금액) : ₩42,000 − ₩21,840 = ₩20,160
   20×2년 당기순이익에 미치는 영향 : ₩27,000 − ₩20,160 = ₩6,840(비용)

제18장 주당이익

연습문제

1 주당이익의 개념 및 거래가 주당이익에 미치는 영향

1. 보통주로만 구성된 단순자본구조를 가지고 있는 회사에서 주당이익이란 이익이 보고되는 기간에 유통되는 보통주 1주에 귀속되는 이익을 말한다. 주당이익은 기간중에 유통되는 주식의 가중평균주식수에 근거하여 산출하고, 이때 가중평균보통주식수는 주식분할, 주식병합, 그리고 주식배당에 대해서 소급 수정해야 한다. 또한 주당이익은 계속사업이익과 당기순이익 각각에 대하여 산출하여 보고한다.

2. 주당이익을 계산함에 있어서 제시된 사항에 대하여 다음과 같은 처리를 해야 한다.
   1) 할증되어 발행되고 액면가의 청산권을 지니고 있는 우선주는 당초 할증발행차금을 유효이자율법을 사용하여 상각하여 이익잉여금에서 차감하고 주당이익을 계산할 때 우선주 배당금으로 처리한다.
   2) 주식선택권의 행사는 유통보통주식수를 증가시키게 되지만 현금이 유입된다. 따라서 주당이익을 계산할 때 유입된 현금으로 보통주를 재구매한다고 가정하면(자기주식법) 행사가격이 시가보다 낮으므로 발행되는 주식수보다 취득했다고 가정하는 주식수보다 적어 가중평균유통보통주식수가 증가하게 된다. 그러나 이로 인해 분모인 보통주에 귀속되는 이익은 변함이 없다. 따라서 이러한 주식선택권으로 인해 주당이익이 감소하게 된다.
   3) 기계를 당해 연도 종료 직전에 대체하더라도 대체 연도의 주당이익에는 영향을 미치지 않는다. 기계의 대체로 인해 보통주식수가 변동하지 않고, 헌 기계도 장부금액으로 처분되었으므로 이익이 영향을 받지 않기 때문이다.
   4) 우선주에 대한 배당금은 계속사업이익과 당기순이익에서 차감한다. 만일 우선주가 누적적이라면 배당은 선언(또는 지급) 여부와 상관없이 항상 차감해야 한다.
   5) 자기주식을 취득한 기간의 주당이익은 취득으로 인해 감소한 유통주식을 반영한 당해 기간의 가중평균유통보통주식수에 의거하여 산출해야 한다.
   6) 당해 연도에 2 : 1의 주식분할의 결과로 유통보통주식수가 증가할 때 주식분할 이전의 유통가중평균보통주식수를 두 배로 하여 주당이익을 계산해야 한다. 또한 보고되는 모든 연도를 소급하여 수정해야 한다.

7) 소송으로부터 예상되는 우발부채에 대해 이익잉여금에서 적립금을 설정하는 것은 주당이익에 영향을 미치지 않는다. 왜냐하면 적립금을 설정하는 것은 당기순이익이나 유통주식수에 영향을 미치지 않기 때문이다.

2 주당이익 계산의 설명

1. 유통우선주에 대한 배당은 이익(손실)에 차감(가산)해야 한다. 그러나 이러한 일반화는 우선주가 배당에 대해 가지고 있는 특징을 반영하여 수정할 필요가 있다. 즉 만일 우선주가 누적적이라면 당해 연도의 배당금은 실제로 선언되었는가에 관계없이 당기 배당필요액을 이익(손실)에서 차감(가산)해야 한다. 우선주가 비누적적이라면 실제로 당해 기간중에 선언된 배당만을 주당이익의 계산에 이용되는 이익을 산출하기 위하여 이익(손실)에서 차감(가산)해야 한다.

2. 보통주를 매입할 수 있는 옵션이나 매입권이 존재하고 행사가격(옵션이나 매입권에 따른 보통주의 발행에서 기업에 유입되는 금액 등)이 기업이 자기주식을 매입하는 데 소요되는 평균가액보다 낮을 때 일반적으로 자기주식법이 적용된다. 이러한 상황에서는 옵션이나 매입권으로 인해 주당이익이 희석된다. 그러나 만일 행사가격이 보통주의 평균가격을 초과한다면 행사를 가정할 때 유입되는 현금으로 취득할 수 있는 주식이 행사로 인해 발행되는 주식보다 많게 되어 오히려 유통주식수가 감소하게 된다. 이러한 상황에서는 옵션이나 매입권의 행사를 가정하면 오히려 반희석화 현상이 발생하므로 희석주당이익을 계산할 때 이들이 행사되었다고 가정하지 않는다.

3. 전환증권이 전환되었다고 가정한 희석주당이익을 산출하는 데 있어서 관련된 이자(세후순액)는 주당이익의 분자인 이익에 가산하고, 전환되면 추가되는 가중평균보통주는 유통주식수에 가산되어 분모를 결정한다.

3 기본주당이익과 희석주당이익

(1) 기본주당이익

① 가중평균유통주식수 : 68,900,000주* ÷ 153일 = 450,327주

* [300,000주 × (31 + 30)] + [550,000주 × (31 + 30 + 31)] = 68,900,000주

② 주당이익 : ₩522,000 ÷ 450,327주 = ₩1.1592/주

(2) 희석주당이익

① 가중평균유통주식수 : 70,364,000주* ÷ 153일 = 459,895주

* 300,000 × (31 + 30) + 550,000 × 31 + (550,000 + 24,000#) × (30 + 31) = 70,364,000주
 # 전환사채 : ₩600,000 / ₩1,000 × 40주 = 24,000주

② 희석당기순이익 : ₩522,000 + ₩600,000 × 8% × (1 − 0.4) × 2/12 = ₩526,800

③ 희석주당이익 : ₩526,800 ÷ 459,895주 = ₩1.145/주

4 무상증자와 주당이익 계산

4월 1일 주식배당 주식수 : 200주 × 10% = 20주

11월 1일 무상증자 주식수 : (200주 + 20주 + 40주) × 10% = 26주

가중평균유통보통주식수 : 242 × (12/12) + 44 × (6/12) = 264주

1/1 — 4/1 — 7/1 — 11/1

1/1: 200(기초), 20(주식배당), 22(무상증자)

7/1: 40(신주인수권), 4(무상증자)

기본주당이익 : ₩396,000/264 = ₩1,500

5 전환가정법과 주당이익 계산(Ⅰ)

조정된 당기순이익 : ₩3,000,000 + ₩300,000 × (1 − 0.2) + ₩60,000 × (1 − 0.2)
= ₩3,288,000

희석주당순이익 : ₩3,288,000 ÷ 1,000주 = ₩3,288

6 전환가정법과 주당이익 계산(Ⅱ)

기본주당이익 : ₩22,300 ÷ 100주 = ₩223

조정된 가중평균유통보통주식수 : 100주 + 20주 = 120주

조정된 당기순이익 : ₩22,300 + ₩7,000 × (1 − 0.3) = ₩27,200

산출된 희석주당이익 ₩227이 기본주당이익 ₩223보다 크게, 즉 반희석효과가 나타난다. 따라서 이러한 전환사채는 희석주당이익의 계산에서 제외시켜야 한다.

7 권리발행과 주당이익 계산

(주) 아래의 풀이는 日數계산에 근거했으나 月數계산도 무방하다.

1. ① 가중평균유통보통주식수

기 간	발행주식수	가중치	적 수
1 ~ 3월	5,000	90일	450,000
4 ~ 6월	4,950	91일	450,450
7 ~ 9월	5,450	92일	501,400
10 ~ 12월	5,480	92일	504,160
		365일	1,906,010

→ 가중평균유통보통주식수 : 1,906,010 ÷ 365일 ≒ 5,222주

② 주당이익 : ₩5,000,000 ÷ 5,222주 = ₩957.5/주

2.

기 간	발행주식수	주식배당조정	조정후주식수	가중치	적 수
1～ 3월	5,000	(1＋0.1)	5,500	90일	495,000
4～ 6월	4,950	(1＋0.1)	5,445	91일	495,495
7～ 9월	5,450	(1＋0.1)	5,995	92일	551,540
10～12월	5,480	(1＋0.1)	6,028	92일	554,576
				365일	2,096,611

→ 가중평균유통보통주식수 : 2,096,611÷365일＝5,744주, 또는
5,222주×1.1＝5,744주

8 주당이익 - 주주우선배정 신주발행

(1) 권리행사 후의 이론적 주당공정가치의 계산
(권리행사 전 총유통보통주식의 공정가치＋권리행사로 수취하는 총금액)/(권리행사 전 유통보통주식수＋권리행사로 발행된 주식수)
＝[(₩1,100×500주)＋(₩500×100주)]/(500주＋100주)＝₩1,000

(2) 조정비율의 계산＝권리행사 직전의 주당공정가치/이론적 권리락 주당공정가치)
＝₩1,100/₩1,000＝1.1

(3) 기본주당이익의 계산

		20×0년	20×1년	20×2년
20×0년 당초 보고된 기본주당이익 :	₩110,000/500주	₩220		
주주우선배정 신주발행으로 재계산된 20×0년 기본주당이익 :	₩110,000 / (500주×1.1)	₩200		
주주우선배정 신주발행의 효과가 포함된 20×1년 기본주당이익 :	₩150,000 / {(500×1.1×2/12)＋(600×10/12)}		₩254	
20×2년 기본주당이익 :	₩180,000/600주			₩300

9 우선주와 주당이익

1) 유통보통주식수 : 1,050주
유통우선주식수 : 210주
(주) 주식배당은 회계연도초로 소급하여 주식수를 증가시켜 주는 것임.

2) 보통주 순이익 및 우선주 순이익 :
○ 20×2 회계연도 배당금
· 우선주 : ₩1,050,000×5%＝₩52,500
· 보통주 : ₩5,250,000×4%＝₩210,000

○ 추가 배당가능이익 : ₩5,000,000－(₩52,500＋₩210,000)＝₩4,737,500

· 추가 배당가능이익 중 우선주 귀속분 :

₩4,737,500×1,050,000/(5,250,000＋1,050,000)＝₩789,583

· 추가 배당가능이익 중 보통주 귀속분 :

₩4,737,500×5,250,000/(5,250,000＋1,050,000)＝₩3,947,917

○ 우선주순이익 : ₩52,500＋₩789,583＝₩842,083

보통주순이익 : ₩210,000＋₩3,947,917＝₩4,157,917

3) 기본우선주당이익 : ₩842,083÷210주＝₩4,010

기본보통주당이익 : ₩4,157,917÷1,050주＝₩3,960

(주) 1. 우선주가 참가적 우선주이기 때문에 우선주당이익이 계상되었다.
2. 전환증권이 존재하지 않기 때문에 희석주당이익은 제시되지 않는다.

10 주당이익 – 주식선택권

기본주당이익 : ₩40,000÷1,000주＝₩40

조정된 행사가격 : ₩3,000＋₩12,000/150개＝₩3,080

희석성 잠재적보통주식수 : 150주－₩3,080×150주/₩6,160＝75주

보통주 귀속 당기순이익 조정금액 : ₩1,000×(1－0.2)＝₩800

희석주당이익 : (₩40,000＋₩800)÷(1,000주＋75주)＝₩38＜₩40

11 희석주당계속영업이익 – 전환우선주

기본주당이익＝(₩2,500,000－200주×5,000×10%)÷1,000주＝₩2,400

희석주당이익＝₩2,500,000÷(1,000주＋20주*)＝₩2,451

* 200주÷10＝20주

희석주당이익이 기본주당이익보다 크기 때문에 희석효과가 없다.

∴ 희석주당이익은 ₩2,400이다.

12 조정주식수 – 옵션

조정주식수＝권리행사시 증가주식수－권리행사시 증가주식수×(행사가격/평균시가)

풋옵션의 경우 자기주식법에 의해서 유통주식수에 포함시킬 주식수는 200개(＝－600－(－)600×₩4,000/₩3,000)

콜옵션의 경우 자기주식법에 의해서 유통주식수에 포함시킬 주식수는 －100개(＝－300－(－)300×₩2,000/₩3,000), 즉 콜옵션의 경우 유통보통주식수가 오히려 감소하여 반희석효과가 나타난다.

희석주당이익 계산시 분모의 주식수에 가산할 조정주식수 : 200개

13 희석주당이익 - 옵션

가중평균유통보통주식수 = 25,000주

희석증권주식수 = 25,000주 + 1,250주* = 26,250주

* 5,000주 − (5,000주 × ₩4,500/₩6,000) = 1,250주

보통주당기순이익(= 희석당기순이익) = ₩36,000,000

희석주당이익 = ₩36,000,000 ÷ 26,250주 = ₩1,371

14 희석주당이익 - 시가 이하 발행과 신주인수권

시가 이하 유상증자로 인한 무상증자비율 계산 :

공정가치로 발행시 증가할 주식수 : 400주 × ₩500/₩800 = 250주

무상증자 의제 주식수 : 400주 − 250주 = 150주

무상증자비율 : 150주/(1,000주 + 250주) = 12%

가중평균유통보통주식수 계산 :

(1,000주 + 250주 × 6/12) × (1 + 0.12) = 1,260주

기본주당이익 : ₩919,800/1,260주 = ₩730

자기주식법에 의한 신주인수권의 주식수 증가액 :

800개 − 800개 × ₩600/₩750 = 160주

가중평균주식수 : 160주 × 12/12 = 160주

희석주당이익 : ₩919,800/(1,260주 + 160주) ≒ ₩648

15 희석주당이익 - 주식기준보상약정

(1) 희석화여부

[2,000주 − 2,000주 × (₩5,000 + ₩3,000) ÷ ₩16,000] = 1,000주

₩2,000,000 × (1 − 0.3)/1,000주 = ₩1,400

∴ 희석효과 있음

(2) 희석주당순이익

$$\frac{₩60,000,000 + ₩2,000,000 \times (1 - 0.3)}{10,000주 + 1,000주} = ₩5,582$$

16 희석주당이익 - 발행자의 선택에 따라 주식이나 현금으로 결제할 수 있는 전환사채

〈기본주당이익〉 ₩1,000,000/12,000 = 83/주

〈희석주당이익〉 (₩1,000,000 + ₩166,331(1))/(12,000 + 5,000(2)) = ₩69/주

(1) 시간경과로 인해 발생한 부채의 증가액 ₩166,331(= ₩1,848,122 × 9%)을 이익에서 조정한다.

(2) 보통주 5,000주 = 보통주 25주 × 전환사채 200개

17 전환사채와 주가이익비율

(1) 기본주당순이익

분모 : 101,000－1,000×12 / 12＋10,000×3 / 12＝102,500주

분자 : 보통주당기순이익 ₩200,000,000

기본주당순이익 : ₩200,000,000 / 102,500＝₩1,951

PER : ₩10,000 / ₩1,951＝5.12

(2) 희석주당순이익

희석증권주식수 : 10,000×3 / 12＋10,000×6 / 12＝7,500주

분모 : 102,500＋7,500＝110,000주

분자 : ₩200,000,000＋₩10,000,000×(1－0.3)＝₩207,000,000

희석주당순이익 : ₩207,000,000 / 110,000주＝₩1,882

PER : ₩10,000 / ₩1,882＝5.31

18 주당이익 – 종합

1. 기본주당이익

• 발행간주일

	1/1	2/1	4/1	12/31
기초보통주식수	960주			
2.1 유상증자*		40주		
무상증자(6%)*	58	2		
3.1 무상증자(10%)*	102	4		
4.1 자기주식취득			(200)주	
	1,120주	46주	(200)주	

* 공정가치 미만 유상증자
공정가치 유상증자주식수 : (₩240×100주)÷₩600＝40주
무상증자주식수 : 100주－40주＝60주
무상증자비율 : 60주÷(960주＋40주)＝6%

• 유통보통주식수

$$\frac{1{,}120주\times12+46주\times11-200주\times9}{12}=1{,}012주$$

(또는) 기초	960주×(1＋0.06)×(1＋0.1)×1/12＝	93
유상증자	1,060주×(1＋0.1)×2/12＝	194
자기주식	(960＋100＋106－200)×9/12＝	725
가중평균		1,012주

∴ 기본주당순이익 : ₩1,200,000÷1,012주＝₩1,186

2. 희석주당이익

• 잠재적보통주의 희석효과

	당기순이익	보통주식수	주당이익	희석효과
기본주당이익	₩1,200,000	1,012주	₩1,186	
조건부발행보통주	0	500		
계	1,200,000	1,512주	794	희석성
매도풋옵션	0	72		
계	1,200,000	1,584주	758	희석성
주식선택권	14,000	36		
계	₩1,214,000	1,620주	₩749	희석성

a. 주식선택권 : $\frac{₩20,000 \times (1-0.3)}{36주^{*}} = ₩389$

* $100주 - \frac{100주 \times (₩200 + ₩200)}{₩625} = 36주$

b. 조건부발행보통주 : $\frac{₩0}{(₩750 - ₩700) \times 10주} = ₩0$

c. 매도풋옵션 : $\frac{₩0}{72주^{*}} = ₩0$

* 증가될 보통주식수

풋의무 이행을 위한 발행주식수 : ₩120,000(=120단위 × ₩1,000) ÷ ₩625 = 192주

증가된 주식수 : 192 − 120주 = 72주

d. 매입옵션은 행사가격(₩1,200)이 평균시장가격(₩625)을 초과하므로 희석증권이 아니다.

∴ 희석주당순이익 : $\frac{₩1,200,000 + ₩20,000 \times (1-0.3)}{1,012주 + 500주 + 72주 + 36주} = ₩749$

공인회계사 기출문제 응용(2020년 이후)

1 기본주당이익 - 시가 이하 유상증자와 전환사채

• 3/1 유상증자시 무상증자비율 계산 :

유상증자로 유입되는 금액 : 2,000주 × ₩2,000 = ₩4,000,000

공정가치로 발행시 증가하는 주식수 : ₩4,000,000 ÷ ₩2,500 = 1,600주

무상증자 의제 주식수 : 2,000주 − 1,600주 = 400주

무상증자비율 : 400주/(6,400주 + 1,600주) = 5%

• 우선주 배당금 :

(900주 − 600주) × ₩200 × 20% = ₩12,000

• 가중평균유통보통주식수 계산 :

	주식수	보유기간	무상증자	적 수
기초주식수	6,400	12개월	×1.05	80,640
유상증자	1,600	10개월	×1.05	16,800
전환사채 전환	250	6개월		1,500
전환우선주 전환	200	3개월		600
				99,540

가중평균유통보통주식수＝99,540/12＝8,295주

• 기본주당이익 :

(₩2,334,600－₩12,000)/8,295주＝₩280

2 희석주당이익 - 주식매입권

기본주당이익 계산시 가중평균유통보통주식수 계산 :

200,000주＋20,000주×3/12＝205,000주

기본주당이익＝₩205,000,000÷205,000주＝₩1,000

희석주당이익 계산시 주식매입권의 잠재적 보통주식수 :

30,000개－(30,000개×₩20,000)÷₩25,000＝6,000주

가중평균주식수 계산 :

미행사분(1/1～12/31) : 6,000주×1/3＝2,000주

행사분(10/1～12/31) : 6,000주×2/3×9/12＝3,000주

희석주당이익＝₩205,000,000÷(205,000주＋5,000주)≒₩976

윤리문제

1. 적절한 회계처리와 개인의 이득 간에 충돌이 발생하고 있다.
2. 그렇지 않다. 성과보상이란 개인적인 문제가 기업의 회계처리에 영향을 주어서는 안 된다.
3. 임원 개인의 이익을 위해서 정당한 회계처리를 왜곡시키는 것은 윤리적인 문제가 있다. 이로 인해 회사의 다양한 이해관계자들(예를 들면, 투자자와 채권자)이 왜곡된 정보를 받게 되고, 이에 의거한 의사결정은 그들의 이익을 침해한다. 결과적으로 임원들의 이익을 위해서 회사 이해관계자들의 이익을 침해하게 된다. 이는 법적 그리고 윤리적 문제를 야기한다.

제19장 리 스

연습문제

1 리스의 식별

이 계약은 리스로 인식하지 않는다.

이 계약에는 리스 기초자산으로 식별되는 특정 자산이 있고 온나라상선(주)는 이 특정 선박을 대체할 권리가 없다. 울산자동차(주)는 선박의 사용으로 생기는 경제적 효익의 대부분을 얻을 권리를 가지고 있다. 그러나 울산자동차(주)는 그 선박의 사용을 지시할 권리가 없으므로 사용통제권을 갖지 못한다. 즉, 울산자동차(주)는 화물을 울산에서 뉴욕까지 운송할 것이 계약상 명시되어는 있지만, 해당 기간에 선박의 사용 방법 및 목적을 변경할 권리는 없다. 울산자동차(주)는 선박을 운행할 권리도 없다. 따라서 울산자동차(주)는 선박사용에 대하여 선박으로 화물을 운송하는 많은 고객들 중의 하나와 같은 권리를 가진다.

2 리스이용자의 소액기초자산 리스인식면제규정

인식면제규정을 적용하면 해당 자산을 리스회계처리기준대로 회계처리하지 않아도 된다. 과거 리스기준인 리스이용자의 운용리스와 유사하게 회계처리한다. 즉 리스료를 리스기간에 걸쳐서 비용으로 인식한다.

리스대상	소액기준	효익의 제공	타 자산과의 상호의존성 없음	소액자산 인식면제 가능여부
부동산	×			×
중형 트럭	×			×
노트북 컴퓨터	○	○	○	○
고용량 복사기	×			×
정수기	○	○	○	○
사무실 비품	○	○	○	○

3 리스료의 측정

1) 미래현금흐름

20×1년말	20×2년말	20×3년말
A	A	A
		₩40,000

2) 리스료 계산

₩300,000＋₩5,000＝A×2.4868＋₩40,000×0.7513

A＝₩110,563

4 리스이용자의 비용(Ⅰ)

1) 미래현금흐름

20×1년말	20×2년말	20×3년말
₩200,000	₩200,000	₩200,000

2) 리스부채 : ₩200,000×2.4868＝₩497,360
3) 이자비용 : ₩497,360×10%＝₩49,736
4) 사용권자산 : ₩497,360＋₩5,000＝₩502,360
5) 감가상각비 : ₩502,360/3＝₩167,453
6) 당기순이익에 미치는 영향 : (₩217,189)

5 리스이용자의 비용(Ⅱ)

20×3년초 인식할 사용권자산 ＝₩1,000,000×3.1670＝₩3,167,000
20×3년도 계상할 이자비용＝₩3,167,000×10%＝₩316,700
20×3년도 계상할 감가상각비＝₩3,167,000/4년＝₩791,750
20×3년도 리스 관련 총비용계상액＝₩316,700＋₩791,750＝₩1,108,450

6 리스부채의 재평가 – 연장선택권

1. 리스부채와 사용권자산의 최초측정금액

리스부채＝₩100,000×4.546(5기간, 5%, 선불연금 현재가치)＝₩454,600
사용권자산＝리스부채＋리스개설직접원가－리스인센티브
＝₩454,600＋₩20,000－₩5,000＝₩469,600

(차)		(대)	
사용권자산	469,600	리 스 부 채	354,600
현금(리스인센티브)	5,000	현 금	100,000
		현금(리스개설직접원가)	20,000

2. 리스부채 장부금액 조정표

〈리스부채 연도별 조정표〉

연 도	기초잔액	리스료	이자비용(연간)	기말잔액(12. 31)
20×1. 1. 1	₩454,600	₩100,000	₩17,730	₩372,330
20×2. 1. 1	372,330	100,000	13,616	285,946
20×3. 1. 1	285,946	100,000	9,297	195,243
20×4. 1. 1	195,243	100,000	4,757	100,000
20×5. 1. 1	100,000	100,000	0	0(단수조정)

3. 사용권자산의 연간 상각액＝₩469,600÷5＝₩93,920

4. 20×4년초의 리스부채＝₩100,000＋₩100,000/1.05＝₩195,238(단수조정)

연장선택권 채택 후의 20×4년과 20×5년의 리스료의 현재가치

＝₩100,000＋₩100,000/1.07＝₩193,458

20×6년과 20×7년의 리스료의 현재가치

＝₩80,000/1.07^2＋₩80,000/1.07^3＝₩135,179

연장선택권 채택 후의 리스부채＝₩193,458＋₩135,179＝₩328,637

리스부채 증가액＝₩328,637－₩195,238＝₩133,399

(차) 사용권자산 133,399 (대) 리 스 부 채 133,399

사용권자산의 장부금액＝₩469,600×2/5＋₩133,399＝₩321,239

사용권자산의 연간 상각액＝₩321,239÷4＝₩80,310

〈리스부채 장부금액 조정표〉

연 도	기초잔액	리스료	이자비용(연간)	기말잔액(12. 31)
20×4. 1. 1	₩328,637	₩100,000	₩16,004	₩244,641
20×5. 1. 1	244,641	100,000	10,124	154,765
20×6. 1. 1	154,765	80,000	5,235	80,000
20×7. 1. 1	80,000	80,000	0	0

7 리스부채의 재평가 – 변동리스료

1. 리스부채와 리스사용권자산의 최초측정금액

＝₩100,000×4.546(5기간, 5%, 선불연금 현재가치)＝₩454,600

2. 〈리스부채 장부금액 조정표〉

연 도	기초잔액(1. 1)	리스료	이자비용(연간)	기말잔액(12. 31)
20×1	₩454,600	₩100,000	₩17,730	₩372,330
20×2	372,330	100,000	13,616	285,946

3. 리스사용권자산의 상각액＝₩454,600÷5＝₩90,920

4. 20×3년 1월 1일부터의 수정리스료＝₩100,000×110/100＝₩110,000

지수의 변동으로 인한 미래리스료의 변동이므로 할인율은 변경하지 않는다.

20×3년 1월 1일의 리스부채 = ₩110,000 × 2.8594(3기간, 5%, 선불연금 현재가치)
= ₩314,534

5. 〈리스부채 장부금액 조정표〉

연 도	기초잔액(1. 1)	리스료	이자비용(연간)	기말잔액(12. 31)
20×3	₩314,534	₩110,000	₩10,227	₩214,761
20×4	214,761	110,000	5,239	110,000
20×5	110,000	110,000		

8 리스이용자의 리스변경(Ⅰ)

[사례 1] 리스의 범위를 넓히는 변경 – 별도리스
서울(주)는 사무실 공간 500m²을 추가하는 새로운 리스계약을 기초자산 사용권이 추가된 것으로 보아 별도리스로 회계처리한다. 이는 이러한 변경이 리스이용자에게 새로운 기초자산을 사용하게 하는 추가 권리를 부여하고 이에 상응해서 리스대가를 지급하기 때문이다. 서울(주)는 기존의 1,000m², 10년 리스계약은 어떠한 조정도 하지 않고, 새로운 500m², 5년 리스계약에 대하여 새로운 사용권자산과 리스부채를 인식한다.

1차년도초의 사용권자산과 리스부채 계산
사용권자산 : ₩100,000 × 8.4353(선불연금 현재가치, 4%, 10기간) = ₩843,530
리스부채 : ₩843,530 − ₩100,000 = ₩743,530

(차) 사용권자산	843,530	(대) 현 금	100,000
		리 스 부 채	743,530

6차년도초의 별도리스에 대한 사용권자산과 리스부채 계산
사용권자산 : ₩40,000 × 4.6299(선불연금 현재가치, 4%, 5기간) = ₩185,196
리스부채 : ₩185,196 − ₩50,000 = ₩135,196

(차) 사용권자산	185,196	(대) 현 금	50,000
		리 스 부 채	135,196

[사례 2] 리스기간을 연장하는 리스
6차년도초의 변경유효일에 리스이용자는 나머지 리스기간 10년, 연간리스료 ₩100,000, 할인율 6%에 기초해서 리스부채를 다시 측정한다.
6차년도초(리스료 지급 전)의 기존 리스부채는 ₩462,990이다.

₩100,000 × 4.6299(선불연금 현재가치, 4%, 5기간) = ₩462,990

리스변경(증분차입이자율도 변경)으로 6차년도초(리스료 지급 전)의 새로운 리스부채는 ₩780,170으로 증가한다.

₩100,000 × 7.8017(선불연금 현재가치, 6%, 10기간) = ₩780,170

서울(주)는 리스부채를 ₩324,180(= ₩787,170 − ₩462,990) 증가시킨다.

(차) 사용권자산 324,180 (대) 리 스 부 채 324,180

[사례 3] 리스의 범위를 좁히는 변경

서울(주)는 리스조건 변경유효일에 새로운 리스인 남은 기간 5년, 연간리스료 ₩65,000, 할인율 6%에 기초하여 리스부채를 재측정해야 하며, 사용권자산의 장부금액도 40% 감소시켜야 한다.

1차년도초의 사용권자산과 리스부채 계산

사용권자산 : ₩100,000×8.4353(선불연금 현재가치, 4%, 10기간)=₩843,530

리스부채 : ₩843,530−₩100,000=₩743,530

6차년도초의 사용권자산과 리스부채 계산

사용권자산 : ₩843,530×5/10=₩421,765

사무실 공간 축소로 인한 사용권자산 감소액 : ₩421,765×400/1,000=₩168,706

리스부채 : ₩100,000×4.6299(선불연금 현재가치, 4%, 5기간)=₩462,990

사무실 공간 축소로 인한 리스부채 감소액 : ₩462,990×400/1,000=₩185,196

사무실 공간 축소로 인한 리스부채 재평가 : ₩65,000×4.4651(선불연금 현재가치, 6%, 5기간)=₩290,231

(차) 리 스 부 채	185,196	(대) 사용권자산	168,706
		리스변경이익	16,490

리스부채 재평가액 조정 : ₩290,231−₩277,794=₩12,437

(차) 사용권자산	12,437	(대) 리 스 부 채	12,437

[사례 4] 리스의 범위를 넓히면서 리스기간을 단축하는 변경

리스범위를 확장한 500m²은 동일 소유주의 건물에서 현 사무실 공간의 확장이어서 계약변경을 반영하기 위하여 조정한 증분의 개별가격에 상응하지 않는다고 보아서, 별도의 기초자산 사용권이 추가된 것으로 보지 않고 따라서 별도리스로 회계처리하지 않는다. 그리고 500m²의 범위 확장에 대한 대가는 계약상황을 반영하기 위하여 조정한 증분의 개별가격에 상응하지 않은 것으로 본다.

1차년도초와 1차년도말의 회계처리는 다음과 같다.

사용권자산=₩100,000×7.3601(정상연금 현재가치, 6%, 10기간)=₩736,010

1차년도초 :	(차) 사용권자산	736,010	(대) 리 스 부 채	736,010
1차년도말 :	(차) 이 자 비 용	44,160	(대) 리 스 부 채	44,160
	리 스 부 채	100,000	현 금	100,000
	감가상각비	73,601	사용권자산	73,601

2차년도부터의 회계처리방법은 동일한 과정을 거친다.

1차년도부터 6차년도까지 리스부채의 장부금액 변경과정은 다음과 같다.

연 도	기초잔액	이자비용(6%)	리스료	기말잔액
1	₩736,010	₩44,160	(₩100,000)	₩680,170
2	680,170	40,810	(100,000)	620,980
3	620,980	37,259	(100,000)	558,238
4	558,238	33,493	(100,000)	491,732
5	491,732	29,504	(100,000)	421,236
6	421,236			

6차년도초의 리스부채 계상(매년도말 ₩150,000 지급, 3년, 8%) :

₩150,000×2.5771(정상연금 현재가치, 8%, 3기간)=₩386,565

₩386,565은 6차년도부터 8차년도까지 ₩50,000 증가한 리스료의 현재가치 ₩128,855(=₩50,000×2.5771)과 6차년도부터 8차년도까지 ₩100,000 리스료의 현재가치 ₩257,710(=₩100,000×2.5771)의 합계이다.

한편, 사용권자산은 정액법으로 상각되므로 6차년도초 장부금액은 ₩368,005이다.

₩736,010×5/10=₩368,005

그런데 기초자산 사용기간이 10년에서 8년으로 감소하므로 6차년도초의 장부금액을 40%(2/5) 감소시켜야 한다. 감소액은 ₩147,202(=₩368,005×40%=₩147,202)이고, 잔존 장부금액은 ₩220,803(=₩368,005−₩147,202)이다.

6차년도초 기존 사무실 공간 1,000m²에 대한 리스부채는 ₩421,236에서 ₩267,300으로 감소한다. 왜냐하면 리스기간이 10년에서 8년으로 감소하여 앞으로 3년밖에 남지 않았기 때문이다. 이때의 할인율은 당초의 6%이다.

₩100,000×2.6730(정상연금 현재가치, 6%, 3기간)=₩267,300

따라서 기존 사무실 공간 1,000m²에 대하여 리스기간이 10년에서 8년으로 감소하여 ₩153,936(=₩421,236−₩267,300)이 감소한다.

리스기간이 10년에서 8년으로 감소하게 되어 사용권자산과 리스부채가 감소하는 회계처리는 다음과 같다.

(차) 리 스 부 채	153,936	(대) 사용권자산	147,202
		리스변경차익	6,734

그리고 6차년도초에 사무실 공간 500m²이 추가되고, 할인율이 7%로 변경된 리스부채의 재측정 효과는 ₩9,590(=₩267,300−₩257,710)이다.

(차) 리 스 부 채	9,590	(대) 사용권자산	9,590

이로써 리스부채의 장부금액은 ₩257,710으로 조정된다.

추가되는 500m² 사무실 공간에 대한 사용권자산의 증가액은 ₩128,855이다.

₩50,000×2.5771(정상연금 현재가치, 8%, 3기간)=₩128,855

(차) 사용권자산 128,855 (대) 리 스 부 채 128,855

따라서 6차년도초 사용권자산의 장부금액은 ₩340,068(=₩368,005−₩147,202−₩9,590+₩128,855)이고, 리스부채의 장부금액은 ₩386,565이다. 사용권자산은 앞으로 3년간 정액법으로 상각하고, 리스부채는 7% 할인율로 이자비용을 계산한다.
리스부채 장부금액의 변경과정은 다음과 같다.

연 도	기초잔액	이자비용(8%)	리스료	기말잔액
6	₩386,565	₩30,925	(₩150,000)	₩267,490
7	267,490	21,399	(150,000)	138,889
8	138,889	11,111	(150,000)	

[사례 5] 대가만 달라지는 변경
7차년도초의 기초리스부채 장부금액 :
₩100,000×3.4651(정상연금 현재가치, 6%, 4기간)=₩346,510
변경된 조건에 의한 7차년도초의 리스부채 장부금액 :
₩90,000×3.3121(정상연금 현재가치, 8%, 4기간)=₩298,089
(차) 리 스 부 채 48,421 (대) 사용권자산 48,421

변경유효일은 7차년도초에 리스이용자는 연간리스료 ₩90,000, 잔존 리스기간 4년, 할인율 8%로 리스부채를 다시 측정한다. 리스이용자는 리스변경 직전의 리스부채 장부금액 ₩346,510을 변경 이후의 금액 ₩298,089으로 조정하고, 이에 상응하여 사용권자산의 장부금액도 변경시킨다. 투자부동산은 공정가치로 평가하므로 감가상각비를 인식할 실익이 없다.

9 리스이용자의 리스변경(Ⅱ)

[사례 1] 리스료와 할인율의 변경
리스료의 변경과 내재이자율의 변경을 리스부채 장부금액에 반영한다. 별도리스로 보지 않는다.

변경 전(6년초) 리스부채 : ₩100,000×4.2124(정상연금 현재가치, 6%, 5기간)
=₩421,240
변경 후(6년초) 리스부채 : ₩95,000×4.1002(정상연금 현재가치, 7%, 5기간)
=₩389,520
조정차액=₩421,240−₩389,520=₩31,720

따라서 사용권자산과 리스부채를 ₩31,720만큼씩 차감조정한다.
(차) 리 스 부 채 31,720 (대) 사용권자산 31,720

[사례 2] 리스기간과 할인율의 변경

리스기간의 변경과 내재이자율의 변경을 리스부채 장부금액에 반영한다. 별도리스로 보지 않는다.

변경 전(7년초) 리스부채 : ₩100,000×3.4651(정상연금 현재가치, 6%, 4기간)
= ₩346,510

변경 후(7년초) 리스부채 : ₩100,000×5.9713(정상연금 현재가치, 7%, 8기간)
= ₩597,130

조정차액 = ₩597,130 − ₩346,510 = ₩250,620

따라서 사용권자산과 리스부채를 ₩250,620만큼씩 증가시킨다.

(차) 사용권자산	250,620	(대) 리 스 부 채	250,620

[사례 3] 기초자산 사용권의 증대, 기타 리스조건의 변경

기초자산 사용권의 범위를 확장하는 것은 별도리스로 회계처리한다. 그러나 변경된 계약대가, 리스기간, 수정할인료는 리스부채의 재측정으로 회계처리한다.

리스계약 개시일의 사용권자산 : ₩736,010

6년초 사용권자산의 장부금액 : ₩368,005

변경 전(6년초) 리스부채 : ₩100,000×4.2124(정산연금 현재가치, 6%, 5기간)
= ₩421,240

리스기간 단축으로 인한 리스부채 : ₩100,000×2.6730(정상연금 현재가치, 6%, 3기간) = ₩267,300

변경 후(6년초) 리스부채 : ₩150,000×2.6243(정상연금 현재가치, 7%, 3기간)
= 393,645

(차) 리 스 부 채	153,940*	(대) 사용권자산	147,202**
		리스변경이익	6,738
(차) 사용권자산	126,345	(대) 리 스 부 채	126,345***

* 리스기간 단축으로 인한 부채 감소 = ₩421,240 − ₩267,300 = ₩153,940

** 리스기간 단축으로 인한 사용권자산 감소 = ₩368,005 × $\frac{2}{5}$ = ₩147,202

*** 리스변경 이후의 장부금액으로 조정 = ₩393,645 − ₩267,300 = ₩126,345

[사례 4] 기초자산 사용권의 축소, 리스료 및 할인율의 변경

리스조건의 변경을 리스부채의 장부금액에 반영한다. 별도리스로 보지 않는다.

리스계약 개시일에서의 사용권자산 금액 :
₩100,000×7.3601(정상연금 현재가치, 6%, 10기간)
= ₩736,010

6년초에서의 사용권자산 장부금액 : ₩736,010×5/10 = ₩368,005

변경 전(6년초) 리스부채 : ₩100,000 × 4.2124(정상연금 현재가치, 6%, 5기간)
= ₩421,240

리스범위의 축소로 변경된 리스부채 : ₩421,240 × 50% = ₩210,620

변경 후(6년초) 리스부채 : ₩60,000 × 4.3295(정상연금 현재가치, 5%, 5기간)
= ₩259,770

리스범위의 취소로 변경된 리스부채 − 변경 후(6년초) 리스부채
= ₩259,770 − ₩210,620 = ₩49,150

리스범위(사용권자산)의 축소는 사용권자산을 축소하며 장부금액 감소액과의 차액을 당기손익으로 인식하고, 그 밖의 리스변경(리스대가 변동, 수정할인율)은 사용권자산에서 조정한다.

(차)	리 스 부 채	210,620*	(대) 사용권자산	368,005**
	리스변경이익	157,385		
(차)	리 스 자 산	49,150***	(대) 리 스 부 채	49,150

* 사용권자산의 축소로 감소된 리스부채
** 사용권자산의 축소금액
*** 리스범위 축소 이후의 리스변경 반영(리스료, 내재이자율, 리스료)

10 리스이용자의 리스변경(Ⅲ)

1. 추가 리스료가 리스변경일 현재의 개별가격을 반영하지 못하므로 별도의 리스가 아니다. 즉, 리스변경일의 수정할인율로 리스료를 할인하여 리스부채를 재평가해야 한다.
   20×2년초 리스부채 증가액 : ₩30,000 × 1.7355 − ₩33,801 = ₩18,264

2. 감가상각비 : (₩32,024 + ₩18,264)/2 = ₩25,144
   이자비용 : (₩33,801 + ₩18,264) × 10% = ₩5,207
   20×2년도 당기순이익에 미친 영향 : (₩30,351)

11 사용권자산을 투자부동산으로 분류

1. 투자부동산의 인식〈20×1. 1. 1〉
   투자부동산의 최초 원가 = 리스료의 현재가치*
   * 리스료의 현재가치 = ₩10,000 × 2.4868 = ₩24,868

(차)	투자부동산(사용권자산)*	24,868	(대) 리 스 부 채	24,868

* 해당 사용권자산을 투자부동산으로 분류해야 한다.

2. 투자부동산의 평가〈20×1. 12. 31〉

(차) 리 스 부 채	7,513	(대) 현　　금	10,000
이 자 비 용	2,487*		

* ₩24,868 × 10% = ₩2,487

(차) 투자부동산(사용권자산)	2,132*	(대) 투자부동산평가이익	2,132

* ₩27,000 − ₩24,868 = ₩2,132

(주) 사용권자산을 투자부동산으로 분류하는 경우에 공정가치로 평가한다. 재무상태표에도 이 자산을 투자부동산으로 분류해야 한다.

12 운용리스

1. 나라리스사 회계처리

〈20×5. 1. 1〉

(차) 선급리스자산	4,200,000	(대) 현　　금	4,200,000
(차) 운용리스자산	4,200,000	(대) 선급리스자산	4,200,000

〈20×5. 12. 31〉

(차) 현　　금	200,000	(대) 운용리스료수익	200,000
(차) 감가상각비	84,000	(대) 감가상각누계액	84,000*

* ₩4,200,000 / 50 = ₩84,000

(차) 재 산 세	45,000	(대) 현　　금	55,000
보 험 료	10,000		

2. 운용리스의 협상 및 계약에 직접 관련하여 발생하는 증분원가는 리스개설직접원가 등의 계정과목으로 하여 자산으로 인식하고 리스기간에 걸쳐 리스수익에 대응시켜 비용으로 처리한다. 20×5년에는 ₩3,000*을 비용처리한다.

* ₩30,000 ÷ 10(리스계약기간) = ₩3,000

13 금융리스 - 리스제공자의 리스개설직접원가

금융리스채권 = 리스료의 현재가치 + 매수선택권의 현재가치

= ₩3,154,674 × 3.1699 + ₩1,000,000 × 0.6830 = ₩10,683,000

이 금융리스채권의 현재가치는 기초자산 공정가치와 리스개설직접원가의 합과 동일하게 결정된다. 즉 이렇게 내재이자율이 결정되는 것이다.

금융리스채권 = 기초자산 공정가치 + 리스개설직접원가

= ₩10,683,000 + ₩683,000 = ₩11,366,000

14 리스제공자의 회계처리 : 운용리스와 금융리스

1. 리스의 분류

① 소유권이전약정이 없고,

② 매수선택권약정이 없고,

③ 리스기간(4년)이 리스자산 내용연수(6년)의 상당부분을 차지하지 아니하고,

④ 리스료의 현재가치(₩88,955)가 기초자산의 공정가치(₩100,000)의 대부분에 상당하지 않는다.

여기에서 리스료의 현재가치는 다음과 같이 산출한다.

* 리스료 현재가치
=매년 리스료×연금의 현가계수+잔존가치보증액×현가계수
=₩31,790×2.7982+(₩0)=₩88,955

⑤ 범용성이 있는 자산이다.

또한 실질적으로 소유에 따른 위험과 보상이 리스이용자에게 있다고 판단될 만한 기타 사항이 없다. 따라서 당해 리스를 운용리스로 분류해야 한다.

2. ① 리스제공자

(A) 기초자산의 공정가치 : ₩100,000

(B) 리스료의 현재가치(할인율 16%)

=(고정리스료×연금현가계수)+(잔존가치보증액×현가계수)

=₩31,790×2.7982+₩5,000×0.5523=₩91,716

따라서 리스료의 현재가치가 기초자산의 공정가치(₩100,000)의 90% 이상이 되므로 금융리스로 분류한다.

② 리스이용자

리스료 현재가치

=고정리스료×연금의 현가계수

=₩31,790×2.7982=₩88,955=리스사용권자산

〈리스이용자 리스부채 상각표〉

연 도	리스료	이자비용(16%)	부채원금상환	미상환부채
				₩88,955
20×1	₩31,790	₩14,233	₩17,557	71,398
20×2	31,790	11,424	20,366	51,032
20×3	31,790	8,165	23,625	27,407
20×4	31,790	4,383	27,407	0

∴ 20×2년말 리스이용자의 리스부채잔액=₩51,032

15 리스제공자 - 매수선택권

1. ① 리스의 분류 : 매수선택권이 있으므로 당해 리스는 금융리스로 분류한다.
   ② 리스료의 산정 : ₩160,000 = x(리스료) × 1.7355(10%, 2기간 연금현가율)
   + ₩8,000 × 0.8264(10%, 2기간 현가율)
   → x = ₩88,383

〈리스상각표〉

일 자	수취리스료	이자수익(A)	채권회수액(B)	채권잔액(C)
20×1. 1. 1				₩160,000
20×1. 12. 31	₩88,383	₩16,000	₩72,383	87,617
20×2. 12. 31	88,383	8,766	79,617	8,000

(A) = 전기(C) × 10% (B) = ₩88,383 − (A) (C) = 전기(C) − 당기(B)

〈회계처리〉

20×1. 1. 1 :	(차) 기 초 자 산	160,000	(대) 현 금	160,000
	(차) 금융리스채권	160,000	(대) 기 초 자 산	160,000
12.31 :	(차) 현 금	88,383	(대) 금융리스채권	72,383
			이 자 수 익	16,000
20×2.12.31 :	(차) 현 금	88,383	(대) 금융리스채권	79,617
			이 자 수 익	8,766

2. 20×2.12.31 : (차) 현 금 8,000 (대) 금융리스채권 8,000

16 리스이용자와 리스제공자의 회계처리

1. 금융리스채권의 계산

   ₩500,000 × 3.0373(12%, 4년 연금현가) + ₩30,000 × 0.6355(12%, 4년 현가)
   = ₩1,537,715

   (주) 리스개시일 현재 행사될 것이 확실시되는 매수선택권이 리스이용자에게 주어진 경우 리스료는 매수선택권 기대행사일까지 리스기간 동안 지급될 정기리스료와 그 매수선택권의 행사가격으로 구성된다.

2. 리스부채의 계산

   (1) 리스부채(리스료의 현재가치) :
   ₩500,000 × 3.1699(10%, 4년 연금현가) + ₩30,000 × 0.6830(10%, 4년 현가)
   = ₩1,605,440

   (주) 리스제공자의 내재이자율을 모르기 때문에 리스이용자의 증분차입이자율을 사용한다.

   (2) 사용권자산의 원가 : ₩1,605,440

3. 리스이용자의 회계처리

① 리스개시일

(차) 사용권자산 1,605,440 (대) 리 스 부 채 1,605,440

② 20×1. 12. 31

(차) 이 자 비 용 160,544* (대) 현 금 500,000
리 스 부 채 339,456

(차) 감가상각비 321,088** (대) 감가상각누계액 321,088

* ₩1,605,440×10%=₩160,544

** ₩1,605,440÷5년=₩321,088

(주) 리스이용자가 리스기간 종료시점까지 자산의 소유권을 획득할 것이 확실시된다면 기대사용기간이 자산의 내용연수가 되며, 그렇지 않은 경우에는 리스기간과 자산의 내용연수 중 짧은 기간에 걸쳐 감가상각한다. 이 예제에서는 리스기간 종료시 (주)서리가 매수선택권을 행사하여 소유권을 획득할 것이 확실하므로 내용연수 동안 감가상각한다.

③ 매수선택권행사

(차) 리 스 부 채 30,000 (대) 현 금 30,000

4. ① 재무제표의 정보가 목적적합하고 신뢰할 수 있기 위해서는 재무제표 작성시 거래나 사건을 형식보다 경제적 실질(substance over form)에 따라 회계처리하고 보고해야 한다. 이를 실질우선의 원칙이라고 하는데, 거래나 사건의 경제적 실질은 법적 형식이나 외관상 드러나는 형식과 항상 일치하는 것은 아니기 때문이다.

② 미이행계약이란 계약 쌍방이 관련된 의무를 수행해야 하는 부분이 상당히 남아 있는 계약을 말한다. 전통적으로는 리스가 미이행계약이라고 보는 견해가 강했다. 그러나 최근에는 리스는 다른 미이행계약(예를 들면 공사계약)과는 다르다고 보는 견해가 우세하다. 이에 따라 리스로 인식되는 계약을 자본화하여 회계처리하는 것이 타당하다.

17 판매형리스(Ⅰ)

1. 〈리스료 산정〉 ₩21,188=x×(2.5313(9%, 3년 연금현가율)+1.0)
→ x=₩6,000

〈리스상각표〉

일 자	수취리스료	이자수익	채권회수액	채권잔액
20×1. 1. 1				₩21,188
20×1. 1. 1	₩6,000		₩6,000	15,188
20×2. 1. 1	6,000	₩1,367	4,633	10,555
20×3. 1. 1	6,000	950	5,050	5,505
20×4. 1. 1	6,000	495	5,505	0

2. 매수선택권이 없고, 범용성이 없는 것은 아니지만, 소유권이전약정이 있다. 따라서 당해 리스는 금융리스로 분류된다.

3.

일자		차변	금액	대변	금액
20×1. 1. 1 :	①	(차) 금융리스채권	21,188	(대) 매 출	21,188
		(차) 매 출 원 가	17,000	(대) 재 고 자 산	17,000

(주) 1) 매출은 Min(공정가치, 리스료의 현재가치)로 기록되는데, 본 문제의 경우 둘의 값이 동일하다.
2) 본 문제에서와 같이 소유권이전약정이 있는 경우에는 매출과 매출원가 산정시에 무보증잔존가치를 고려할 필요가 없다.

일자		차변	금액	대변	금액
	②	(차) 현 금	6,000	(대) 금융리스채권	6,000
20×1.12.31 :		(차) 미 수 이 자	1,367	(대) 이 자 수 익	1,367
20×2. 1. 1 :		(차) 현 금	6,000	(대) 금융리스채권	4,633
				미 수 이 자	1,367
20×2.12.31 :		(차) 미 수 이 자	950	(대) 이 자 수 익	950

4. 리스를 계약의 형식(또는 법적 형태)보다는 거래의 실질에 따라서 분류하기 위해서이다. 즉 기초자산의 소유에 다른 위험과 보상이 리스이용자에게 이전되는 정도에 따라서 금융리스와 운용리스로 분류한다. 리스료의 현가가 기초자산의 공정가치 대부분을 차지하거나 리스기간이 내용연수의 상당부분을 차지하면 기초자산의 소유에 따른 위험과 보상이 리스이용자에게 이전되었다고 판단한다.

18 판매형리스(Ⅱ)

1) 미래현금흐름

20×1년말	20×2년말	20×3년말
₩10,000	₩10,000	₩10,000 ₩1,000(보증) ₩2,000(무보증)

2) 매출 : Min[₩27,000, ₩10,000 × 2.4869 + ₩1,000 × 0.7513] = ₩25,620

3) 매출원가 : ₩20,000 − ₩2,000 × 0.7513 = ₩18,497

4) 매출총이익 : ₩7,123

19 판매형리스 - 무보증잔존가치

1. 리스의 분류 :
   - ○ 소유권이전약정이 없고, 매수선택권이 없으나
   - ○ 리스기간(10년)이 리스자산 내용연수(12년)의 상당부분을 차지한다. 따라서 당해 리스는 금융리스로 분류된다.
   - ○ 리스제공자가 제조한 자산을 금융리스 형태로 판매하여 판매형리스로 본다.

① 매 출 액 : 공정가치 : ₩210,480

리스료현재가치 : ₩30,000×(1+5.7590)=₩202,770

→ 판매가격 : Min[공정가치, 최소리스료의 현재가치]=₩202,770

② 매출원가 : ₩180,000−₩20,000×0.3855=₩172,290

③ 미수이자 : (₩210,480−₩30,000)×0.1=₩18,048

2. 리스상각표

일 자	리스료수취액	이자수익	리스채권회수액	채권잔액
				₩210,480
1년도초	₩30,000		₩30,000	180,480
2년도초	30,000	₩18,048	11,952	168,528
3년도초	30,000	16,853	13,147	155,381
-이하 생략-				

3. 회계처리(제1년도)

연도초 :	(차) 금융리스채권	202,770	(대) 매 출	202,770
	(차) 매 출 원 가	172,290	(대) 재 고 자 산	180,000
	금융리스채권	7,710		
	(차) 현 금	30,000	(대) 금융리스채권	30,000
연도말 :	(차) 미 수 이 자	18,048	(대) 이 자 수 익	18,048

20 판매후리스(Ⅰ)

1. 판매자-리스이용자가 받는 현재가치금액=연간리스료의 현재가치

=₩74,515×6.7101(정상연금, 8%, 10기간)=₩500,000

사용권자산=₩390,000×₩500,000/₩500,000=₩390,000

〈리스개시일의 판매자-리스이용자의 회계처리〉

(차) 사용권자산	390,000	(대) 항 공 기	390,000
현 금	500,000	금 융 부 채	500,000

2. 비행기 판매가격이 공정가치를 초과하므로 초과금액 ₩100,000(=₩550,000−₩450,000)을 판매자-리스이용자가 추가로 금융을 제공받는 것으로 인식한다.

판매자-리스이용자가 받는 금액=리스관련 금액+공정가치 초과금액

=₩x×6.7101(정상연금, 8%, 10기간)+₩100,000=₩400,000

리스관련 연간지급액 x=₩44,709

공정가치 초과금액 관련 연간지급액 ₩100,000/6.7101=₩14,903

연간리스지급액 ₩44,709+₩14,903=₩59,612

사용권자산=장부금액÷공정가치×사용권자산에 관한 할인된 리스료

=₩390,000÷₩450,000×(₩44,709×6.7101)=₩260,000

구매자-리스제공자에게 이전된 항공기 판매차익(₩450,000－₩390,000＝₩60,000)

₩60,000÷₩390,000×(₩390,000－₩260,000)＝₩20,000

판매자-리스이용자에게 그대로 있는 항공기 판매차익

₩60,000÷₩390,000×₩260,000＝₩40,000

〈리스개시일의 판매자-리스이용자의 회계처리〉

(차)	현금	550,000	(대) 항공기	390,000
	사용권자산	260,000	금융부채	400,000
			차익	20,000

〈리스개시일의 구매자-리스제공자의 회계처리〉

(차)	항공기	450,000	(대) 현금	550,000
	금융자산	100,000		

21 판매후리스(Ⅱ)

1. 판매자-리스이용자가 행한 자산의 '이전'이 K-IFRS 제1115호(고객과의 계약에서 생기는 수익)의 요구사항을 충족하여 '판매'에 해당하면 판매자-리스이용자는 자산을 판매하고 이를 다시 리스이용자의 입장에서 리스하는 회계처리를 하며, 구매자-리스제공자는 자산을 공정가치로 매입하는 회계처리를 해야 한다. 판매자-리스이용자가 이전한 자산을 '판매'로 회계처리하지 못하는 경우에는, 판매자-리스이용자는 이전대상인 자산을 자신의 자산으로 계속 인식하고 이전대가와 같은 금액으로 금융부채(리스부채)를 인식해야 한다.

2. 만일 매각하는 자산의 공정가치가 판매대가의 공정가치와 차이가 있거나 리스료가 시장요율과 다르다면 판매수익을 자산의 공정가치로 측정해야 한다. 이 경우에는 다음과 같은 조정이 필요할 것이다.
   ① 시장조건을 미달하는 부분은 리스료의 선급으로 회계처리한다.
   ② 시장조건을 초과하는 부분은 구매자-리스제공자가 판매자-리스이용자에게 추가로 금융을 제공한 것으로 회계처리한다.

3. 판매로 인식되는 경우에는 사용권자산과 리스부채가 표시된다. 사용권자산의 측정은 판매되는 자산의 장부금액을 공정가치 대비 리스료의 현재가치 비율로 비례하여 측정한다. '판매'로 회계처리하지 못하는 경우 판매자-리스이용자는 이전대상인 자산을 자신의 자산으로 계속 인식하고, 이전대가와 같은 금액으로 금융부채(리스부채)를 인식해야 한다.

4. 판매대가가 매각하는 자산의 공정가치를 초과하는 부분은 구매자-리스제공자가 판매자-리스이용자에게 추가로 금융을 제공한 것으로 회계처리한다.

22 판매후리스(Ⅲ)

1) 리스부채 : ₩30,000 × 2.4868 = ₩74,604
2) 전체 처분이익 : ₩100,000 − ₩60,000 = ₩40,000
3) 유형자산처분이익 : ₩40,000 × [(₩100,000 − ₩74,604)/₩100,000] = ₩10,158

공인회계사 기출문제 응용(2020년 이후)

1 리스이용자와 리스제공자의 회계처리

〈(주)대한리스의 회계처리〉

운용리스수익 = 연평균리스수익 = (₩6,000,000 + ₩8,000,000 + ₩10,000,000)/3년
= ₩8,000,000

감가상각비 = ₩40,000,000/10년 + ₩600,000/3년 = ₩4,200,000

〈리스개시일인 20×1. 1. 1 회계처리〉

(차)	운용리스자산 (리스개설원가 포함)	40,600,000	(대) 현 금	40,600,000

〈20×1. 12. 31 회계처리〉

(차)	현 금	6,000,000	(대) 운용리스수익	8,000,000
	미수리스료	2,000,000		
(차)	감가상각비 (리스개설원가상각 포함)	4,200,000	(대) 감가상각누계액	4,200,000

20×1년 당기순이익 = ₩8,000,000 − ₩4,200,000 = ₩3,800,000

〈(주)민국의 회계처리〉

(주)민국은 사용권자산과 부채를 인식하는 금융리스로 회계처리(운용리스처리 불가)

리스개시일 사용권자산/부채의 현재가치

= ₩300,000 + ₩6,000,000 × 0.9259 + ₩8,000,000 × 0.8573 + ₩10,000,000 × 0.7938

= ₩300,000 + ₩5,555,400 + ₩6,858,400 + ₩7,938,000 = ₩20,651,800

〈리스개시일인 20×1. 1. 1 회계처리〉

(차)	사용권자산 (리스개설원가 포함)	20,651,800	(대) 리스사용권부채	20,351,800
			현 금	300,000

〈20×1. 12. 31 회계처리〉

(차) 감가상각비	6,883,933*	(대) 사용권자산	6,883,933
이 자 비 용	1,652,144**	현 금	6,000,000#
리스사용권부채	6,347,856	미지급리스료	2,000,000#

* ₩20,651,800÷3년＝₩6,883,933

** ₩20,651,800×8%＝₩1,652,144

\# 고정리스료 ₩8,000,000＝현금지급 ₩6,000,000＋미지급 ₩2,000,000

20×1년 당기순이익 효과＝감가상각비＋이자비용＝₩6,883,933＋₩1,652,144＝₩8,536,077

2 리스이용자의 회계처리

20×2년말에 매수선택권 행사에 대한 추정 변경 : 행사가능성이 '희박'에서 '상당히 높음'으로 변경됨

변경 전 사용권자산 기록

20×1. 1. 1 사용권자산의 인식액＝리스료(매수선택권 불포함)의 현재가치(8% 적용)

＝₩3,000,000×2.5770＝₩7,731,000

매년 감가상각비(리스기간에 걸쳐 상각)＝₩7,731,000/3년＝₩2,577,000

〈20×1. 1. 1 회계처리〉

(차) 사용권자산	7,731,000	(대) 리 스 부 채	7,731,000

〈20×1. 12. 31 회계처리〉

(차) 이 자 비 용	618,480	(대) 현 금	3,000,000
리 스 부 채	2,381,520		
(차) 감가상각비	2,577,000	(대) 감가상각누계액	2,577,000

20×1. 12. 31 리스부채 장부금액＝₩7,731,000－₩2,381,520＝₩5,349,480

20×1. 12. 31 사용권자산 장부금액＝₩7,731,000－₩2,577,000＝₩5,154,000

〈20×2. 12. 31 회계처리〉

(차) 이 자 비 용	427,958	(대) 현 금	3,000,000
리 스 부 채	2,572,042		
(차) 감가상각비	2,577,000	(대) 감가상각누계액	2,577,000

20×2. 12. 31 리스부채 장부금액＝₩7,731,000－₩2,381,520－₩2,572,042＝₩2,777,438

20×2. 12. 31 사용권자산 장부금액＝₩7,731,000－₩2,577,000×2년＝₩2,577,000

20×2. 12. 31 매수선택권 행사가능성을 포함한 리스부채 재측정(10% 적용)

＝₩3,000,000×0.9091＋₩500,000×0.9091＝₩2,727,300＋₩454,550＝₩3,181,850

〈리스부채 재측정(리스부채의 증가액 : ₩3,181,850－₩2,777,438＝₩404,412)과 회계처리〉

(차) 사용권자산	404,412	(대) 리 스 부 채	404,412

재측정 후 사용권자산 장부금액 = ₩2,577,000 + ₩404,412 = ₩2,981,412
20×3년 감가상각비(잔여내용연수 2년에 걸친 상각) = ₩2,981,412/2년 = ₩1,490,706

[핵심이슈] 사용권자산과 리스부채는 최초측정시 동일한 금액으로 인식한다. 최초 측정 이후에는 사용권자산은 감가상각회계를 적용하고, 리스부채는 유효이자율법을 적용한 상각회계를 적용하기 때문에 장부금액이 달라진다. 따라서 매수선택권의 리스료 산입에 따른 재측정시에는 리스부채의 증가액을 가산하여 사용권자산의 장부금액을 계산해야 한다. 만약 리스부채 재측정액과 사용권자산의 장부금액의 차이(₩3,181,850 − ₩2,577,000 = ₩604,850)를 가산하여 사용권자산의 장부금액을 업데이트하면 안 된다.

3 리스이용자의 리스변경

1. 범위를 축소하는 리스의 계약변경

(1) 계약변경 전의 리스부채와 사용권자산

20×1년초 리스부채와 사용권자산 : ₩2,000,000 × 4.6229 = ₩9,245,800
20×3년초 리스부채 : (₩9,245,800 × 1.08 − ₩2,000,000) × 1.08 − ₩2,000,000
= ₩6,624,301
20×3년초 사용권자산 : ₩9,245,800 − ₩9,245,800 × 2/6 = ₩6,163,867

(2) 계약범위 축소 효과

잔여리스부채 : ₩6,624,301 × 70% = ₩4,637,011(리스부채 감소액 = ₩1,987,290)
잔여사용권자산 : ₩6,163,867 × 70% = ₩4,314,707(사용권자산 감소액 = ₩1,849,160)
20×3년초 계약변경 손익 = ₩1,987,290 − ₩1,849,160 = ₩138,130(이익)

(3) 계약변경으로 인한 리스부채의 재측정(증분차입이자율 10%를 이용)

계약변경 후 리스부채 : ₩1,000,000 × 3.1699 = ₩3,169,900
추가 리스부채 감소액 : ₩4,637,011 − ₩3,169,900 = ₩1,467,111
계약변경 후 사용권자산 : ₩4,314,707 − ₩1,467,111 = ₩2,847,596

(4) 리스변경의 20×3년 재무제표 효과

20×3년 이자비용 : ₩3,169,900 × 10% = ₩316,990
20×3년 감가상각비 : ₩2,847,596/4년 = ₩711,899
20×3년말 사용권자산 : ₩2,847,596 − ₩711,899 = ₩2,135,697
20×3년말 리스부채 : ₩3,169,900 × 1.1 − ₩1,000,000 = ₩2,486,890
당기손익효과 : 변경이익 − 이자비용 − 감가상각비
= ₩138,130 − ₩316,990 − ₩711,899 = − ₩890,759

2. 별도계약으로 간주하는 범위를 확장하는 리스계약변경에 해당

(1) 기존 계약조건의 효과

20×3년 이자비용 : ₩6,624,301×8%=₩529,944

20×3년말 리스부채 : ₩6,624,301×1.08−₩2,000,000=₩5,154,245

20×3년 감가상각비 : ₩6,163,867/4=₩1,540,967

20×3년말 사용권자산 : ₩6,163,867−₩1,540,967=₩4,622,900

(2) 별도계약의 효과

20×3년초 리스부채 : ₩400,000×3.1699=₩1,267,960(증분차입이자율 10% 적용)

20×3년 이자비용 : ₩1,267,960×10%=₩126,796

20×3년말 리스부채 : ₩1,267,960×1.1−₩400,000=₩994,756

20×3년초 사용권자산 : ₩1,267,960

20×3년 감가상각비 : ₩1,267,960/4=₩316,990

20×3년말 사용권자산 : ₩1,267,960−₩316,990=₩950,970

① 당기순이익에 미치는 영향 :

−(이자비용+감가상각비)=−(₩529,944+₩1,540,967+₩126,796
+₩316,990)=−₩2,514,697

② 사용권자산 : ₩4,622,900+₩950,970=₩5,573,870

③ 리스부채 : ₩5,154,245+₩994,756=₩6,149,001

3. 전대리스를 분류할 때 중간리스제공자는 리스대상자산이 아니라 상위리스에서 생기는 사용권자산을 기준으로 다음과 같이 분류한다.

(1) 사용권자산을 인식하지 않는 단기리스를 이용하는 경우 : 전대리스는 운용리스로 분류

(2) 사용권자산을 인식하는 리스를 이용하는 경우 : 기초자산인 리스대상자산이 아니라 상위리스에서 생기는 사용권자산을 기준으로 전대리스 분류

4 금융리스

정기리스료의 계산 :

리스자산 공정가치(₩1,000,000)=정기리스료×3.3121+소유권이전액×0.7350

정기리스료×3.3121=₩1,000,000−₩100,000×0.7350=₩926,500

정기리스료=₩926,500/3.3121=₩279,732

5 판매형리스

20×1년초 총금융부채=₩150,000×3.9927=₩598,905

20×1년초 실질리스부채=총금융부채−공정가치초과분=₩598,905−₩50,000=₩548,905

20×1년초 유형자산의 보유비율=(₩598,905-₩50,000)/(₩650,000-₩50,000)=91.484%
처분비율=100%-91.484%=8.516%
유형자산처분이익=(공정가치-장부금액)×처분비율=(₩600,000-₩500,000)×8.516%
=₩8,516

6 판매형리스

〈(주)대한의 20×1. 1. 1 회계처리〉

(차)	금융리스채권	125,789	(대)	매출수익	125,789
	판매수수료	1,000		현 금	1,000
(차)	매출원가	100,000	(대)	재고자산	100,000

〈(주)대한의 20×1. 12. 31 회계처리〉

(차)	현 금	50,000	(대)	이자수익	15,095
				금융리스채권	34,905

리스료의 현재가치(12% 시장이자율을 할인율로 이용해야 함)
=₩50,000×2.4019+₩8,000×0.7118=₩120,095+₩5,694
=₩125,789 ⇒ 매출수익(공정가치와 리스료의 현재가치 중 낮은 금액)
이자수익=₩125,789×12%=₩15,095
손익=매출수익-매출원가-판매수수료(리스개설원가)+이자수익
=₩125,789-₩100,000-₩1,000+₩15,095=₩39,884

[참고] 판매형리스의 리스제공자는 고객을 유인할 목적으로 낮은 이자율을 제시하기도 한다. 낮은 이자율을 사용할 경우 리스료의 현재가치(금융리스채권, 매출액)가 과대계상된다. 따라서 리스개시일에 과도한 이익의 계상을 방지하기 위하여 시장이자율로 리스료의 현재가치를 매출액(금융리스채권)으로 인식하도록 되어 있다.

7 판매후리스

1. (물음 1)

판매형리스는 자산의 공정가치 중 리스료의 현재가치는 판매자-리스이용자가 계속 보유하는 부분(retained component)으로 보고, 공정가치 중 리스료의 현재가치를 제외한 부분을 구매자-리스제공자에게 이전된 부분(transferred component)으로 보아 회계처리한다. 또한, 판매형리스는 판매로 인하여 인식되는 사용권자산과 판매손익을 과대계상하지 못하도록 규정되어 있다는 특징이 있다.

리스개시일에 리스부채의 현재가치 : ₩853,617×4.1002=₩3,500,000

사용권자산은 장부금액에 보유하는 비율(리스료의 현재가치/자산의 공정가치)을 곱하여 다음과 같이 측정한다.

사용권자산의 측정 : 자산의 장부금액×리스료의 현재가치/자산의 공정가치
= ₩3,000,000×₩3,500,000/₩5,000,000=₩2,100,000

위에서 볼 수 있듯이 판매형리스는 리스부채를 먼저 측정하고 사용권자산은 기존 장부금액에 보유하는 부분만큼을 곱하여 인식한다. 따라서 리스개시일에 사용권자산의 인식액과 리스부채의 인식액이 다르다.
토지의 판매차익 ₩2,000,000 중 판매자-리스이용자가 보유하는 부분은 손익으로 인식하지 않으며, 구매자-리스제공자에게 이전한 부분을 손익으로 인식한다. 따라서 이전된 부분에 대한 판매차익을 다음과 같이 측정한다.

보유하는 부분(이익불인식) : ₩2,000,000×₩3,500,000/₩5,000,000=₩1,400,000
이전하는 부분(이익인식액) : ₩2,000,000−₩1,400,000=₩600,000

〈20×1. 1. 1 회계처리〉

(차)	현 금	5,000,000	(대)	건 물	3,000,000
	사용권자산	2,100,000		리 스 부 채	3,500,000
				건물처분이익	600,000

〈20×1. 12. 31 회계처리〉

(차)	감가상각비	420,000	(대)	감가상각누계액	420,000
	이 자 비 용	245,000		현 금	853,617
	리 스 부 채	608,617			

사용권자산 감가상각비 : ₩2,100,000/5년(리스기간)=₩420,000

〈20×1. 12. 31 재무상태표 금액〉

① 사용권자산(순액) : ₩2,100,000−₩420,000=₩1,680,000
② 리스부채 : ₩3,500,000−₩608,617=₩2,891,383
③ 20×1년 당기순이익에 미치는 영향 :
건물처분이익−사용권자산 감가상각비−이자비용
=₩600,000−₩420,000−₩245,000=(−)₩65,000

(물음 2)
구매자-리스제공자인 (주)대한이 운용리스로 회계처리한다고 명시되어 있다. 따라서 (주)대한은 자산을 공정가치(₩5,000,000)로 기록하고, 운용리스료를 당기의 운용리스수익으로 인식한다.
즉, 20×1. 1. 1(취득시점)과 20×1. 12. 31(회계기말)에 다음과 같은 회계처리를 한다.

〈20×1. 1. 1(취득시점)〉

(차) 건 물	5,000,000	(대) 현 금	5,000,000

〈20×1. 12. 31(회계기말)〉

(차) 현 금	853,617	(대) 운용리스료수익	853,617
감가상각비	625,000*	감가상각누계액	625,000

* ₩5,000,000/8년 = ₩625,000

20×1년 당기순이익에 미치는 효과 : ₩853,617 − ₩625,000 = ₩228,617

2. ① (주)민국 : 이전 대상 자산을 계속 보유하는 것으로 보아 자산을 계속 인식한다. 따라서 자산처분손익을 인식하지 않는다. 매각으로 수령한 금액은 금융부채로 인식한다.
   ② (주)대한 : 이전 대상 자산을 자기의 자산으로 인식하지 않고, 이전 대가에 해당하는 금액을 금융자산으로 인식한다.

윤리문제

1. 리스분류에 관한 문제이다. 선소영 씨는 재무담당이사이므로 가능하면 부채의 금액을 감소시켜서 회사의 재무건전성을 좋게 보이고 싶어 한다.
2. 그렇지 않다. 리스계약은 리스에 관한 K-IFRS 회계처리 원칙에 따라야 할 것이다. 선소영 씨의 의견에 따르게 되면 회사는 부외부채를 가지게 되어 재무제표가 적정하게 회사의 재무상태를 나타낼 수 없다.

제20장 법인세회계

연습문제

1 이연법인세와 재무상태표

1. 분 개

(차)	법인세비용	111,500	(대)	미지급법인세	80,000*
	이연법인세자산	7,500#		이연법인세부채	39,000**

* ₩200,000 × 40% = ₩80,000

** ₩20,000 × 40% + ₩25,000 × 40% + ₩30,000 × 30% + ₩40,000 × 30% = ₩39,000(대)

\# ₩12,000 × 0.4 + ₩9,000 × 0.3 = ₩7,500(차)

2. 부분재무상태표

부분재무상태표 20×1년말 현재			
비유동자산 :		비유동부채 :	
이연법인세자산	₩7,500	이연법인세부채	₩39,000

2 법인세율과 법인세비용

세무조정항목	가산할(차감할) 일시적차이	이연법인세자산(부채)
제품보증비	(₩80,000)	₩28,000 (= 80,000 × 35%)
감가상각비	₩140,000	(₩44,000)(= 40,000 × 35% + 100,000 × 30%)

따라서 다음과 같은 분개를 하면 된다.

(차)	법인세비용	192,000	(대)	미지급법인세	176,000*
	이연법인세자산	28,000		이연법인세부채	44,000

* 과세소득(₩500,000 + ₩80,000 − ₩140,000) × 40%(법인세율) = ₩176,000

[유의사항] 법인세비용으로 계상된 ₩192,000은 법인세비용차감전순이익(₩500,000)에 법인세율(40%)을 곱한 금액과 다르다. 그 이유는 이연법인세 자산과 부채가 현행 법인세율이 아닌 예상되는 미래 법인세율에 근거하여 산출되었기 때문이다.

3 이연법인세와 손익계산서

1. 분 개

(차)	법인세비용	109,400	(대) 미지급법인세	96,000*
	이연법인세자산	14,400#	이연법인세부채	27,800**

* ₩240,000×40%=₩96,000
** ₩26,000×30%+₩56,000×25%+₩24,000×25%=₩27,800(대)
\# ₩48,000×30%=₩14,400(차)
∴ ₩27,800－₩14,400=₩13,400(이연법인세부채 순액)

2. 부분손익계산서

법인세비용차감전순이익		₩298,000*
법인세비용 : 당기법인세	₩96,000	
이연법인세	13,400	(109,400)
당기순이익		₩188,600

* x－₩106,000+₩48,000=₩240,000 ⇨ x=₩298,000

4 법인세비용과 이연법인세

1. 법인세비용과 미지급법인세의 계산

1) 법인세비용차감전순이익		₩200,000
2) 가산조정 :		
(1) 임대보증금에 대한 간주익금	₩6,000	
(2) 관세환급금	3,000	
(3) 감가상각비 한도초과액	9,000	18,000
3) 차감조정 :		
(1) 국세과오납금에 대한 환급이자	₩1,000	
(2) 할부매출수익	6,000	
(3) 선급비용	3,000	(10,000)
4) 과세소득(법인세 과세표준)		₩208,000(#)

따라서 법인세부담액 : ₩208,000(#)×30%=₩62,400

2. 이연법인세자산과 이연법인세부채의 계산 및 회계처리

세무조정항목	20×2년	20×3년 이후	합 계	이연법인세자산(부채)
관세환급금	₩3,000	₩0	₩3,000	₩900
감가상각비한도초과액	3,000	6,000	9,000	2,700
차감할 일시적차이(A)	₩6,000	₩6,000	₩12,000	₩3,600
할부매출수익	(₩1,500)	(₩4,500)	(₩6,000)	(₩1,800)
선급비용	(3,000)		(3,000)	(900)
가산할 일시적차이(B)	(₩4,500)	(₩4,500)	(₩9,000)	(₩2,700)
순액(A+B)				₩900

(차) 법인세비용	61,500	(대) 미지급법인세	62,400
이연법인세자산	3,600	이연법인세부채	2,700

5 법인세비용과 법인세부담액(Ⅰ)

과세소득 : ₩500,000 + ₩50,000(벌금) + ₩30,000(감가상각비 한도초과)
− ₩30,000(FVPL금융자산평가이익) = ₩550,000

당기법인세 : ₩550,000 × 20% = ₩110,000

6 법인세비용과 법인세부담액(Ⅱ)

1.

	20×1년	20×2년	20×3년	20×4년
회계이익	₩300,000			
기업업무추진비	40,000			
감가상각비	30,000		(₩10,000)	(₩20,000)
과세소득	370,000			
법인세율	20%	25%	30%	30%

당기법인세 : ₩370,000 × 20% = ₩74,000

이연법인세자산 : ₩10,000 × 30% + ₩20,000 × 30% = ₩9,000

(차) 이연법인세자산	9,000	(대) 당기법인세	74,000
법인세비용	65,000		

2. 평균유효세율 : 법인세비용/법인세비용차감전이익 = ₩65,000/₩300,000 = 21.67%

7 법인세비용과 법인세부담액(Ⅲ)

1.

법인세비용차감전순이익		₩400,000
영구적차이		
자기주식처분손실	(₩100,000)	
접대비한도초과	30,000	(70,000)
일시적차이		
대손충당금한도초과	60,000	
기술개발준비금	(120,000)	
미 수 이 자	(40,000)	
퇴직급여부채	180,000	80,000
과세표준		₩410,000
세 율		25%
법인세부담액		₩102,500

2. ₩100,000 − ₩100,000 × 25% = ₩75,000

3.

세무조정항목	20×5년	20×6년(20%)	20×7년 이후(20%)
기술개발준비금	(₩120,000)		₩120,000
미 수 이 자	(40,000)	₩40,000	
대손충당금	60,000	(60,000)	
퇴직급여부채	230,000		(230,000)
합 계	₩130,000	(₩20,000)	(₩110,000)

(차) 법인세비용	114,000	(대) 미지급법인세	102,500
이연법인세자산	45,500*	자기주식처분손실	25,000
		이연법인세부채	32,000**

* (₩60,000 + ₩230,000) × 20% − ₩12,500 = ₩45,500
** (₩120,000 + ₩40,000) × 20% = ₩32,000

8 법인세회계(Ⅰ)

1. 법인세비용차감전순이익(x) :

세무상 법인세 (₩105,000 × 0.4)	₩42,000
+ 이연법인세부채 증가 (₩225,000 × 0.4 − ₩60,000)	30,000
− 이연법인세자산 증가 (₩80,000 × 0.4 − ₩20,000)	(12,000)
장부상 법인세 (x × 0.4)	₩60,000

⇨ x = ₩150,000

2.

(차) 법인세비용	60,000	(대) 미지급법인세	42,000
이연법인세자산	12,000	이연법인세부채	30,000

3.

법인세비용차감전순이익		₩150,000
법인세비용 : 당기법인세	₩42,000	
이연법인세	18,000	(60,000)
당기순이익		₩90,000

4. ₩60,000/₩150,000 = 40%

9 법인세회계(Ⅱ)

[20×4년 회계처리]

1. 당기법인세부담액의 계산

Ⅰ. 법인세비용차감전순이익		(₩500,000)
Ⅱ. 차이조정		
Ⅱ-1. 가산조정		
1. 감가상각비한도초과액	₩150,000	
2. 기부금한도초과액*	50,000	200,000
Ⅱ-2. 차감조정		–
Ⅲ. 세무상결손금(법인세 과세표준)		(₩300,000)
법인세율		30%
Ⅳ. 법인세부담액		₩0

* 일시적차이를 유발하지 않는 조정항목임.

2. 이연법인세의 계산

1) 20×4년말 현재 자산과 부채의 장부금액, 세무가액, 일시적차이, 법인세효과(일시적차이가 존재하는 항목만 제시함)

계정과목	장부금액		세무가액	일시적차이 및 세무상결손금		법인세효과
	자산항목	부채항목		가산할	차감할	
기계장치 (감가상각누계액)	1,000,000 (400,000)		1,000,000 (250,000)		150,000	45,000
기술개발준비금		0	300,000	300,000		(90,000)
세무상결손금					300,000	90,000
합 계				300,000	450,000	45,000

2) 이연법인세의 계산(이연법인세자산의 실현가능성이 충분한 경우)

	20×4 현재	일시적차이의 소멸			20×4 현재
계정과목	일시적차이 및 세무상결손금	20×5	20×6	20×7이후	이연법인세 자산(부채)
기계장치 세무상결손금	(150,000) (300,000)	– 80,000	50,000 220,000	100,000 –	45,000 90,000
차감할 일시적차이 및 세무상결손금 소계	(450,000)	80,000	270,000	100,000	135,000
기술개발준비금	300,000	–	(300,000)	–	(90,000)
가산할 일시적차이 소계	300,000	–	(300,000)	–	(90,000)
일시적차이 등 합계 적용될 법인세율	(150,000)	80,000 ×30%	(30,000) ×30%	100,000 ×30%	
법인세액절감(부담)		24,000	(9,000)	30,000	45,000

3. 이연법인세자산의 실현가능성 검토

	20×5	20×6	20×7 이후
가산할 일시적차이 소멸액 소계	−	₩300,000	−
세무조정사항 반영 전 예상 과세소득	₩80,000	80,000	₩80,000
합 계	₩80,000	₩380,000	₩80,000
차감할 일시적차이 소멸액 소계	−	(50,000)	(100,000)
세무상결손금의 소득차감액	(80,000)	(220,000)	−

(주) 20×7년 이후의 예상 과세소득 ₩80,000이 차감할 일시적차이 ₩100,000보다 작으므로 예상과세소득을 초과하는 차감할 일시적차이 ₩20,000에서 발생하는 법인세 절감효과(₩6,000)를 이연법인세자산으로 인식할 수 없다. 따라서 20×4년에 인식할 수 있는 이연법인세자산은 ₩129,000(= ₩135,000 − ₩6,000)이다.

4. 법인세비용의 회계처리

1) 이연법인세자산과 부채의 당기변동액

○ 이연법인세자산 : ₩129,000(기말) − ₩0(기초) = ₩129,000(증가)

○ 이연법인세부채 : ₩90,000(기말) − ₩90,000(기초) = ₩0(변동 없음)

2) 법인세비용 : ₩0 − ₩129,000 + ₩0 = − ₩129,000

(차) 법인세비용	0	(대) 미지급법인세	0
이연법인세자산	129,000	법인세비용	129,000
법인세비용	0	이연법인세부채	0

(주) 법인세비용은 당기법인세부담액에서 이연법인세자산(부채)의 당기변동액을 가감하여 계산한다.

[20×5년 회계처리]

1. 20×5년 당기법인세부담액의 계산

(주) 20×5년의 법인세비용차감전순이익은 ₩80,000이며 20×5년의 세무조정사항은 20×4년에 발생한 세무조정사항과 관련된 사항 이외는 없다고 가정한다.

Ⅰ. 법인세비용차감전순이익	₩80,000
Ⅱ. 차이조정	
Ⅱ-1. 가산조정	
1. 감가상각비한도초과액	50,000
Ⅱ-2. 차감조정	−
Ⅲ. 세무상결손금	(130,000)
Ⅳ. 과세소득(법인세 과세표준)	₩0
법인세율	30%
Ⅴ. 법인세부담액	₩0

2. 이연법인세의 계산

1) 20×5년말 현재 자산과 부채의 장부금액, 세무가액, 일시적차이, 법인세효과(일시적차이가 존재하는 항목만 제시함)

계정과목	장부금액		세무가액	일시적차이 및 세무상결손금		법인세 효과
	자산항목	부채항목		가산할	차감할	
기계장치 (감가상각누계액)	1,000,000 (700,000)		1,000,000 (500,000)		200,000	60,000
기술개발준비금		0	300,000	300,000		(90,000)
세무상결손금					170,000	51,000
합 계				300,000	370,000	21,000

2) 이연법인세의 계산(이연법인세자산의 실현가능성이 충분한 경우)

	20×5 현재	일시적차이의 소멸		20×5 현재
계정과목	일시적차이 및 결손금	20×6	20×7 이후	이연법인세 자산(부채)
기계장치 세무상결손금	(200,000) (170,000)	50,000 170,000	150,000 –	60,000 51,000
차감할 일시적차이 및 세무상결손금 소계	(370,000)	220,000	150,000	111,000
기술개발준비금	300,000	(300,000)	–	(90,000)
가산할 일시적차이 소계	300,000	(300,000)	–	(90,000)
일시적차이 등 합계 적용될 법인세율	(70,000)	(80,000) ×30%	150,000 ×30%	
법인세액절감(부담)		(24,000)	45,000	

3\. 이연법인세자산의 실현가능성 검토

	20×6	20×7 이후
가산할 일시적차이소멸액 소계	₩300,000	–
세무조정사항 반영 전 예상 과세소득	80,000	₩80,000
합 계	₩380,000	₩80,000
차감할 일시적차이소멸액 소계	(50,000)	(150,000)
세무상결손금의 소득차감액	(170,000)	–

(주) 20×7년 이후의 예상 과세소득 ₩80,000이 차감할 일시적차이 ₩150,000보다 작으므로 예상 과세소득을 초과하는 차감할 일시적차이 ₩70,000에서 발생하는 법인세절감효과(₩21,000)를 이연법인세자산으로 인식할 수 없다. 따라서 20×5년에 인식할 수 있는 이연법인세자산총액은 ₩90,000(=₩111,000－₩21,000)이다.

4\. 법인세비용의 회계처리

1) 이연법인세자산과 부채의 당기변동액

○ 이연법인세자산 : ₩90,000(기말)－₩129,000(기초)=－₩39,000(감소)

○ 이연법인세부채 : ₩90,000(기말)－₩90,000(기초)=₩0(변동 없음)

2) 법인세비용 : ₩0－(－₩39,000)＋₩0＝₩39,000

(차) 법인세비용	0	(대) 미지급법인세	0
법인세비용	39,000	이연법인세자산	39,000
법인세비용	0	이연법인세부채	0

(주) 법인세비용은 당기법인세부담액에서 이연법인세자산(부채)의 당기변동액을 가감하여 계산한다.

10 이연법인세자산의 자산성 검토

1. 20×3년도 법인세부담액 : ₩129,000

순이익(₩300,000)－퇴직급여부채(₩30,000)＋지분법손실(₩200,000)
－연구인력개발준비금(₩40,000)＝₩430,000

₩430,000×30%＝₩129,000

2. 법인세관련 회계처리

	20×3년말	20×4년	20×5년 이후
퇴직급여부채	(₩30,000)	(₩30,000)	(₩30,000)
지분법손실	200,000	(200,000)	－
연구인력개발준비금	(40,000)	8,000	32,000
소 계	－	(₩222,000)	₩2,000
세 율	－	30%	25%
20×3년 이연법인세부채(자산)	－	(₩66,600)	₩500

(1) 이연법인세자산의 실현가능성 검토

	20×3년	20×4년*	20×5년
소멸된 가산할 일시적차이＋예상과세소득	₩430,000	₩208,000	₩208,000
vs. 차감할 일시적차이		230,000	30,000

* 20×4년도에는 (예상과세소득＋가산할 일시적차이＝₩208,000)가 차감할 일시적차이(₩230,000)보다 작으므로 ₩208,000까지 차감할 일시적차이를 인식한다.

(2) 이연법인세의 계산과 회계처리

1) 기초 이연법인세

이연법인세자산 : 퇴직급여부채(₩90,000)×30%＝(₩27,000)

2) 기말 이연법인세 : 이연법인세자산 ₩208,000*×30%＋₩30,000×25%＝₩69,900

이연법인세부채 ₩8,000×30%＋₩32,000×25%＝₩10,400

* 최대로 인식할 수 있는 금액 : 예상과세소득＋가산할 일시적차이
＝₩200,000＋₩8,000＝₩208,000

3) 추가계상할 이연법인세자산 : ₩69,900－₩27,000＝₩42,900

4) 회계처리

(차) 법인세비용	96,500	(대) 미지급법인세	129,000
이연법인세자산	42,900	이연법인세부채	10,400

11 결손금 이월공제

	20×1	20×2	20×3	20×4	20×5
과세소득	₩80,000	(₩160,000)	(₩80,000)	₩140,000	₩180,000
20×2년분		160,000		(140,000)	(20,000)
20×3년분			80,000		(80,000)

1. 분 개

〈20×1년〉

(차) 법인세비용 32,000 (대) 미지급법인세 32,000

〈20×2년〉

(차) 이연법인세자산 64,000 (대) 법인세비용 64,000

〈20×3년〉

(차) 이연법인세자산 32,000 (대) 법인세비용 32,000

〈20×4년〉

(차) 법인세비용 56,000 (대) 이연법인세자산 56,000

〈20×5년〉

(차) 법인세비용 72,000 (대) 미지급법인세 32,000

이연법인세자산 40,000

(주) 미사용 세무상결손금(₩160,000+₩80,000−₩140,000)이 당해 연도 사업소득보다 적으므로 잔액 전체에 대하여 법인세혜택을 받을 수 있음.

2. 각 연도별 당기순손익의 계산

	20×1년	20×2년	20×3년	20×4년	20×5년
법인세비용차감전순이익	₩80,000	(₩160,000)	(₩80,000)	₩140,000	₩180,000
법인세혜택(비용)	(32,000)	64,000	32,000	(56,000)	(72,000)
당기순이익(손실)	₩48,000	(₩96,000)	(₩48,000)	₩84,000	₩108,000

12 결손금 이월공제와 이연법인세부채

1. 20×1년 : (차) 법인세비용 42,000 (대) 미지급법인세 42,000

20×2년 : (차) 법인세비용 35,000 (대) 미지급법인세 35,000

20×3년 : −분개 불필요− (미래과세소득의 실현이 불확실하다고 봄)

20×4년 : (차) 법인세비용 80,000 (대) 미지급법인세 80,000

(차) 미지급법인세 72,000 (대) 법인세비용 72,000

2. 20×1년 : (차) 법인세비용 42,000 (대) 미지급법인세 42,000
20×2년 : (차) 법인세비용 37,000 (대) 미지급법인세 21,000*
이연법인세부채 16,000**

* ₩60,000×35%=₩21,000
** ₩40,000×40%=₩16,000

20×3년 : (차) 이연법인세부채 16,000 (대) 법인세비용 16,000*

* 이연법인세부채의 범위 내에서 ₩40,000의 세무상결손금에 귀속하는 세무상결손금법인세혜택을 인식한다.

20×4년 : (차) 법인세비용 80,000 (대) 미지급법인세 80,000
(차) 미지급법인세 56,000 (대) 법인세비용 56,000*

* 이연법인세부채 상계분 ₩40,000을 차감한 세무상결손금잔액(₩140,000)에 법인세율 40%를 곱하여 세무상결손금법인세혜택을 계산한다.

13 이연법인세 – 종합 : 공정가치측정

1. ①

당기법인세		₩23,000
이연법인세자산감소*	₩7,800×20%－₩1,160	400
자기주식처분이익세금효과**	(₩10,000－₩9,500)×20%	(100)
법인세비용		₩23,300

* 일시적 차이가 양(+)의 값이면, 이후 추인될 때 과세소득이 감소하는 방향으로 추인될 것이므로, 일시적 차이에 해당 세율을 곱한 값을 이연법인세자산으로 인식한다. 또한 당기의 이연법인세자산 변동은 기초와 기말의 차액으로 쉽게 구할 수 있다.
** 자본항목과 기타포괄손익(자기주식처분이익, 토지재평가이익 등)으로 인한 법인세는 자본항목과 기타포괄손익에서 직접 가감하므로, 법인세비용에서는 차감한다.

② 이연법인세자산=₩5,800×20%=₩1,160

2.

당기법인세		₩23,000
이연법인세자산감소	₩4,750×20%－₩6,050×20%	260
평가관련재평가잉여금증가세금효과*	₩800×20%	(160)
법인세비용		₩23,100

* 토지재평가이익의 경우, 재평가된 토지를 처분할 때 기존에 존재하던 재평가잉여금을 당기손익으로 재분류하지 않기 때문에, 처분으로 인한 재평가잉여금의 변동은 세무조정을 할 필요가 없다. 그러므로 당시 토지재평가잉여금의 증가(₩800)만 고려하며, 이는 요구사항 1.과 같이 증가분에 세율을 곱해 법인세비용에서 차감하는 방식으로 이루어진다.

3. ①

당기법인세		₩23,000
이연법인세자산감소	₩4,750×20%－₩6,050×20%	260
FVOCI금융자산평가이익세금효과	(₩1,750－₩1,050)×20%	140
법인세비용		₩23,400

② 이연법인세자산=₩4,750×20%=₩950

14 중단영업손익의 법인세효과

전체 세금비용은 총 ₩60,000(=₩200,000×30%)으로 산출된다. 법인세비용은 계속영업이익에 대하여 ₩90,000(=₩300,000×30%)을 인식하고, 중단영업이익에 대해서는 ₩30,000(=−₩100,000×30%)의 법인세절감효과를 인식하며, 중단영업이익을 세후금액으로 산출하여 공시한다. 손익계산서의 형태는 다음과 같다.

부분손익계산서

법인세비용차감전계속영업이익	₩300,000
법인세비용	(90,000)
계속영업이익	₩210,000
세후중단영업이익(법인세절감효과 : ₩30,000)	(70,000)
당기순이익	₩140,000

15 공정가치측정금융자산과 이연법인세

1. 20×1년말 공정가치평가손익(재평가손익 포함)에 대한 회계처리

(1) FVPL금융자산평가손실에 대한 회계처리

(차) 자산평가손실(P&L)	20,000	(대) FVPL금융자산	20,000
(차) 이연법인세자산	6,000	(대) 자산평가손실(P&L)	6,000

(2) FVOCI채무상품자산평가손실에 대한 회계처리

(차) 자산평가손실(OCI)	10,000	(대) FVOCI금융자산	10,000
(차) 이연법인세자산	3,000	(대) 자산평가손실(OCI)	3,000

(3) FVOCI지분상품자산평가이익에 대한 회계처리

(차) FVOCI금융자산	20,000	(대) 자산평가이익(OCI)	20,000
(차) 자산평가이익(OCI)	6,000	(대) 이연법인세부채	6,000

(4) 토지재평가이익에 대한 회계처리

(차) 토　　지	50,000	(대) 자산재평가이익(OCI)	50,000
(차) 자산재평가이익(OCI)	15,000	(대) 이연법인세부채	15,000

2. 20×2년초 자산의 처분시점의 회계처리

(1) FVPL금융자산의 처분

(차) 현　　금	20,000	(대) FVPL금융자산	20,000
미지급법인세	6,000	이연법인세자산	6,000

(주) FVPL금융자산평가손익은 20×1년말에 이미 당기손익에 반영되었으므로 처분손익을 별도로 인식하지 않는다.

(2) FVOCI채무상품자산의 처분

(차) 현　　금	90,000	(대) FVOCI자산	90,000
(차) 자산처분손실(NI)	10,000	(대) 자산평가손실(OCI)	10,000
(차) 자산평가손실(OCI)	3,000	(대) 이연법인세자산	3,000
(차) 미지급법인세	3,000	(대) 법인세비용	3,000

(주) FVOCI자산평가손익은 해당 자산의 처분시에 처분손익으로 재순환한다. 또 자산평가손실과 이연법인세자산을 환원시키는 회계처리를 하고, 처분손실에 대한 법인세비용과 미지급법인세를 감액시킨다.

(3) FVOCI지분상품자산의 처분

(차) 현　　금	120,000	(대) FVOCI지분상품	120,000
(차) 이연법인세부채	6,000	(대) 자산평가이익(OCI)	6,000
(차) 자산평가이익(OCI)	20,000	(대) 이익잉여금	14,000
		미지급법인세	6,000

(주) 자산의 처분시점에 이전에 인식하였던 자산평가이익(OCI)과 그 법인세효과인 이연법인세부채를 감액한다. 처분시에 자산평가이익(OCI)을 이익잉여금으로 대체한다. 이익잉여금으로 대체되는 금액은 세후순액이 되기 때문에 법인세비용을 인식하지 않고 이익잉여금에서 직접 차감하고 미지급법인세를 인식한다.

(4) 토지의 처분

(차) 현　　금	250,000	(대) 토　　지	250,000
(차) 이연법인세부채	15,000	(대) 미지급법인세	15,000

(주) AOCI로 인식했던 재평가잉여금은 처분으로 당기손익으로 순환시킬 수 없다.

16 자본항목과 이연법인세

(1) 전기오류수정손익

(차) 비　　품	50,000	(대) 감가상각누계액	10,000
		(전기이월)이익잉여금	40,000
(차) 전기이월이익잉여금	12,000	(대) 이연법인세부채	12,000*

* ₩40,000 × 30% = ₩12,000

(2) 자기주식처분손익

(차) 현　　금	80,000	(대) 자 기 주 식	50,000
		자기주식처분이익	30,000
(차) 자기주식처분이익	9,000	(대) 미지급법인세	9,000*

* ₩30,000 × 30% = ₩9,000

(주) 자기주식처분이익은 손익항목이 아니라 자본항목이기 때문에 자산·부채의 세무기준액과 장부금액 간에 차이가 발생하지 않는다. 따라서 이연법인세자산(부채)이 발생하지 않는다. 또한, 자기주식처분이익(자본거래이익)에 대한 법인세는 손익계산서에 법인세비용으로는 반영되지 않지만 법인세지급액에는 포함해야 하기 때문에 미

지급법인세를 증가시킨다. 만약 법인세비용에 이미 계상하였다면 법인세비용을 대변에 기록하여 이를 감액시켜 손익계산서에 포함되는 법인세비용을 줄여야 한다.

(3) 전환권대가

① 전환사채 발행 및 이연법인세효과에 대한 회계처리

(차)	현　　금	100,000	(대) 전환사채	100,000
	사채할인발행차금	5,000	전환권대가(자본잉여금)	5,000

회계상으로는 전환사채의 장부금액은 ₩95,000(=전환사채 ₩100,000−사채할인발행차금 ₩5,000)이지만 세무기준액은 ₩100,000이다. 따라서 전환사채의 장부금액이 세무기준액보다 작아서 이연법인세부채가 ₩1,500(=₩5,000×30%) 발생하고 이를 전환권대가에서 직접 차감하는 회계처리를 한다.

(차)	전환권대가(자본잉여금)	1,500	(대) 이연법인세부채	1,500*

* ₩5,000(전환권대가)×30%=₩1,500

② 1차년도에 이자비용 현금지급액 ₩8,000과 사채할인발행차금상각액 ₩1,000의 인식 및 이연법인세효과에 대한 회계처리

(차)	전환사채이자비용	9,000	(대) 현　　금	8,000
			사채할인발행차금	1,000

이와 같은 보고연도말 조정으로 사채의 장부금액은 ₩1,000만큼 증가하여 ₩96,000이 되고 부채의 세무기준액과의 차이는 ₩4,000(=세무기준액 ₩100,000−장부금액 ₩96,000)이 된다. 따라서 이연법인세부채는 기존의 ₩1,500에서 ₩1,200(=₩4,000×30%)으로 ₩300이 감소하므로 다음과 같은 회계처리를 한다.

(차)	이연법인세부채	300*	(대) 법인세비용	300

* ₩1,500×₩1,000/₩5,000=₩300

공인회계사 기출문제 응용(2020년 이후)

1 법인세비용

과세소득에 가산하는 기타 차이 : 접대비한도초과액 ₩20,000+자기주식처분이익 ₩10,000

일시적차이 : FVOCI자산평가손실 ₩20,000+재고자산평가손실 ₩5,000

[주의] FVOCI자산평가손실과 자산재평가이익은 OCI이기 때문에 법인세비용차감전손익 ₩500,000에 포함되지 않았을 것이며, 과세소득 계산에 조정하지 않는다. 다만, 이들은 일시적차이에 해당되기 때문에 이연법인세자산·부채 계상에 포함한다.

과세소득 = ₩500,000 + ₩20,000 + ₩10,000 + ₩5,000 = ₩535,000
당기법인세부채 = ₩515,000 × 20% = ₩103,000

〈과세소득에 대한 법인세 회계처리〉

(차)	법인세비용(PL)	103,000	(대) 법인세부채	103,000

〈재고자산평가손실 회계처리〉

(차)	재고자산평가손실	5,000	(대) 재 고 자 산	5,000
	법인세비용(PL)	1,000	이연법인세부채	1,000

당기비용으로 인식할 법인세비용은 위 두 개 분개에 대해서 인식하는 금액, 즉 법인세비용(PL)이다.

∴ 당기비용으로 인식할 법인세비용 = ₩103,000 + ₩1,000 = ₩104,000

나머지 항목들에 대한 회계처리는 다음과 같다.

〈자기주식처분 회계처리〉

(차)	현 금	40,000	(대) 자 기 주 식	30,000
			자본잉여금	8,000
			법인세부채	2,000*

* 자기주식처분이익 ₩10,000 × 20% = ₩2,000; 세후자기주식처분이익(₩8,000)을 자본잉여금으로 기록한다.

〈FVOCI자산평가손실 회계처리〉

(차)	FVOCI자산평가손실	20,000	(대) FVOCI자산	20,000
	이연법인세자산	4,000	법인세비용(OCI)	4,000

〈토지재평가잉여금에 대한 회계처리〉

(차)	토 지	20,000	(대) 재평가잉여금	20,000
	법인세비용(OCI)	4,000	이연법인세부채	4,000

2 법인세회계

1. ① 20×1년 법인세비용 계산

20×1년 법인세비용차감전순이익	₩100,000
세무조정항목	
손금불인정 벌금 (기타 차이)	10,000
판매보증충당부채 (차감할 일시적차이)	30,000
FVPL금융자산평가이익 (가산할 일시적차이)	(15,000)
20×1년 과세소득	₩125,000
당기법인세부채 (₩125,000 × 10%)	₩12,500

② 20×1년 이연법인세 계산

세무조정항목	20×1년말 일시적차이	일시적차이 소멸			20×1년말 이연법인세
		20×2년	20×3년	20×4년	
차감할 차이 (판매보증충당부채)	₩30,000	(₩10,000)	(₩10,000)	(₩10,000)	₩8,000(자산)[1)]
가산할 차이 (FVPL금융자산평가이익)	(15,000)	15,000	—	—	3,000(부채)[2)]
적용세율		20%	30%	30%	

1) ₩10,000×20%+₩10,000×30%+₩10,000×30%=₩8,000
2) ₩15,000×20%=₩3,000

〈20×1년 회계처리〉

(차) 법인세비용	7,500	(대) 당기법인세부채	12,500
이연법인세자산	8,000	이연법인세부채	3,000

당기손익으로 인식할 법인세비용=₩12,500－₩8,000+₩3,000=₩7,500

∴ 당기손익으로 인식할 법인세비용 : ₩7,500
이연법인세자산 : ₩8,000
이연법인세부채 : ₩3,000

2. ① 20×2년 법인세비용 계산

20×2년 법인세비용차감전순이익	₩200,000
세무조정항목	
접대비한도초과 (기타 차이)	20,000
감가상각비한도초과 (차감할 일시적차이)	60,000
재고자산평가손실 (차감할 일시적차이)	30,000
토지재평가잉여금 (가산할 일시적차이, 자본항목)*	10,000
	(10,000)
자기주식처분이익 (자본항목)**	20,000
전기 판매보증충당부채	(10,000)
전기 FVPL금융자산평가이익	15,000
20×2년 과세소득	₩335,000
당기법인세부채 (₩335,000×20%)	₩67,000

* 재평가잉여금은 가산할 일시적차이로서 이연법인세부채를 증가시키지만, 법인세효과는 당기법인세비용에 포함시키지 않고 재평가잉여금에서 직접 차감한다. 재평가잉여금(자본항목)은 법인세 과세소득으로 보지 않기 때문에 세무상 기타소득으로 처분하고 동일한 금액을 손금산입 후 세법상 토지의 장부금액을 감소시킨다.

** 자기주식처분이익(자본잉여금)은 회계상 손익에 반영되지 않기 때문에 당기법인세부채 계산에는 포함되지만 법인세비용에는 영향을 미치지 않는다. 따라서 다

음과 같이 회계처리한다.

(차) 자기주식처분이익 4,000# (대) 당기법인세부채 4,000

₩20,000 × 20% = ₩4,000

② 20×2년 이연법인세 계산

세무조정항목	20×2년말 일시적차이	일시적차이 소멸			20×2년말 이연법인세
		20×3년	20×4년	20×5년	
판매보증충당부채	₩20,000	(₩10,000)	(₩10,000)	–	₩4,500(자산)[1]
감가상각비한도초과	60,000	(20,000)	(20,000)	(₩20,000)	13,000(자산)[2]
재고자산평가손실	30,000	(30,000)	–	–	7,500(자산)[3]
토지재평가이익	(10,000)	10,000	–	–	2,500(부채)[4]
적용세율		25%	20%	20%	

1) ₩10,000 × 25% + ₩10,000 × 20% = ₩4,500
2) ₩20,000 × 25% + ₩20,000 × 20% + ₩20,000 × 20% = ₩13,000
3) ₩30,000 × 25% = ₩7,500
4) ₩10,000 × 25% = ₩2,500

20×2년중 이연법인세 증감

이연법인세자산 증감 = 20×2년 잔액 − 20×1년 잔액

= (₩4,500 + ₩13,000 + ₩7,500) − ₩8,000 = ₩17,000

이연법인세부채 증감 = 20×2년 잔액 − 20×1년 잔액 = ₩2,500 − ₩3,000 = (₩500)

〈20×2년 회계처리〉

(차) 법인세비용	43,000	(대) 당기법인세부채	67,000
이연법인세자산	17,000		
이연법인세부채	500		
재평가잉여금	2,500		
자기주식처분이익	4,000		

∴ 당기손익으로 인식할 법인세비용 : ₩43,000

이연법인세자산 : ₩25,000

이연법인세부채 : ₩2,500

윤리문제

1. 그렇지 않다.
2. 경영자가 예상하고 있는 자산의 사용방법과 상이한 가정하에 이연법인세부채를 사용하여 법인세비용을 이연시키고 있어 경영자가 윤리적으로 적절하지 못한 의사결정을 하고 있다.
3. 실제보다 높은 이익을 보고함으로써 이익수준에 기초하여 의사결정하고 있는 다양한 이해관계자(예를 들면, 투자자, 채권자 등)들이 피해를 입을 수 있다.
4. 회계기준에 적합하게 자산의 사용방법에 적합한 법인세이연효과를 계상하도록 요구해야 한다.

제21장 회계변경과 오류수정

연습문제

1 회계변경

항목	변경유형	전기재무제표 재작성여부
(1)	적절한 회계원칙으로의 변경이므로 오류수정	Yes
(2)	회계추정의 변경	No
(3)	회계정책과 회계추정의 변경 모두에 관련되는 회계변경. 회계정책의 변경인지 추정의 변경인지 분명하지 않은 경우에는 회계추정의 변경으로 본다.	No
(4)	회계변경이라기보다는 항목의 재분류	No
(5)	회계정책과 관련없는 오류수정	Yes
(6)	일반적으로 인정된 회계원칙에서는 전부원가기준만 인정하므로 회계오류의 수정	Yes
(7)	회계정책의 변경 중 특별한 유형인 보고실체의 변경	Yes
(8)	회계변경이 아님.	No
(9)	회계정책의 변경	Yes

2 회계변경의 유형과 영향

(1) 회계정책의 변경과 회계추정의 변경이 동시에 이루어지는 경우에는 먼저 회계정책의 변경에 의한 누적효과를 계산하여 소급적용한 후, 회계추정의 변경효과를 전진적으로 적용한다.

(2) 지금까지 적용되었던 추정내용연수가 새로운 사건의 발생으로 변경되었으므로 회계추정의 변경이다. 전진법을 적용한다.

(3) 오류의 수정 : 적절한 방법으로 추정했으나 후에 상황이 변하여 부적절한 것으로 판명되는 경우 회계추정의 변경으로 본다. 그러나 전문성의 결여 또는 부정한 목적을 가지고 추정했을 경우에는 오류로 본다.

오류(중요하다고 가정함)의 수정은 소급법으로 처리한다. 소급법으로 회계처리하면, 당년도 재무제표에 누적효과를 이익잉여금에 반영하고 비교목적으로 공시되는 전기재무제표를 다시 작성한다.

(4) 처음으로 발생한 사건에 대해 새로운 정책을 적용한 경우이므로 회계정책의 변경이 아니다. 따라서 수정할 필요가 없다.

(5) 지금까지 적용되었던 추정이 새로운 사건의 발생으로 변경되었으므로 추정의 변경이다.

(6) 회계정책의 변경이므로 소급법으로 처리한다. 회계처리는 (3)을 참조하라.

3 감가상각방법 및 추정내용연수의 변경

1. 회계추정의 변경－전진법으로 처리

감가상각비의 계산

1년째 ₩400,000×0.1＝₩40,000

2년째 (₩400,000－₩40,000)×0.1＝₩36,000

회계변경－3년째

$$(₩400,000 - ₩40,000 - ₩36,000) \times \frac{1}{18} = ₩18,000$$

(차) 감가상각비	18,000	(대) 감가상각누계액	18,000

2. 회계추정의 변경－전진법으로 처리

(차) 감가상각비	14,400	(대) 감가상각누계액	14,400 *

* 3년도초 기초장부금액 : ₩400,000－₩40,000＝₩360,000
당기 감가상각비 : ₩360,000÷잔존내용연수(25년)＝₩14,400

4 감가상각방법 및 잔존가치의 변경

감가상각방법 변경 전의 감가상각비 : (₩1,000,000－₩100,000)×(3/15)＝₩180,000

감가상각방법 변경 후의 감가상각비 : (₩460,000－₩40,000)/3＝₩140,000

신림(주)의 20×3년도 당기순이익 : ₩230,000＋₩40,000＝₩270,000

5 투자부동산의 평가모형 변경

투자부동산을 공정가치모형으로 회계변경한 것은 회계정책의 변경에 해당하므로, 소급법을 적용해야 한다. 투자부동산의 공정가치모형은 감가상각을 하지 않기 때문에 감가상각비는 ₩0이다.

6 재고자산 오류수정

1.

	20×1년	20×2년	20×3년
수정전 당기순이익	₩43,000	₩47,000	₩57,000
20×1년 기말재고 과소계상	1,500	(1,500)	
20×2년 기말재고 과대계상		(2,100)	2,100
20×3년 기말재고 과대계상			(700)
수정후 당기순이익	₩44,500	₩43,400	₩58,400

2. 20×1년과 20×2년 재고자산 오류는 자동상쇄되므로 오류수정분개가 필요 없다.

(차) 이익잉여금	700	(대) 재 고 자 산	700

3. 20×1년 재고자산 오류는 자동상쇄되므로 오류수정분개가 필요 없다.

(차) 이익잉여금	2,100	(대) 매 출 원 가	2,100
매 출 원 가	700		
재 고 자 산	700		

7 재고자산평가방법의 변경(Ⅰ)

재고자산평가방법의 변경(선입선출법 → 평균원가법)

① 순이익차이의 분석 :

	〈20×1년〉	〈20×2년〉	〈20×3년〉	〈20×4년〉
선입선출법 순이익	₩25,000	₩30,000	₩28,000	₩34,000
평균원가법 순이익	24,000	25,000	27,000	30,000
순이익차이*	₩1,000	₩5,000	₩1,000	₩4,000
기초재고차이**	–	(1,000)	(6,000)	(7,000)
기말재고차이**	1,000#	6,000	7,000	11,000

* 주어짐 ** 소급하여 추정함 # 과대계상

② 회계처리

(차) 이월이익잉여금	7,000	(대) 매 출 원 가	7,000
(차) 매 출 원 가	11,000	(대) 재 고 자 산(기말)	11,000

③ 비교재무제표(비교손익계산서상 순이익)

〈20×1년〉	〈20×2년〉	〈20×3년〉	〈20×4년〉
₩24,000	₩25,000	₩27,000	₩30,000

8 재고자산평가방법의 변경(Ⅱ)

1. 소급법

(차) 이월이익잉여금	200,000	(대) 재 고 자 산 (또는 매출원가)	200,000

2. 전진법(기업회계기준 : 회계변경에 따른 별도의 수정이 필요 없다)

9 재고자산평가방법의 변경(Ⅲ)

1.

	20×1년	20×2년	20×3년
손익효과	(₩500)	₩500 (300)	 ₩300 500
총 계	(₩500)	₩200	₩800

매출원가 : ₩30,000 − ₩800 = ₩29,200

2. 20×3년도 기초이월이익잉여금에 미친 영향은 20×2년말까지 누적손익효과이다.
20×3년도 기초이월이익잉여금에 미친 영향 : (₩500) + ₩200 = (₩300)

10 회계오류와 당기순이익 수정

	소급법 〈20×1년〉	소급법 〈20×2년〉
보고된 당기순이익	₩100,000	₩200,000
오류수정 − 재고자산	(5,000)	5,000
	−	1,000
− 감가상각비	1,500	−
	−	(1,000)
− 선급보험료	(2,000)	2,000
	−	(500)
오류수정후 당기순이익	₩94,500	₩206,500

11 회계오류와 이월이익잉여금 수정

	20×1년	20×2년
손익효과	(₩10,000) (500)	₩10,000 (20,000) 500 (1,000)
총 계	(₩10,500)	(₩10,500)

20×2년말 이월이익잉여금에 미친 영향은 20×2년말까지 누적손익효과이다.
20×2년말 이월이익잉여금에 미친 영향 : (₩21,000)

12 회계오류의 수정과 법인세

(1) 오류수정용 정산표

	20×1년	20×2년	20×3년
1) 임대수익 오류	(₩15,000)*	₩15,000*	–
		(12,000)*	₩12,000*
2) 선급보험료 오류		6,000	–
		(1,000)	(2,000)
법인세비용(40%)	6,000	(3,200)	(4,000)
소　　계	(₩9,000)	₩4,800	₩6,000
보고된 당기순이익	90,000	100,000	120,000
수정후 당기순이익	₩81,000	₩104,800	₩126,000

* 이미 상계되었으므로 수정할 필요가 없다.

(2) 오류수정분개

〈장부가 마감된 경우〉

1) 임대수익

–회계처리 없음*–

* 20×3년 장부가 마감된 경우 임대수익은 자동조정되므로 회계처리가 필요 없다.

2) 선급보험료

(차) 선급보험료	3,000	(대) 이익잉여금	1,800
		미지급법인세	1,200

〈장부가 마감되지 않은 경우〉

1) 임대수익

(차) 이익잉여금	7,200	(대) 임대료수익	12,000
법인세비용	4,800		

2) 선급보험료

(차) 선급보험료	3,000	(대) 이익잉여금	3,000
보 험 료	2,000	미지급법인세	1,200
		법인세비용	800

13 회계오류의 수정을 위한 회계처리

(1) (차) 감가상각누계액 15,000 (대) 전기오류수정이익(이익잉여금) 10,000
감가상각비 5,000

잘못 계산된 감가상각비 :	₩85,000*
정확히 계산된 감가상각비 :	80,000**
연간 오류액	₩5,000

* ₩510,000/6
** (₩510,000 − ₩30,000)/6

(2) (차) 전기오류수정손실(이익잉여금) 42,000 (대) 급여(또는 미지급급여) 42,000

(3) 20×1년과 20×2년에 패소할 가능성이 없다고 판단되었을 때는 우발부채로 주석에 공시하는 것이 합리적이다. 만약 20×1년에 패소가능성이 높았고 패소로 인한 손실의 합리적인 추정이 가능했음에도 불구하고 기록하지 않았다면, 다음과 같은 분개를 한다.

(차) 전기오류수정손실(이익잉여금) 80,000 (대) 제세공과금 80,000

(4) 영업권은 비한정내용연수를 가진 무형자산이므로 상각하지 않는다. 그러나 매 보고기간말 그리고 손상징후가 있을 때에는 손상여부를 검토하여 손상차손을 인식한다. 영업권 상각기간을 규정한 것은 잘못된 표현이다.

(5) 이미 다음과 같이 수정되었음을 문제에서 명기하고 있으므로 추가적인 수정이 필요 없다.

(차) 기초이익잉여금 68,000 (대) 매 출 원 가 68,000

(6) (차) 재고자산감모손실 84,000 (대) 기초이익잉여금 84,000

14 회계변경과 오류수정 종합문제(I)

	〈20×2년〉	〈20×3년〉	〈20×4년〉	〈20×5년〉
보고된 당기순이익	₩150,000	₩200,000	₩230,000	₩295,000
○ 재고자산 수정(소급법)	10,000	5,000	25,000	
○ 재고오류 수정(소급법)			(24,000)	24,000
○ 세금감면액 수정				7,500*
정확한 당기순이익	₩160,000	₩205,000	₩231,000	₩326,500

* 세금소송사건은 우발이익으로 사건이 확정되는 기간에 인식할 수 있다.

15 회계변경과 오류수정 종합문제(Ⅱ)

	20×2	20×1
매 출 액	₩104,000	₩73,500
매출원가	(80,000)*	(60,000)**
법인세비용차감전순이익	₩24,000	₩13,500
법인세비용	(7,200)#	(4,050)##
이 익	₩16,800	₩9,450
기초이익잉여금	₩29,450	₩20,000
당기순이익	16,800	9,450
기말이익잉여금	₩46,250	₩29,450

* (₩86,500) + ₩6,500 = (₩80,000)　　** (₩53,500) + (₩6,500) = (₩60,000)

\# (₩5,250) + (₩1,950) = (₩7,200)　　## (₩6,000) + ₩1,950 = (₩4,050)

[주석] 발췌
20×1년에 판매하였던 일부 제품이 20×1. 12. 31 기말 재고자산에 ₩6,500만큼 잘못 포함되어 있었습니다. 20×1년의 재무제표는 이 오류를 수정하기 위해 재작성되었습니다. 재무제표의 재작성이 20×1년에 미치는 효과는 다음에 요약하였습니다. 20×2년의 효과는 없습니다.

매출원가의 (증가)	(₩6,500)	재고자산의 (감소)	(₩6,500)
법인세비용의 감소	1,950	미지급법인세의 감소	1,950
이익의 (감소)	(₩4,550)	자본의 (감소)	(₩4,550)

16 회계변경과 오류수정 종합문제(Ⅲ)

1. (1) 회계변경/오류수정

	20×3년 이전	20×4년	20×5년
평균법	₩300,000	₩120,000	₩160,000
선입선출법	200,000	80,000	100,000

(차) 재 고 자 산　140,000　(대) (기초)이익잉여금　140,000

* (₩300,000 + ₩120,000) − (₩200,000 + ₩80,000) = ₩140,000

(2) 오류수정

(차) (기초)이익잉여금　12,000**　(대) 감가상각누계액　18,000
　　감가상각비　6,000*

* 20×5년 감가상각비 미계상분 : (₩60,000 − 0) / 10년 = ₩6,000

** 20×3년과 20×4년의 감가상각비 : (₩60,000 − 0) / 10년 × 2년 = ₩12,000

2.

	20×4년	20×5년
수정전 법인세비용차감전순이익	₩1,000,000	₩2,000,000
(1) 회계변경	40,000*	−
(2) 오류수정	(6,000)	(6,000)
수정후 법인세비용차감후순이익	₩1,034,000	₩1,994,000

* ₩120,000 − ₩80,000 = ₩40,000

3. 소급법은 재무제표의 비교가능성을 유지시켜주지만 전기재무제표의 재작성으로 재무제표의 확정성을 손상시킨다. 반면, 전진법은 재무제표의 확정성을 유지시키지만 비교가능성을 저하시킨다.

공인회계사 기출문제 응용(2020년 이후)

1 오류수정이 이익잉여금에 미치는 영향

매출원가 = 기초재고 + 당기순매입 − 기말재고

위 식에서 당기 기말재고가 ₩10,000 과대계상되면, 당기 매출원가가 ₩10,000 과소계상되며 당기손익이 ₩10,000 과대계상된다. 한편, 당기 기말재고의 ₩10,000 과대계상은 차기 기초재고의 ₩10,000 과대계상으로 이어지며, 판매가능원가의 ₩10,000 과대계상으로 이어져 차기 매출원가가 ₩10,000 과대계상되어 차기 당기손익이 ₩10,000 과소계상된다. 기말재고의 과대(과소)계상은 상쇄오류로서 발생한 시기에는 당기손익과 이익잉여금의 과대(과소)계상으로 이어지며, 차기에는 반대의 영향을 미친다.

∴ 오류수정을 반영한 20×1년 이익잉여금 = ₩150,000 + ₩60,000 − ₩10,000 = ₩200,000

오류수정을 반영한 20×2년 이익잉여금 = ₩200,000 + ₩130,000 + ₩10,000 = ₩340,000

[참고] 이 문제는 세금효과를 무시하고 있다.

2 오류수정이 이월이익잉여금과 당기손익에 미치는 영향

재고자산오류는 자동상쇄오류이다. 따라서 20×1년에 ₩20,000 과소계상한 금액은 20×2년말까지 자동상쇄되었다. 20×2년 기말재고 과대계상 ₩30,000은 20×2년 당기손익과 20×3년 전기이월이익잉여금을 ₩30,000 과대계상하였을 것이고 20×3년 당기손익을 ₩30,000 과소계상할 것이다. 한편 20×3년 기말재고 과대계상 ₩35,000은 20×3년 당기손익을 ₩35,000 과대계상하였을 것이다.

20×2년에 보험료로 비용처리한 금액 중 ₩15,000은 20×3년 보험료의 선납분이기 때문에 20×2년 당기손익과 20×3년 전기이월이익잉여금이 ₩15,000 과소계상되었으며, 20×3년 당기손익은 과대계상한 결과를 초래한다.

20×1년초에 취득한 기계장치 ₩50,000은 비용처리하였다. 그러나 이 유형자산은 5년(20×3년말 잔여내용연수가 2년이므로 내용연수는 5년)에 걸쳐 정액법 감가상각비 ₩10,000(= ₩50,000/5년)을 인식해야 한다. 20×1 ~ 20×2년에 대한 감가상각비 ₩20,000을 차감한 후 20×3년 전기이월이익잉여금의 과소계상액은 ₩30,000이다. 한편, 20×3년 감가상각비 ₩10,000을 인식하지 않아서 당기손익이 ₩10,000 과대계상되는 결과를 초래하였다.

∴ 20×3년 전기이월이익잉여금 :

+ ₩30,000 − ₩15,000 − ₩30,000 = − ₩15,000(과소계상)

⇒ 오류수정효과는 ₩15,000 증가

20×3년 당기순이익 :

− ₩30,000 + ₩35,000 + ₩15,000 + ₩10,000 = ₩30,000(과대계상)

⇒ 오류수정효과는 ₩30,000 감소

윤리문제

1. 윤리적인 문제가 있다. 유형자산의 내용연수 변경은 경영자나 회계담당자의 임의로 결정할 수 있는 것은 아니다. 과거의 내용연수 추정에 큰 오류가 있었거나 해당 자산을 더 오래 사용할 수 있는 신기술이 개발된 경우와 같이 특별한 때에만 내용연수 변경이 가능하다. 본 사례에서는 이익의 과대계상을 목적으로 내용연수를 변경한 것으로 보인다.

2. 기업의 재무제표가 적정하게 표시되지 않음으로써 이 회계정보를 이용하는 이해관계자들이 경제적 의사결정을 올바르게 할 수 없는 가능성이 있다. 주선(주)는 이익을 과대계상하게 되고 유형자산을 과대평가하게 되어, 재무건전성이 사실보다 건전하게 표시되며 수익성도 과대표시된다.

3. 회계변경에 관한 사실을 감사보고서에 명기하고, 감사의견에 반영시킨다. 그리고 회계변경이 적정하게 행해지지 않았다면 오류의 수정으로 과거 재무제표를 소급수정한다.

제22장 현금흐름표

연습문제

1 현금흐름표상의 보고

항목	보고할 곳	보고방법 및 금액
(1)	투자활동 현금흐름(유입) :	비유동자산처분가액
	영업활동 현금흐름 :	비유동자산처분손실을 당기순이익에 가산
(2)	영업활동 현금흐름 :	특허권상각비를 당기순이익에 가산
(3)	재무활동 현금흐름(유입) :	주식발행으로 조달된 현금
(4)	영업활동 현금흐름 :	당기순손실에 감가상각비와 특허권상각을 가산한 금액(이 금액이 負의 금액이므로)
(5)	보고하지 않는다	–
(6)	보고하지 않는다	–
(7)	영업활동 현금흐름 :	사채상환이익을 당기순이익에서 차감
	재무활동 현금흐름(유출) :	사채상환에 소요된 금액

2 영업활동 현금흐름 - 고객으로부터의 현금유입액

(차)	매 출 채 권	50,000	(대) 선 수 금	5,000
	대손상각비	3,000	대손충당금	3,000
	현 금	155,000	매 출	200,000

그러므로 고객으로부터의 현금유입액은 ₩155,000이다.

3 영업활동 현금흐름 - 공급자에 대한 현금유출액

(차)	재 고 자 산	50,000	(대) 재고자산평가충당금	5,000
	선 급 금	3,000	매 입 채 무	3,000
	매 출 원 가	67,000	현 금	112,000

그러므로 공급자에 대한 현금유출액은 ₩112,000이다.

4 영업활동 현금흐름 - 간접법(Ⅰ)

당기순이익	₩100,000
법인세비용	20,000
매출채권의 증가	(100,000)
재고자산의 증가	(50,000)
매입채무의 증가	30,000
감가상각비	40,000
이 자 비 용	10,000
사채상환손실	5,000
영업활동에서 창출된 현금흐름	₩55,000

5 영업활동 현금흐름 - 간접법(Ⅱ)

법인세차감전순손실		(₩600,000)
가 감 :		
감가상각비	₩460,000	
특허권상각비	150,000	
재 해 손 실	630,000	
토지처분이익	(350,000)	
사채이자(사채할증차금 환입분)	(90,000)	800,000
영업활동 관련 자산 · 부채의 변동 :		
매출채권 감소	₩200,000	
미지급비용의 증가	50,000	
선급비용 증가	(100,000)	
재고자산 증가	(70,000)	
매입채무 감소	(150,000)	(70,000)
영업에서 창출된 현금		₩130,000
이자지급		0
법인세납부		0
영업활동 순현금흐름		₩130,000

6 영업활동 현금흐름 – 간접법(Ⅲ)

법인세차감전순이익		₩207,000
가 감 :		
감가상각비	₩53,800	
특허권상각비	2,300	
대손상각비	10,000*	
유가증권처분이익	(5,000)	
지분법이익	(10,400)**	50,700
영업에서 창출된 현금		₩257,700
법인세납부		(62,000)
영업활동 순현금흐름		₩195,700***

* ₩500,000×0.02=₩10,000 한편, 매출채권의 증감은 총액으로 반영한다.

** ₩26,000×40%=₩10,400

*** 완전한 금액을 구하기 위해서는 영업활동 관련 자산 및 부채(예, 매출채권 또는 매입채무 등)의 증감을 반영해야 할 것이다.

(주) 1) 자기주식의 취득과 처분은 '재무활동 현금흐름(유출)'에 유출과 유입으로 보고하며, 자기주식처분손실은 이익잉여금에서 직접 차감되므로 추가적인 수정이 필요하지 않다.

2) 주식배당은 현금의 유입과 유출이 없는 거래로 주석으로 보고한다.

7 영업활동 현금흐름과 경영평가

1. 20×1년말 대비 20×2년말 현금증감액 : ₩20,000 감소

투자활동 현금흐름 : ₩200,000 유출

유출 : 기계장치 취득 ₩200,000

재무활동 현금흐름 : ₩0

유입 : 단기차입금 ₩120,000

유출 : 유동성장기부채상환 ₩120,000

따라서 영업활동 현금흐름 : ₩180,000 유입*

* x+(₩200,000)+₩0=(₩20,000) ⇒ x=₩180,000

(주) 매출채권, 매입채무 등의 자료가 없으므로 직접법으로는 산출할 수가 없다.

2. 갑사의 '영업활동으로 유입되는 현금유입액'은 ₩180,000(양호한 편임)이나 '투자활동에 지출되는 현금유출액'이 ₩200,000이므로 유동성에 문제가 발생할 수 있다. 따라서 갑사의 현재 현금흐름상태가 양호하다고 말할 수 없다.

8 영업활동 현금흐름 – 직접법

1. ₩53,880−(₩3,300−₩3,000)=₩53,580*

* 만일 회계기간중에 매출채권이 회수불능이 되어 대손처리된 금액이 있으면 그 금액만큼은 회수된 금액이 작아진다. 왜냐하면 회계처리((차) 대손충당금 ××× (대) 매출채권 ×××)으로 매출채권 장부금액이 감소되기 때문이다.

2. ₩25,000+(₩3,100−₩4,700)−(₩2,500−₩1,750)=₩22,650

3. ₩430+(₩450−₩500)=₩380
4. ₩2,040−(₩2,100−₩2,710)−(₩530−₩460)=₩2,580
5. ₩14,150−(₩1,650−₩1,500)×1/3−(₩130−₩110)=₩14,080

9 간접법에 의한 현금흐름표 작성

1. 현금흐름표 작성을 위한 분개

① 당기순이익	(차) 영 업 현 금	32,000	(대) 이익잉여금	23,000
			영업현금-법인세납부	9,000
② 배당금지급	(차) 이익잉여금	5,000	(대) 재 무 현 금	5,000
③ 감가상각비	(차) 영 업 현 금	6,000	(대) 감가상각누계액	6,000
④ 매출채권증가	(차) 매 출 채 권	4,000	(대) 영 업 현 금	4,000
⑤ 재고자산증가	(차) 재 고 자 산	9,000	(대) 영 업 현 금	9,000
⑥ 선급비용감소	(차) 영 업 현 금	1,000	(대) 선 급 비 용	1,000
⑦ 건물취득	(차) 건 물	20,000	(대) 투 자 현 금	20,000
⑧ 매입채무감소	(차) 매 입 채 무	4,000	(대) 영 업 현 금	4,000
⑨ 사채발행	(차) 재 무 현 금	18,000	(대) 사 채	18,000

2. 현금흐름표 작성용 정산표

	기 초	차 변	대 변	기 말
〈차 변〉				
현 금	10,000	(*) 6,000		16,000
매 출 채 권(순액)	12,000	④ 4,000		16,000
재 고 자 산	22,000	⑤ 9,000		31,000
선 급 비 용	3,000		⑥ 1,000	2,000
건 물	70,000	⑦ 20,000		90,000
차변총계	₩117,000			₩155,000
〈대 변〉				
감가상각누계액(건물)	20,000		③ 6,000	26,000
매 입 채 무	14,000	⑧ 4,000		10,000
사 채	−		⑨ 18,000	18,000
자 본 금	50,000			50,000
이익잉여금	33,000	② 5,000	① 23,000	51,000
대변총계	₩117,000	₩48,000	₩48,000	₩155,000
Ⅰ. 영업활동 현금흐름		(현금유입)	(현금유출)	
법인세차감전순이익		① 32,000		
가감 :				
감가상각비		③ 6,000		

영업활동 관련 자산·부채의 변동 :				
매출채권 증가			④ 4,000	
선급비용 감소		⑥ 1,000		
재고자산 증가			⑤ 9,000	
매입채무 감소			⑧ 4,000	
법인세납부			① 9,000	
Ⅱ. 투자활동 현금흐름				
건 물 취 득			⑦ 20,000	
Ⅲ. 재무활동 현금흐름				
사 채 발 행		⑨ 18,000		
배당금지급			② 5,000	
소 계		₩57,000	₩51,000	
현금증가			(*) 6,000	
합 계		₩57,000	₩57,000	

현금흐름표

선인(주) 20×2. 1. 1～20×2. 12. 31

Ⅰ. 영업활동 현금흐름			
법인세차감전순이익		₩32,000	
가감 :			
감가상각비		6,000	
영업활동 관련 자산·부채의 변동			
매출채권(순액) 증가	(₩4,000)		
선급비용 감소	1,000		
재고자산 증가	(9,000)		
매입채무 감소	(4,000)	(16,000)	
영업에서 창출된 현금		₩22,000	
이자지급		0	
법인세납부		(9,000)	₩13,000
Ⅱ. 투자활동 현금흐름			
건 물 취 득			(20,000)
Ⅲ. 재무활동 현금흐름			
사 채 발 행		₩18,000	
배당금지급		(5,000)	13,000
Ⅳ. 현금의 증가			₩6,000
Ⅴ. 기초의 현금			10,000
Ⅵ. 기말의 현금			₩16,000

10 자산취득 및 처분으로 인한 현금흐름

1) 계정과목의 증감

	기 초	증 가	감 소	기 말
건 물	₩150,000	₩70,000(취득)	₩20,000(처분)	₩200,000
감가상각누계액	50,000	30,000(감가상각비)	10,000(처분)	70,000

2) 건물취득으로 인한 현금유출액

(차) 건 물 70,000 (대) 현 금 70,000

3) 건물처분으로 인한 현금유입액

(차) 감가상각누계액 10,000 (대) 건 물 20,000
현 금 20,000 유형자산처분이익 10,000

11 사채발행 및 상환으로 인한 현금흐름

1) 계정과목의 증감

	기 초	증 가	감 소	기 말
사 채	₩100,000	₩140,000(발행)	₩40,000(상환)	₩200,000
사채할인발행차금	5,000	8,000(발행)	2,000(상각) 2,000(상환)	9,000

2) 사채상환으로 인한 현금유출액

(차) 사 채 40,000 (대) 사채할인발행차금 2,000
사채상환손실 3,000 현 금 41,000

3) 사채발행으로 인한 현금유입액

(차) 현 금 132,000 (대) 사 채 140,000
사채할인발행차금 8,000

12 자산처분과 부채상환에 관한 현금흐름표 표시

(1) 기계장치에 관련된 분개

(차) 현 금 20,000 (대) 기 계 장 치 50,000
감가상각누계액 20,000
유형자산처분손실 10,000

→ 기계장치의 처분으로 유입된 현금 ₩20,000은 '투자활동 현금흐름'에 현금유입으로 표시되고, 유형자산처분손실은 간접법에 의하면 '영업활동 현금흐름'을 계산할 때 당기순이익에 가산된다.

(차) 기 계 장 치 210,000 (대) 현 금 210,000

→ 기계장치의 잔액이 ₩20,000(=₩70,000－₩50,000)이어야 하나 ₩230,000이므로 ₩210,000 만큼을 새롭게 구입했음을 알 수 있다. 이는 '투자활동 현금흐름'에 현금유출로 표시된다.

(차) 감가상각비 40,000 (대) 감가상각누계액 40,000

→ 감가상각비로 ₩40,000만큼이 새로 비용으로 계상되었음을 알 수 있다. 이는 간접법에서 '영업활동 현금흐름'을 계산할 때 당기순이익에 가산해 준다.

(2) 사채와 관련된 분개

(차) 사 채 40,000 (대) 현 금 50,000
사채할증발행차금 6,000
사채상환손실 4,000

→ 사채의 상환으로 유출된 ₩50,000은 '재무활동 현금흐름'에 현금유출로 표시되며, 사채상환손실(₩4,000)은 '영업활동 현금흐름'의 계산시 당기순이익에 가산된다.

(차) 사채할증발행차금 2,000 (대) 이 자 비 용 2,000

→ 사채할증발행차금의 당기상각액 ₩2,000(=기초 ₩12,000－상환시 소멸 ₩6,000－기말 ₩4,000)은 '영업활동 현금흐름'의 계산시 당기순이익에 가산해야 한다. 사채할인발행차금의 상각으로 기록되는 이자비용은 현금지출이 없는 비용이므로 '간접법'으로 '영업활동 현금흐름'을 계산할 때 가산해야 한다.

(차) 토 지 20,000 (대) 사 채 20,000

→ 토지구입을 위해 발행된 사채는 현금의 '유입과 유출이 없는 거래'로 주석으로 나타난다.

13 투자활동과 재무활동 현금흐름

1. 투자활동 순현금흐름 : ₩13,000 유출
   (1) 유입 : 유형자산처분 ₩37,000*
   (2) 유출 : 유형자산구입 ₩50,000**

* 회계처리

(차) 현 금 37,000 (대) 유 형 자 산 45,000
감가상각누계액 21,000 # 유형자산처분이익 13,000

\# 처분자산의 감가상각누계액 = ₩167,000 + ₩32,000 － ₩178,000 = ₩21,000

**

유형자산

기 초	245,000	처 분	45,000
구 입	70,000	기 말	270,000

∴ 유형자산 취득을 위한 현금유출액 : ₩70,000－미지급금 ₩20,000 = ₩50,000

2. 재무활동 순현금흐름 : ₩38,000 유출

유출 : 사채상환 ₩29,000*
배당금지급 ₩9,000**

* 회계처리

(차) 사 채	30,000	(대) 현 금	29,000
		사채할인발행차금	1,000#

\# 사채할인발행차금=(₩35,000－₩4,000)－₩30,000=₩1,000

사 채

상 환	30,000	기 초	200,000
기 말	170,000	발 행	0

** 미지급배당금

배당금지급	9,000	기 초	11,000
기 말	15,000	당기배당금	13,000#

\# 당기배당금 : 기초이익잉여금(₩100,000)+당기순이익(₩28,000)
－기말이익잉여금(₩115,000)=₩13,000

14 법인세비용차감전순이익의 산출

[제1부]

(1) 영업에서 창출된 현금(X)－(법인세비용 ₩30,000+미지급법인세 감소 ₩5,000－이연법인세부채 증가 ₩10,000)－이자지급 ₩25,000=영업활동 순현금흐름 ₩200,000

∴ 영업에서 창출된 현금=₩250,000

(2) 법인세비용차감전순이익(X)+감가상각비 ₩40,000+유형자산처분손실 ₩20,000+이자비용 ₩25,000－매출채권 증가 ₩15,000+대손충당금 증가 ₩5,000+재고자산 감소 ₩4,000－매입채무 감소 ₩6,000=영업에서 창출된 현금 ₩250,000

∴ 법인세차감전순이익=₩177,000

(주) 법인세비용차감전순이익은 법인세비용이 차감되지 않은 항목이므로 법인세비용을 다시 더하지 않는다.

[제2부]

(1) 영업에서 창출된 현금(X)－이자지급 ₩8,000－법인세납부 ₩10,000=영업활동 순현금흐름 ₩192,000

∴ 영업에서 창출된 현금=₩210,000

(2) 법인세비용차감전순이익(X)+감가상각비 ₩180,000+이자비용 ₩9,600－유형자산처분이익 ₩18,400－당기손익-공정가치측정금융자산 증가 ₩30,000－재고자산 증가 ₩32,000－매출채권 증가 ₩92,400+매입채무 증가 ₩71,200=영업에서 창출된 현금 ₩210,000

∴ 법인세차감전순이익=₩122,000

15 현금흐름표 – 직접법과 간접법

* 손익계산서의 전환

관련항목	발생기준	조정 차변	조정 대변	현금기준
매　　출	₩6,900			
매출채권 증가		₩500		₩6,400
매 출 원 가	(4,700)			
재고자산 감소			₩300	
매입채무 증가			300	(4,100)
판매비와 관리비	(850)			
감가상각비			50	
미지급비용 감소		100		(900)
법인세비용	(300)			(300)
합　　계	₩1,050	₩600	₩650	₩1,100

1. 간접법에 의한 현금흐름표

현금흐름표

정민(주) 20×2. 1. 1～20×2. 12. 31

Ⅰ. 영업활동 현금흐름			
법인세차감전순이익		₩1,350	
가감 :			
감가상각비		50	
영업활동 관련 자산·부채의 변동 :			
매출채권의 증가	(₩500)		
재고자산 감소	300		
매입채무 증가	300		
미지급비용의 감소	(100)	0	
영업에서 창출된 현금		₩1,400	
이자지급		(0)	
법인세납부		(300)	₩1,100
Ⅱ. 투자활동 현금흐름			
투자자산처분		₩100	
건 물 구 입		(150)	(50)
Ⅲ. 재무활동 현금흐름			
주 식 발 행		₩200	
배당금지급		(400)	
사 채 상 환		(100)	(300)
Ⅳ. 현금의 증가(Ⅰ＋Ⅱ＋Ⅲ)			₩750
Ⅴ. 기초의 현금			1,550
Ⅵ. 기말의 현금			₩2,300

2. 직접법에 의한 현금흐름표

현금흐름표

정민(주) 20×2. 1. 1～20×2. 12. 31

Ⅰ. 영업활동 현금흐름		
가. 매출 등 수익활동으로부터의 유입액	₩6,400	
나. 공급자와 종업원에 대한 유출액	(5,000)*	
다. 법인세납부	(300)	₩1,100
Ⅱ. 투자활동 현금흐름		
투자자산처분	₩100	
건 물 구 입	(150)	(50)
Ⅲ. 재무활동 현금흐름		
주 식 발 행	₩200	
배당금지급	(400)	
사 채 상 환	(100)	(300)
Ⅳ. 현금의 증가(Ⅰ+Ⅱ+Ⅲ)		₩750
Ⅴ. 기초의 현금		1,550
Ⅵ. 기말의 현금		₩2,300

* ₩4,100＋₩900＝₩5,000

(주석)		
법인세차감전순이익		₩1,350
가감 : 감가상각비		50
영업활동 관련 자산·부채의 변동 :		
매출채권 증가	(₩500)	
재고자산 감소	300	
매입채무 증가	300	
미지급비용 감소	(100)	0
소계		₩1,400
이자지급		0
법인세납부		(300)
영업활동 순현금흐름		₩1,100

16 현금기준 → 발생기준

(1) 매출액의 계산 :

판매활동으로부터의 현금유입액	₩250,000	
매출채권의 감소	(10,000)	₩240,000

(2) 매출원가의 계산 :

매입에 대한 현금지출액	(₩70,000)	
재고자산의 증가	10,000	
매입채무의 증가	(20,000)	(₩80,000)

(3) 급여의 계산 :

급여에 대한 현금지출액	(₩60,000)	
미지급급여의 증가	(5,000)	(₩65,000)

(4) 이자비용의 계산 :

이자비용에 대한 현금지출액		(₩20,000)

(5) 법인세비용의 계산 :

법인세비용에 대한 현금지출액	(₩30,000)	
미지급법인세 감소	10,000	(₩20,000)

손익계산서

20×1. 1. 1부터 20×1. 12. 31까지

매 출	₩240,000
매 출 원 가	(80,000)
매출총이익	₩160,000
감가상각비	(10,000)
급 여	(65,000)
이 자 비 용	(20,000)
법인세비용차감전순이익	₩65,000
법인세비용	(20,000)
당기순이익	₩45,000

공인회계사 기출문제 응용(2020년 이후)

1 영업활동 현금흐름 - 이자지급액

주어진 자료를 보면 미지급이자가 ₩5,000 증가하였고, A사채는 장부금액이 증가하였으므로 증가액만큼 할인발행차금이 상각되었다는 것을 알 수 있다. 한편, B사채는 장부금액이 감소하였으므로 감소액만큼 할증발행차금이 상각되었다는 것을 알 수 있다. 또 사채이자비용이 ₩48,191으로 주어져 있기 때문에 변동액에 대한 요약분개(summary entry)를 하면 다음과 같이 현금이자(영업활동 현금흐름에 포함될 이자)가 ₩44,200임을 알 수 있다.

〈요약분개〉

(차)	이 자 비 용	48,191	(대) 미지급이자	5,000
	사채할증발행차금(B사채)	3,358	사채할인발행차금(A사채)	2,349
			현 금	44,200

2 영업활동 현금흐름

법인세비용차감전순이익	₩534,000
조정항목 :	
감가상각비	62,000
할인차금상각액	10,000
법인세비용 차감	(106,800)
매출채권 감소	102,000
재고자산 증가	(68,000)
매입채무 증가	57,000
미지급이자 감소	(12,000)
법인세부채 증가	22,000
영업활동 순현금흐름	₩600,200

3 현금흐름표 - 간접법

항목 번호	활동 구분	현금흐름 가산(+) 또는 차감(−)	금 액
1	영업 투자 재무	− 없음 없음	₩170,000

〈간접법을 이용한 관련 계정 증감에 대한 분개〉

(차) 외화환산손실(영업현금) 40,000 (대) 손실충당금 40,000
손실충당금 10,000* 매 출 채 권 30,000
외 환 차 손(영업현금) 20,000*
(차) 손 상 차 손(영업현금) 5,000** (대) 매 출 채 권 5,000
매 출 채 권 235,000# 영 업 현 금 235,000

* 당기 손실충당금 순증가액은 ₩30,000임. 따라서 외화환산손실에 대한 손실충당금으로 설정한 ₩40,000 중 ₩10,000이 설정되었던 매출채권을 회수하면서 추가적인 실현 환산손실 ₩20,000이 발생하여 이를 비현금손실인 외환차손으로 인식하였다는 것을 의미.

** 손상차손은 외화매출채권의 제각에서 발생한 비현금손실

\# 당기에 매출채권증가액이 ₩200,000이므로 외환차손과 손상차손으로 인하여 제각한 매출채권의 감소를 고려하기 전 매출채권의 당기 증가분을 계산한 것임. 간접법에서는 매출채권의 증가는 영업현금에서 차감.

[참고] 외화환산손실, 외환차손, 손상차손은 모두 비현금손실로서 간접법에서는 영업현금에 가산.

항목 번호	활동 구분	현금흐름 가산(+) 또는 차감(−)	금 액
2	영업 투자 재무	− − 없음	₩7,000 250,000

〈간접법을 이용한 관련 계정 증감에 대한 분개〉

(차) 토 지 50,000 (대) 자 본 금 50,000
(비현금 중요 투자 및 재무 활동 : 현금흐름에 영향을 미치지 않음)
(차) 건 물 300,000 (대) 투 자 현 금 300,000
감가상각비(영업현금) 3,000 감가상각누계액 3,000
(차) 투 자 현 금 50,000 (대) 건 물 50,000
감가상각누계액 10,000 처분이익(영업현금) 10,000

건물 증감 : 취득 ₩300,000 − 처분 ₩50,000 = ₩250,000(증가)
감가상각누계액 증감 : 감가상각비 ₩3,000 − 처분 ₩10,000 = − ₩7,000(감소)

항목 번호	활동 구분	현금흐름 가산(+) 또는 차감(−)	금 액
3	영업 투자 재무	+ 없음 없음	₩45,000

〈간접법을 이용한 관련 계정 증감에 대한 분개〉

(차) 제품보증비(영업현금)	60,000	(대) 제품보증충당부채	60,000
제품보증충당부채	15,000	영 업 현 금	15,000

항목 번호	활동 구분	현금흐름 가산(+) 또는 차감(−)	금 액
4	영업	−	₩5,400
	투자	없음	
	재무	+	56,200

〈간접법을 이용한 관련 계정 증감에 대한 분개〉

(차) 재 무 현 금	84,000	(대) 회 사 채	90,000
사채할인차금	6,000		
(차) 이 자 비 용	7,200	(대) 영 업 현 금	7,200
할인차금상각(영업현금)	1,800*	사채할인차금	1,800
(차) 회 사 채	30,000	(대) 사채할인차금	1,400
		재 무 현 금	27,800
		사채상환이익(영업현금)	800

* 간접법에서는 사채할인발행차금의 상각은 비현금이자비용이기 때문에 영업현금에 가산함.

윤리문제

1. 미래의 희생을 담보(매출채권과 원자재를 낮은 가격에 매각)로 현재의 현금흐름을 좋게 보이려는 것은 단기적인 시각이다. 특히 현재를 좋게 보여 대출을 얻게 되더라도 미래가 잘되리라는 보장이 없는 상황에서 내린 경영자의 결정은 결코 바람직하지 못하다.

2. 미래에 대한 계획에 근거해 대출을 받으려고 노력해야 한다. 미래를 희생하면서 얻어낸 대출은 당장의 위기는 극복할 수 있을지 몰라도 장기적인 안목에서 문제가 있음을 상기시켜야 한다.

제23장 재무보고와 완전공시

연습문제

1 주석에 의한 공시

〈주석 1〉 만약 감사인이 선입선출법에서 평균법으로의 회계변경효과가 중요하지 않다고 여긴다면, 제안된 주석은 적절하다. 그러나 회계변경효과가 중요하다면 그 총효과를 나타내야 하며, 이 변경이 변경기간의 영업활동결과에 미치는 영향을 공시해야 할 것이다. 또한 전년도에 미치는 영향과 변경의 타당성을 공시해야 한다. K-IFRS에서는 회계정책의 자발적 변경이 당기 또는 과거기간에 영향을 미치는 경우, 당기 또는 과거기간에 영향을 미칠 수 있는 경우(영향의 조정금액을 실무적으로 결정할 수 없는 경우를 제외), 또는 미래기간에 영향을 미칠 수 있는 경우에는 다음 사항을 공시하도록 규정하고 있다.

(1) 회계정책변경의 성격
(2) 새로운 회계정책이 재무정보의 신뢰성과 목적적합성의 제고에 기여하는 근거
(3) 실무적으로 적용할 수 있는 범위까지, 비교표시된 각 과거기간의 다음 항목
 (가) 회계정책변경의 영향을 받는 재무제표의 각 항목별 조정금액
 (나) K-IFRS 제1033호(주당이익)가 적용되는 경우, 기본주당이익과 희석주당이익의 조정금액
(4) 실무적으로 적용할 수 있는 범위까지, 비교표시된 회계기간보다 앞선 기간에 귀속되는 조정금액
(5) 특정 과거기간이나 비교표시된 회계기간보다 앞선 기간에 대하여 실무적으로 소급적용할 수 없는 경우, 소급적용할 수 없는 사유 및 회계정책변경의 적용방법과 적용한 시기에 관한 내용

후속기간의 재무제표에는 위의 공시사항을 반복하여 공시할 필요는 없다.

〈주석 2〉 비유동자산을 공정가치로 평가된 가치로 인식하고 그 평가차익을 기타포괄손익으로 계상하는 것은 이를 취득원가로 기록하는 방법의 대안으로 허용되고 있다. 특히 매각예정 비유동자산이라면 공정가치로 평가하고 평가차익을 손익에 반영시킬 수 있다. 감사인은 투자부동산이 적절히 평가되었는지 검토해야 한다. 평가방법이나 판매의도 등을 주석으로 공시하는 것이 바람직하다.

〈주석 3〉 주식분할이 아닌 주식배당으로 기록하고, 발행된 신주의 액면금액(또는 시가)만큼을 이익잉여금계정에서 보통주자본금계정과 보통주주식발행초과금으로 옮겨야 한다. 이에 대해 자본계정을 적절히 수정해야 하며, 이러한 수정을 했다면 주석공시는 필요 없다.

2 보고기간후사건

(1) 인식해야 한다. 왜냐하면 그 처분사건은 재무제표일에 존재하였던 상황에 대한 증거가 되기 때문이다. 종속회사는 재무제표일에 이미 손상되었음에 틀림없다. 이는 그 이후에 기업가치를 손상시킬 만한 중대한 사건이 없음에서 확인할 수 있다. 회계연도말 이후의 처분에서 발생한 손실은 손상의 증거가 된다. 따라서 천상(주)는 IFRS 제1036호(자산손상)의 회계처리기준에 따라 연결재무제표에 종속회사의 손상을 인식해야 한다.

(2) 법인세율의 변경이 재무상태표일 후에 확정 공표되었기 때문에 이는 수정을 요하지 않는 재무상태표일 후 사건이다. 즉 법인세율의 변경은 재무상태표일 후에 일어난 사건이다. 따라서 회사는 재무제표에 계상된 이연법인세자산 금액을 이 사건을 이유로 수정해서는 안 된다. 단, 법인세율의 변경이 이연법인세자산에 미치는 영향이 중요할 경우에는 법인세율 변경 사실과 그 영향을 주석으로 공시해야 할 것이다.

3 부문별 보고

1. 부문별 보고란 전체기업을 영업부문으로 세분(경영진이 기업을 바라보는 방식에 기초하여 경영진이 영업문제에 대하여 의사결정을 할 때 사용하는 사업의 구성단위에 기초한 방식으로 구분)하여 재무정보를 보고하는 것이다. K-IFRS에서 영업부문은 다음 사항을 모두 충족하는 구성단위로 식별하도록 규정하고 있다.
   ① 수익을 창출하고 비용을 발생(동일기업 내의 다른 구성단위와의 거래와 관련된 수익과 비용을 포함)시키는 사업활동을 영위한다.
   ② 부문에 배분될 자원에 대한 의사결정을 하고 부문의 성과를 평가하기 위하여 최고영업의사결정자가 영업성과를 정기적으로 검토한다.
   ③ 구분된 재무정보의 이용이 가능하다.

   영업부문이 별도로 보고해야 할 만큼 중요한지 여부는, 즉 공시부문을 결정하기 위해서는 부문(또는 통합된 부문)이 다음의 양적기준을 통과해야 한다.

   [양적기준 : 10% 기준]
   ① 부문수익(부문간 매출이나 이전을 포함)이 모든 영업부문수익(내부수익 포함) 합계액의 10% 이상인 영업부문

② 부문당기손익의 절대치가 다음 중 큰 금액의 10% 이상인 영업부문
　○ 손실이 발생하지 않은 모든 영업부문의 이익 합계액의 절대치
　○ 손실이 발생한 모든 영업부문의 손실 합계액의 절대치
③ 부문자산이 모든 영업부문 자산 합계액의 10% 이상인 영업부문

2. 영업부문이란 기업에서 수익을 창출하고 비용을 발생시키는 부문으로서 최고영업의사결정자가 영업성과를 정기적으로 검토하는 단위를 말한다. 이러한 단위에서 구분된 재무정보의 이용이 가능하다면 별도의 영업부문으로 식별된다. 이러한 영업부문 중에서 10%기준(교재 본문 참조)을 통과할 때 별도로 주석에 관련 정보가 보고되어야 하는 보고부문으로 확정된다.

3. 부문별 보고에 대한 재무적 정보의 필요성은 다음과 같다.
① 투자자나 채권자 그리고 기타 재무제표이용자들은 좀더 세분화된 정보를 필요로 한다.
② 감정인들은 전체기업의 평가에 앞서 회사의 주요 부문을 평가할 수 있다.
③ 유용하거나 바람직한 것이라는 사실과는 관계없이 이러한 정보가 이미 실무적으로 작성되어 이용되고 있다.
④ 기업의 성장잠재력은 주요 부문의 성장잠재력을 검토함으로써 보다 정확하게 평가할 수 있다.
⑤ 정보이용자들이 경영자들의 부문폐지 혹은 부문추가에 대한 의사결정을 보다 적절히 평가할 수 있다.
⑥ 미래이익창출능력은 부문별 기준에 의해 접근하는 것이 더욱 효율적이다. 왜냐하면 상이한 부문들은 상이한 성장률과 수익률, 그리고 상이한 위험수준을 갖기 때문이다.
⑦ 경영관리능력은 부문별 자료에 의해 평가하는 것이 보다 적절하다. 왜냐하면 기업내 경영관리능력은 흔히 분권화되어 있기 때문이다.

4 중간재무보고

(1) 일치 : 만약 매출총이익률을 추정하는 방법과 추정이익률이 합리적이라면 중간재무보고서를 작성함에 있어 매출원가결정시 매출총이익률법을 사용할 수 있다. 이때 매출총이익률의 추정방법 및 연말 재고실사 후 실제재고액과 추정재고액의 차이에 대한 조정사항을 공시해야 한다.

(2) 불일치 : 확정급여부채는 연차보고기간말과 동일한 기준(미래에 지급할 것으로 예상되는 금액의 현재가치, 그러나 연차보고기간말과는 달리 자격을 갖춘 평가인에게 의존하지 않을 수 있음)을 적용하여 측정해야 한다. 효익을 이전해야 하는 의무가 존재하는지 여부는 보고기간의 장단에 따라 결정되는 것이 아니

라 사실에 따라 결정된다.

(3) 일치 : 재고자산의 평가는 반기말 현재를 기준으로 한다. 따라서 저가법에 의해 재고자산을 평가할 때 관련 재고자산평가손실을 중간재무보고서에 공시해야 한다.

(4) 불일치 : 이러한 손익을 발생한 기간에 보고해야 한다. 즉 이러한 손익을 미래 중간보고기간으로 이연시키지 않고 이익이 실현된 기간에 보고해야 한다.

(5) 일치 : 감사료는 일반적으로 연말에야 확정되지만 반기재무제표에 이러한 비용을 반영하기 위해서는 반기말 현재로 감사료를 추정해야 한다.

(6) 불일치 : 일반적으로 수익은 중요한 사건이 발생한 시점에서 인식해야 한다. 상반기의 수익이 발생했다면 이를 반기재무보고서에 반영해야 하며, 이를 이연시켜서는 안 된다.

5 예측정보의 공시

1. ① 투자의사결정은 미래의 기대에 근거하여 이루어지므로 미래에 대한 예측정보가 의사결정을 하는 데 유용할 것이다.
   ② 이익예측정보는 이미 비공식적으로 유통되고 있으며 통제가 불가능하다. 따라서 예측정보에 의해 투자자들이 오도되기도 하고, 정보가 공평하게 이용되지 못하기도 한다. 따라서 이를 객관적 기준에 따라 공식적으로 공시하도록 하는 것이 보다 적합하다.
   ③ 급변하는 상황에서 과거의 정보가 더 이상 미래의 의사결정에 도움이 되지 않는다.

2. 안전보장규칙(safe harbor rule)의 목적은 예측이 합리적인 근거를 가지고 이루어졌으며 신념을 가지고 공시를 했다면, 비록 이익예측정보에 오류가 있다 하더라도 이를 공표한 기업을 보호하기 위한 것이다.

6 감사보고서(Ⅰ)

(1) “우리의 의견으로는…”이라는 표현은 감사인의 감사는 재무제표의 적정성과 정확성을 보증하는 것이라기보다는 재무제표의 적정성에 대하여 감사인이 전문직업인으로서의 판단을 근거로 하여 감사의견을 진술하는 것임을 나타낸다. 따라서 감사위험의 존재가능성을 암묵적으로 전달하고 있다.

(2) “우리는 재무제표의 중요한 오류를 발견하기 위한 감사를 실시하였습니다”라는 표현에는 두 가지 문제점을 안고 있다. 첫째, 감사인은 오류를 발견해 내는 것은 물론 부정까지도 발견해야 할 책임이 있는 것처럼 오해되기 쉽다. 둘째,

더욱 중요한 것은 감사의 목적이 특별히 중요한 오류나 부정을 발견하는 데 있는 것이 아니라, 재무제표가 한국채택국제회계기준에 따라 공정하게 표시되어 있는지를 결정하는 것임을 간과하고 있다.

"우리는 감사기준에 따라 감사를 수행하였습니다"라는 표현은 증거를 수집하고, 감사보고서를 작성하는 데에 있어 감사인의 책임을 한정시키는 역할을 한다. 또한 이 표현은 만약 감사인이 회계감사기준을 준수하여 감사했음에도 불구하고 중대한 오류를 발견하지 못했을 경우 책임을 지지 않아도 된다는 뜻을 내포하고 있다.

(3) "…정확히 표시하고 있습니다"라는 표현은 기업의 진실한 재무상태나 경영성과를 완전무결하게 정확히 표시한다는 뜻을 내포한다. 그러나 회계감사의견은 재무제표가 일정한 기준에 따라 판단할 때 공정하게 표시되어 있다는 사실을 나타내는 것이다. 이는 회계감사의 한계로 인하여 적합한 감사절차를 적용하였다 하더라도 감사된 재무제표에 오류가 포함되어 있을 수 있음을 나타낸다.

(4) "진정한 경제상태를 나타내도록 공정하게 표시하고 있습니다"라는 표현은 기업의 진실한 재무상태나 경영성과를 표시한다는 뜻을 내포한다. 반면에 "K-IFRS에 따라 공정하게 표시하고 있습니다"라는 표현은 재무제표가 K-IFRS에 따라 작성되었다면 이 재무제표는 공정한 것으로 판단한다는 사실을 감사보고서에 표시하고자 한 것이다. 이는 K-IFRS의 한계로 인하여 기업의 재무제표가 K-IFRS에 따라 작성되었다고 하더라도 반드시 진실한 재무상태나 경영성과를 나타낸다고 단정할 수 없기 때문이다.

(5) 공인회계사 감사보고서에 담당공인회계사 개인의 이름보다는 회계법인의 명칭과 책임회계사의 이름을 사용함으로써 작성된 감사보고서에 대한 책임은 회계법인에 있으며, 또한 회계법인은 자신의 이름이 사용된 감사와 관련하여 일정 수준의 질적 관리를 수행할 의무가 있음을 나타내기 위한 것이다.

7 감사보고서(Ⅱ)

(1) 재무제표가 왜곡표시된 경우이다. 상기내용은 주석공시 사항인데 주석사항으로 공시하지 않았으므로 재무제표의 왜곡표시로 보아 그 왜곡표시가 중요하지만 전반적이지 않다면 한정의견을 제시한다. 만약 그 왜곡표시가 중요하며 동시에 전반적이라면 부적정의견을 제시할 수도 있다.

(2) 감사범위의 제한이 있는 경우지만 감사인이 대체적인 감사절차를 이용하여 만족할 만한 증거를 수집했기 때문에 감사범위의 제한에 해당하지 않는다. 따라서 적정의견을 제시한다. 만약 대체적인 감사절차로도 감사증거를 충분히 수집할 수 없었다면 중간문단에 제한된 감사범위를 제시하고 중요도와 전반성에

따라 한정의견 또는 의견거절을 제시할 수 있다.

(3) 재무제표가 왜곡표시된 경우이다. K-IFRS에서 경상적인 시험연구비는 미래기간 효익의 여부와 관계없이 모두 당기에 비용화할 것을 규정하고 있다. 여기서는 금액이 특히 중요하고 전반적이므로 부적정의견을 표명해야 한다. 단, 중요하지만 전반적이지 않다면 한정의견도 가능하다.

(4) 감사범위의 제한이 있는 경우이다. 회사측이 이사회 의사록에 대한 검토요구를 거절한 것은 회사측의 사유로 인한 특히 중요한 감사범위의 제한에 해당된다. 따라서 의사록의 중요성과 전반성에 따라 의견거절이나 한정의견을 제시할 필요가 있다. 회사가 경영자확인서를 제시했다고 하나 이는 대체적인 감사절차가 될 수가 없으므로 수행해야 할 감사절차를 생략하여서는 안 된다.

8 지속가능성보고서

1. 2023년에 국제지속가능성기준위원회(ISSB)가 제정한 IFRS S1(지속가능성보고와 관련된 일반기준)과 IFRS S2(기후변화 관련 지속가능성보고기준)에 따라 환경(environment), 사회적 책임(social responsibility) 및 지배구조(governance)에 대한 사항은 지속가능성보고서에 보고허야 한다. 다만, 우리나라에서는 아직 이 두 기준서의 채택범위와 채택시기를 결정하지 않은 상태이다. 앞으로 이 기준이 우리나라에서 채택될 것으로 예측되기 때문에 강철(주)의 사례는 환경 및 사회적 책임과 관련된 보고사항으로 볼 수 있다.

2. 위 1.에서 언급한 것처럼 강철(주)의 사례는 환경문제 및 사회적 책임에 모두 해당한다. 사회적 책임에 대한 부분은 질적 정보공시를 하면 될 것이다. 그러나 이 경우에 대기오염은 온실가스를 측정하는 이산화탄소환산배출량(NTCO$_2$E)을 국제환경기준측정기준을 이용하여 보고해야 한다. 즉, 초가압산화오염통제장치의 설치로 감소될 이산화탄소환산배출량을 공시하고 현재 수준과 비교하거나 앞으로 계획하고 있는 감축목표 대비 어느 정도 성과가 있는지 등을 표로 작성해서 보고하는 것이 필요하다. 해당 장치는 소위 온실가스 중 Scope 1(현장 배출 온실가스)에 해당되는 보고사항이다. 따라서 다른 종류의 Scope 1 온실가스가 있다면 같이 합산하여 보고하고 설명을 하면 될 것이다. 한편, 모든 회사는 전력, 냉난방 등의 수요를 외부공급자에게서 구입하는 것이 일반적이므로 이에 대한 정보는 Scope 2(외부구매에너지와 관련된 온실가스의 간접적 배출량)에 대한 정보도 동시에 보고해야 한다. 다만, Scope 3(가치사슬 관련 간접적 온실가스배출량)에 대한 정보는 공시요구가 강제화되지 않을 것으로 예상되기 때문에 공시할 필요가 없을 것이다.

윤리문제

1. 윤리적인 문제가 개입된다. 만일 매출순이익률의 증가가 제품보증비용이나 대손충당금과 같은 회계추정의 조정으로 발생한 것이 아니고, 생산부서의 원가절감에 기인한 것이라고 홍보하면 이는 선경(주)가 기업의 이해관계자들에게 올바른 정보를 제공하지 않은 것이다.

2. 동의경 씨는 침묵하면 안 된다. 서은주 씨에게 매출순이익률의 상승이 원가절감이 아닌 회계추정의 변경으로 인한 것임을 자료를 갖고 설명해야 한다. 그리고 매출순이익률의 감소가 기업의 실질적인 생산능률이나 경영활동에 기인한 것이 아님을 알려야 한다.

3. 기업의 투자자들이 영향을 받을 수 있다. 수익률의 증대가 원가절감으로 인한 경우에는 장기적으로 수익성의 증대가 기대되어 주가를 상승시킬 수 있다. 그러나 단순한 회계추정의 조정이라면 투자의사결정에 영향을 주지 않을 것이다.
   그리고 기업의 생산담당자에게도 영향을 줄 수 있다. 실질적으로 원가절감을 하지 않았음에도 원가절감으로 수익성이 증가되었다는 홍보를 하면 생산담당자의 사기에도 영향을 미칠 것이다. 또한 만일 이러한 사실이 알려지면 기업의 IR 활동을 신뢰하지 못하게 되어 장기적으로 기업의 이미지에 좋지 않은 영향을 줄 것이다.

4. 동의경 씨는 서은주 씨에게 매출순이익률의 상승 원인을 정확하게 설명하고 기업의 홍보를 사실에 바탕을 두고 행할 것을 권고해야 한다.

윤 순 석 University of Wisconsin -Madison(Ph.D)
현, Western Illinois University 교수

저서 IFRS Principles of Accounting(신영사, 공저, 2023) | K-IFRS 재무회계(신영사, 공저, 2020)

논문 An accounting perspective on the IFRS sustainability reporting standards for greenhouse gas emissions: Implications for the Asia Pacific(Asia Pacific Business Review, 2024) | Differential impact of fintech and GDP on bank performance: Global evidence(Journal of Risk and Financial Management, 2023) | Are government subsidies or preferential listing policies better for the market performance of tech firms? Evidence from Korea(Asia Pacific Business Review, 2023) | The end of rent sharing corporate governance reforms in South Korea(Asia Pacific Business Review, 2021) | Does technology innovation in finance alleviate financing constraints and reduce debt-financing costs? Evidence from China(Asia Pacific Business Review, 2021) | A critical evaluation of the Jones models and the industry approach for the estimation of discretionary accruals(Asian-Pacific Journal of Accounting and Economics, 2020) 등

송 민 섭 Syracuse University(Ph.D)
현, 서강대학교 경영대학 교수

저서 K-IFRS 회계원리(박영사, 공저, 2021)

논문 원칙중심회계 하에서의 질의회신 운영방안(회계저널, 2019) | The effect of analyst forecasts during earnings announcements on investor responses to reported earnings(The Accounting Review, 2016) | Management earnings forecast and value of analyst forecast revisions (Management Science, 2015) 등

이 종 은 Temple University(Ph.D) | 공인회계사
현, 성균관대학교 경영대학 교수

저서 회계와 사회(신영사, 공저, 2023)

논문 Do PCAOB Inspections Improve Working Capital Accrual Reliability? Evidence from the PCAOB Annual versus Triennial Inspection Exposure(Accounting Horizons, 2020) | Economic Determinants and Consequences of the Proactive Disclosure of Internal Control Weaknesses Remediation Progress in IPO(AUDITING: Journal of Practice & Theory, 2018) | Does the ability of operating cash flows to measure firm performance improve during the financial crisis?(Accounting Horizons, 2017) 등

제14판 K-IFRS 중급재무회계 해답

2009년 3월 20일 제 1 판 1쇄 발행
2025년 2월 10일 제14판 1쇄 인쇄
2025년 2월 20일 제14판 1쇄 발행

저 자 윤순석 · 송민섭 · 이종은
발 행 인 권 영 섭
발 행 처 (주)신 영 사
경기도 파주시 심학산로 12(출판문화단지)
등 록 : 1988. 5. 2 / 제406-1988-000020호
전 화 : 031-946-2894(代)
F A X : 031-946-0799
e - mail : sys28945@naver.com
홈페이지 : http://www.shinyoungsa.co.kr

저자와의 협의하에 인지생략

정가 14,000원

ISBN 978-89-5501-880-6